JN099042

日本代表

KIRIN
KIRIN

ブライトン（プレミアリーグ）

HOLLYWOOD

AMERICAN EXPRESS

サン＝ジロワーズ（ベルギーリーグ）

川崎フロンターレ

VISION
夢を叶える逆算思考

三笘薫
Mitoma Kaoru

双葉社

VISION 夢を叶える逆算思考

プロローグ

プロサッカー選手を目指す子供たちに伝えたい3つのこと

僕には、「後世に語り継がれる選手になる」という目標がある。

心の中には常に「人生は一度きりなんだ」「サッカー人生も残りの人生も悔いなく終えたい」という思いがあり、だからこそ、サッカーをやっているからにはできるだけ上に行き、多くの人の記憶に残る選手になりたいと思っている。

2022年には、たくさんの人に「三笘薫」というサッカー選手を知ってもらうことができた。子供の頃から夢見ていたワールドカップに出場して、「三笘の1ミリ」と世界中で報じられた最後まであきらめないプレーなどで注目してもらうこともできた。

また、日本のプロサッカー選手が所属する一般社団法人日本プロサッカー選手会（JPFA）の「JPFA最優秀選手賞」もいただけた。栄えある第1回受賞者であることはもちろん、同業者である他のプロ選手たちからの投票で最優秀選手に選ばれたことが何より嬉しかった。

受賞の対象となった2022年は、僕の転機となる濃密な1年だった。11月から12月にかけて行われたワールドカップ・カタール大会が最大のイベントだったが、その他にも色々な出来事があった。

3月には、日本代表のワールドカップ・カタール大会出場がかかったアジア最終予選・オーストラリア代表との試合で、ゴールを決めることができた。これが、僕にとっての日本代表初ゴールだった。

8月からは、目標としていたイングランドのプレミアリーグにデビュー。世界最高峰のリーグでプレーすることは、とても刺激に満ちている。プレミアリーグには世界中からトップレベルの選手が集まっている。例えば、僕が所属するブライトンにも、11月のワールドカップ・カタール大会で優勝したアルゼンチン代表のアレクシス・マクアリスター選手がいる。僕にとって、プレミアリーグでの経験がワールドカップで戦うという自信につながったことは間違いない。

激動のプレミアリーグ、ブライトン・アンド・ホーヴ・アルビオンFCでの、2022/23シーズンを通して、サッカー選手として大きく成長できたと実感している。ただ、ここまでたどり着くまでは、決して平坦な道のりではなかった。僕は幼少期から普通の子のようにサッカーを始め、サッカー一筋に生きてきた。日々、愚直な努力をし、たくさん練習をした。一試合一試合を大事にし、厳しいトレーニングも欠かさずに行った。それでもまだ世界の壁は厚く、今でも自身のアップデートを欠かすことができない。成長し続けるために、サッカーで世界レベルの選手になるためには何が必要なのか？　僕はこのことをずっと考え続けている。

今、僕が何を考えているか——その答えは2023年1月に前述のJPFA最優秀選手賞をいただいた時に、海外に挑戦してみたい子供たちに向けて送った「3つのアドバイス」の中にある。ここに改めてまとめておきたいと思う。

1つ目は、「自分にしかない武器を持つこと」だ。

少年時代、大学時代はもちろん、川崎フロンターレ、ベルギーのロイヤル・ユニオン・サン＝ジロワーズ、プレミアリーグのブライトンでプレーする現在も、僕には「ドリブル」という武器があった。ドリブルという自分の武器があるからこそ、常に自信を持って相手に立ち向かうことができた。自分にしかない武器を持っていることは、子供たちからJリーガーまでプロアマを問わず、必ず大きなアドバンテージになる。サッカーだけではない。社会に出て企業で働く際、自分にしかない武器があれば、大きな強みや自分を信じる力につながると思う。

2つ目は「自分を分析する力」を身につけることだ。

将来、海外に出て活躍したいのならば、自分が「なりたい姿」をイメージすることが重要になる。みなさんも、理想の自分を漠然とではなく具体的に思い描いてみてほしい。将来のイメージは具体的であればあるほど効果的だと思う。そして、現在の自分の体力、技術、得意なプレーの特徴やプレースタイルなどをしっかり分析したうえで、そこにたどり着くまでに必要なことを試合などから逆算して、日々の練習や生活に落とし込んでいくのだ。

最後は「毎日の努力を積み重ねる」だ。

将来なりたい自分になるためには、毎日少しずつ努力して成長を積み重ねていくしかない。本気で夢に向かっていくならば、1日も時間をおろそかにせずに努力できるはず。一日一日をとにかく大切にすることで、勉強や食事、睡眠などすべての時間が、サッカーでの成長にもつながっていく。

僕自身、小さい頃から夢を持ち続けていた。そして、そのためにすべきことを毎日実践してきた。「将来なりたい自分」にたどり着くために逆算をして、技術やフィジカルといった選手としての能力を伸ばす計画を立て、色々な知識や考え方を学び取りながら、成長してきたのだと思う。

僕が毎日努力し続けてこられたのは、「後悔したくない」という気持ちが強かったからだ。もちろん、今少年時代を振り返れば「もっと、こういうトレーニングをしておけばよかった」と思うこともあるが、それでも、その時できる精一杯で一日一日を大事に過ごしてきたという自負はある。

そういう子供の頃から重ねてきた成長の体験は、僕の中にしっかりと残っている。目標を設定し自分をアップデートし続ける考え方は、現在も僕の大事なメソッドになっているが、筑波大学でご指導いただいた蹴球部の小井土正亮監督をはじめ多くの方々に、「その経験を伝えていかないのはもったいない」とのお言葉をいただいた。

僕自身も子供の頃、日本代表の先輩でありヨーロッパで長くプレーされた本田圭佑さんを取り上げたテレビ番組を見て、どんどん上へと進んでいく選手の考え方に感化されたことを覚えている。

僕には、「自分が学び取ってきたことを、次に続こうとする日本人選手や子供たちに伝えたい」という気持ちが強くある。また、これまでの自分の歩みを振り返ることは、この先の自分の進み方を自身が整理することにもつながると思う。

本書では、僕のサッカー選手としての歩みを振り返りつつ、普通のサッカー少年だった僕が、その時々で自分の目標や理想像に向かって自身をアップデートしていった考え方や練習法、フィジカル、メンタル、食事、教育法、言葉、海外挑戦などすべてについて書いている。なぜ体の小さかった僕が大学卒業後に、日本代表や世界最高峰のプレミアリーグでプレーできるようになったのか？ 本書がサッカーに励む子供たちや中学、高校、大学の選手、さらにはお父様、お母様、指導者の方々、そしてビジネスパーソンなどを含むすべての人の一助となれば幸いだ。

2023年6月　三笘薫

第1章／サッカーとの出会い
～三笘薫を作った少年時代の「ドリブル基礎練習法」「三笘家の教育」「食事」～

第2章／川崎フロンターレ「ジュニア」・「ユース」

～プロを目指すための「利き足練習法」「目標シート」「1試合に集中するメンタル」～

第3章／筑波大学

～「プロに行かずに実現した肉体改造法」「三笘ドリブルという武器と型」
「世界に最速で行くための伸ばし方」～

第4章／Jリーグ 川崎フロンターレ

〜「得点力を伸ばした頭を使うコンビネーションの考え」「もう一つの武器・アウトサイドパス」「強者のメンタリティ」〜

第5章／日本代表

～「ワールドカップ激闘の裏」と「個のボールを握るサッカー」、三笘の1ミリを生んだ「ゲームを読む力」、多くの人に伝えたい「あきらめない力」～

第6章／ベルギーリーグ ロイヤル・ユニオン・サン＝ジロワーズ

～〝世界基準〟のサッカーに勝つ「エゴの活かし方」「上昇志向メンタル」「背負うドリブル技術」～

第7章／プレミアリーグ ブライトン
～「ゴールの軸と新しい型」「ドリブル」「自由自在のプレー比率」～

第8章／僕を作るメソッド

～「逆算思考法」「フィジカル・トレーニング法」「食事メニュー」「メンタル」「睡眠」「走り」～

第1章――サッカーとの出会い

～三笘薫を作った少年時代の「ドリブル基礎練習法」「三笘家の教育」「食事」～

兄との1対1で芽生えた「負けない気持ち」

子供がサッカーなどのスポーツを始めるのは、友だちや兄弟など、周囲がきっかけになることが多いが、三笘もその例に漏れない。日本代表選手にまで上り詰めた三笘の「負けず嫌い」は、幼少期に芽生えていた――。

サッカーを始めたのは3歳の頃だった。

僕が5月生まれということもあり、薫という名前には「風薫る5月」という意味が込められているそうだ。

僕は川崎フロンターレのホームタウンである神奈川県川崎市で育ったが、生まれたのは大分県で、僕のいとこも大分トリニータのアカデミーに所属して、ゴールキーパーをやっていた。僕より3歳年上の兄もサッカーが好きだったし、そういった環境だったため、僕がサッカーに夢中になっていったのも自然なことだったと思う。

サッカーを始めた頃の記憶で一番印象的なのは、やはり兄だ。兄は僕よりも先に川崎市内のクラブチームに入っており、チームの練習に僕も時々参加させてもらうこともあったため、どんどんとサッカーが楽しくなっていったことを覚えている。

その頃の僕にとって、「ホームスタジアム」は家の近所の公園だった。いくつもの公園で遊んでいて、泥だんごを作っていた。水の量を調節して固めたり、砂をかけてカチカチにしたり……。作った砂山に穴をあけて、水を流したりもしていた。想像力を働かせながら、夢中になって遊んでいたことを覚えている。僕のその後のサッカー人生にどれぐらい役に立ったのかは分からないが、こういった泥遊びも子供の想像力アップにつながると言われている。

中でも、一番よく通ったのは宮前平公園だ。野球をやっている友だちが多かったので、野球をして遊ぶことも多かったが、僕にとってはやはり、サッカーが一番。サッカーゴールなどの設備はない普通の公園だったが、壁に何度も何度もシュートを蹴ったりしていた。一人でドリブルの練習に取り組んだのはまだ先の話で、当時は公園の木をゴールポストに見立てて、シュートを蹴り込むことに夢中になっていたのを覚えている。

幼稚園や小学校に入ったばかりの頃は、リフティングもできなかった。それでも、ボールを蹴るのが楽しくて、何度も練習していくうちに、100回できるようになっていった。「98、99、100……」100回リフティングに成功した瞬間のことは今でも覚えている。今までできなかったことが少しずつできるようになる——そうすることで、サッカーの楽しさも増していったのだ。

一緒にサッカーをする友だちも、自然と増えていった。気がつくと、「遊びといえばサッカーしかない」になっていて、公園の両端にある2本の木をゴールに見立て、よくみんなで紅白戦をやっていた。チームメイトは兄と、兄の友だちということが多かった。小学校の頃はたった1学年上でも「体格差」が大きく出てくるため、遊んでいて競り負けることが多く悔しい思いをしたのを覚えている。

中でも、一番のライバルは兄だ。体はもちろん兄のほうが大きいし、そのぶん筋力などもあるので、ボールを操る技術でも兄のほうが上手なのは当然である。それでも僕は、「負けて当然」とは思わなかった。「どうすれば兄に勝てるのか」と、考え続けていたのだ。

ある日、いつものように兄や仲間たちと近くのサッカー場でサッカーをしていた時のこと。きっかけは他愛もないようなことだったと思うが、サッカーでの勝負なのに、悔しさからつい手が出てしまい、兄と殴り合いのケンカに発展してしまったのだ。一緒に遊んでいた友だちが怯えてしまうくらいに、2人でヒートアップ……。あの頃は、とにかく兄に負けるのが悔しくて仕方なかった。

ケンカはよくないとは思うが、思い返してみれば、あの頃から「勝負へのこだわり」があったのだと思う。兄とはよく1対1の勝負もしていた。色々な場面で、一番負けたくない存在である兄がいてくれたことで、現在まで続く僕の「負けず嫌い」が強くなっていったのだと思う。

自由尊重だった両親、我が家のサッカーゴール、2002年ワールドカップ・日韓大会

プロの舞台にたどり着くまで、エリート街道を歩み続ける選手もいる。そのスタート地点が幼少期で、親によってレールを敷かれて進んでいく場合もあるだろう。だが、三笘は決して「作られた選手」でも、「育てられた」選手でもなかった——。

3歳でサッカーを始め、ずっとボールを蹴り続けていたことは、プロのサッカー選手になるうえでアドバンテージになったと思う。技術的にもそうだが、勝負事に必要な負けん気や闘争心も成長するからだ。ただ、僕が特別な子供だったかというとそうではない。どこにでもいる普通の子だったと思う。小学校の先生からも、そう思われていたようだ。放課後はよく、みんなとサッカーをしたが、それも友だち

と遊びたかったからだ。

もちろん、サッカーばかりやっていたわけではない。ゲームもよくしたし、親の目を盗んで寝る前まで布団をかぶってゲームをしていた時期もあった。当時、プレイステーション2とゲームキューブを持っていて、クリスティアーノ・ロナウド選手（現アル・ナスル＝サウジアラビア）が表紙の『ウイニングイレブン 2008』や、その翌年に出たリオネル・メッシ選手（現パリ・サン＝ジェルマン＝フランス）が表紙の2009年版をクリスマスプレゼントでもらって、遊んでいたのを覚えている。他にも、『マリオパーティ』や『ポケモン』にも夢中になっていた。ゲームやマンガに夢中になることは、子供なら誰にでもあることだと思う。つまり、僕自身も本当にどこにでもいる普通の子供だったということだ。

ただ、とにかくサッカーに本気で夢中だった。小学校低学年の頃は、サッカーと並行して、2年弱くらいスイミング教室にも通っていた。今は陸上競技やテニス、卓球とサッカー以外のスポーツも好きだが、当時の水泳は特別好きでやっていたわけではなく、「早く終わらないかな」と考えながら、プールで泳いでいたのを覚えている。きついながらもやらされていた部分はあったので、我慢強さは身についたと思う。泳ぎ方も色々あるし、全身や関節を上手く使って前に進まないといけないスポーツのため、最初にやっていて損はないし、水泳をやっていて良かったなと思う。我慢強さや全身と関節の使い方を学べたということもあり、サッカーに与えたプラスの影響もあるのではないかと思う。その意味で、サッカーをやるうえで子供時代に「スイミング教室」に通うのも良いことかもしれない。

両親も一般的なお父さん、お母さんだったと思う。いわゆる〝教育ママ〟のように口うるさく何かを言われた記憶もない。どこにでもある家庭と同じように、「テレビゲームをやりすぎないように」と注意されたこと。テスト前日に勉強もせずに友だちとサッカーしていたら、「明日テストじゃないの？

テスト勉強はしっかりやりなさい」と言われたことくらいだ。

父も、おおらかに見守ってくれる人だった。父もサッカーが好きだが、たまにキャッチボールもしたのを覚えている。僕がピッチャー役になって、グローブを構えた父に投げ込むこともあった。

そんな父からの忘れられないプレゼントが、「小さなサッカーゴール」だ。2002年、僕が5歳の時に開催されたワールドカップ・日韓大会を見て、一気にサッカーにのめり込んだ僕と兄のために、家の中に小さなゴールネットを作ってくれたのだ。

我が家にサッカゴールがやって来た——その日から、リビングと隣の部屋を使って、兄と夢中でサッカーをしていた。交代でゴールキーパーとキッカーを務めてPK戦ごっこをしたり、狭い場所にもかかわらず、1対1の勝負もした。ご近所さんにはドタバタ音がして迷惑をかけてしまっていたと思うが、あの小さなゴールを使ったサッカーも、僕の〝原点のひとつ〟なのかもしれない。

日韓大会を皮切りに、ずっとワールドカップを見続けてきた。日本代表は惜しくもベスト16でトルコに0-1で敗戦したが、ピッチに立っていなくても日本代表の選手たちと一緒に喜び、悔しい思いも味わってきた。だからこそ、「自分もいつかここでプレーしたい」と思い続けてきた舞台に立つことができた時は、言葉では言い表せないくらい感慨深いものがあった。稲本潤一選手（現南葛SC＝関東サッカーリーグ1部）がベルギー戦でドリブル突破でボールを運び、相手ディフェンダーを強引にかわした強烈な左足シュートは今でも鮮明に覚えている。

僕が日本代表に選ばれた時は、両親もとても喜んでくれたが、幼い頃を思い出すと、「サッカーをやりなさい」と言ったり、何かにつけて干渉してくるというタイプではなかった。記憶にあるのは、そっと見守ってくれた姿だ。

親と子供の距離感についてはひと言でまとめるのは難しいと思う。例えば、同じアジアの選手であり、僕と同じイングランドのプレミアリーグで活躍している韓国代表のソン・フンミン選手（現トッテナム＝イングランド）の場合は、お父さんが元サッカー選手で、ソン・フンミン選手が高校生になるまで、ご自分で徹底的に技術指導をされていたそうだ。その結果、プレミアリーグでアジア人初の得点王になるまでに成長していったのだと思うため、どのような距離感が正解なのか断言することはできないだろう。

家庭環境や子供や親御さんの個性によっても、違いは出てくると思う。でも僕としては、誰しも基本的には干渉されすぎると嫌になるものだと思うし、サッカーに限らず、小学生年代にはいかに自主的に物事に取り組んでいくかが大事ではないかと思う。親子といえども、一定の距離はあったほうがいいのではないだろうか。そのうえで、たまにかけてあげるひと言などがきっかけで、子供は成長したり変化したりしていくのだと考えている。だから、親御さんはお子さまをよく観察して、良いタイミングで声をかけていただくのが良いのではないだろうか。

「逆算思考法」を生む「サッカーノート」をつけるべき

サッカーを論理的に思考する。それが三笘の流儀である。子供の頃からの習慣づけが影響したというが、実は文系タイプだったという三笘の「成長の方程式」は、コーチから課された宿題から始まった——。

前述したように、僕は本当に「普通の子」だったと思う。給食のメニューではワンタンスープが大好物で、学校の授業では算数が苦手だった。僕のことを〝理論派の選手〟と思っている方もいらっしゃるようだが、実は数学などの理数系は、あまり得意ではなかった。どちらかというと、僕は「文系タイプ」で、もちろん体育は大好きだったが、社会の授業も好きだった。

歴史に興味があって、今でもYouTubeで偉人の本の要約動画を見たりしている。どの時代の人も同じような失敗や成功をしていて、いつの時代も人間って変わらないなと思って見ていたりもする。先人たちの知恵と経験が今につながっていることも、歴史から学べるので面白いのだ。最近は、仏教や中国の思想の動画を見ているが、自分自身を見つめ直すうえで勉強になっていると思う。昔から暗記は苦ではなかったので、テストの点数も良かった。だから自然と、社会の授業が好きになり、得意科目になっていった。

僕の文系としてのキャラクターは、サッカーにも活きるところがあった。その後、川崎フロンターレのアカデミーに入ってから、「サッカーノートを書く」という毎日のルーティンが始まったからだ。

当時は、1週間の練習を終えた後、サッカーノートをコーチに提出することが義務づけられていた。日々練習したことや、そのメニューに対して自分で考えたことをノートに書き留めていき、僕の考えに対してコーチが赤ペンで意見を書き入れてくれたり、指導をもらったりして、少しずつサッカーへの理解を深めていくというものだった。

ノートの提出は1週間に1度なので、まとめて書いても大丈夫だった。ただ、練習はほぼ毎日あるため、家に帰ってから寝るまでにその日のことを書いておかないと、次の日にはまた別の練習があり、書かなければいけないことがどんどんたまっていってしまう。

書くことが2日分たまっただけでも、「もうダメだ」となってしまいアウトだった。前の日の練習でやったこと、それについて自分が考えたことを整理する前に、また新しいことが頭に入ってくることで、忘れてしまうのだ。ノートを溜めてしまったので、「こんなものだろう」となんとなく書いて提出したこともあったが、やはりコーチには一発でばれてしまった。やはり、毎日コツコツと書き続けないといけないし、毎日続けるということが大事なんだと学んだ出来事だった。

サッカーノートを書く、しかも日課としてこなすというのは、簡単なことではなかった。時には学校が終わってから練習場に向かうまでの道中、南北に長い川崎市の中で東京都との境にある僕の家から南部の川崎駅近くにある練習グラウンドへ向かう電車やバスの中などでの時間を利用して、急いで書いたこともあった。真っ白なノートを見て「やばいな」と焦りながら、グラウンドについてから練習が始まる直前まで書いていたことも覚えている。

子供なりに、知恵を絞ったこともある。横書きのノートの両端にできるだけスペースを多く残すようにして、文章をギューッと中心に集めて行数をかせぐ、といった苦肉の策をとったこともあった。

そんなふうに苦しめられたサッカーノートだが、文章力をつけるという点からも大変勉強になったと思う。ただつらつらと書くだけでは、コーチや監督に考えが伝わらないかもしれない。相手にいかに自分の考えを正確に伝えるか、どうやって書けば分かりやすく伝わるのか……という勉強になった。

サッカーノートの書き方については、コーチから指定されていなかった。最初に「サッカーノート」という言葉と、それを書く効果を広く知らしめたのは、日本代表での大先輩でもある中村俊輔さん。選手によっては箇条書きのスタイルを取る人もいたが、僕はたまたま、文章として書くことを選んだ。

文章で書くことで、「試合の中でこうした課題が見つかった」「今日はどういう練習をして、何ができて何ができなかったか」、あるいは「こんな発見があった」、だから「次はこうしようと思う」と、自分に起こったサッカーに関するすべてを順序立てて整理することができた。それはとても大切だと思う。最後には自分なりの結論と、次に進むべき方向が明確になるからだ。そして、その課題を解決するために、日々の練習でアップデートしていくことが大事だと思う。

実際に自分の手で文章にまとめてみると、「自分の思考を整理できる」ということに気づいた。少ししてからサッカーノートを読み返す——ということはほとんどなかったが、それよりも毎日毎日、自分のことを顧みて、その日に考えたことをまとめることで、その場で反省しないといけないことが見えてきたり、「毎日の練習や試合中の自分のプレーから何か〝収穫〟を見つけないといけないんだ」という気持ちが湧いてきたりしたものだ。チームの約束事であり、言わば宿題ではあったが、サッカーノートを書いたことが現在の「逆算思考法」にもつながっていると思う。

プロになった現在は、サッカーノートは書いてはいない。それでも、文章を書くように思考を整理し、目標を立てる、という考え方は当時から変わらず続けている。また、試合の中で見つけた課題を日々の練習でアップデートすることを、今でも心がけている。言ってみれば僕の「ルーティン」になっているわけだ。

例えば、シーズンが始まる前には「ゴールをこのくらい、アシストはこれくらい決めたいな」と自分の中でイメージして、そのために必要なことを逆算で考えている。もちろん、すべての試合でその時にできる限りのベストを尽くしていくというのが僕のやり方なので、数字にこだわるわけではない。ただ、方向性をはっきりさせる、ということは、とても大切なことだと考えている。

そういう意識づけをするための目標設定というのは、特に小さい頃にはさらに重要になってくるのではないかと思う。プロになった現在は、毎日やるべきことが自然と分かり整理もできているが、小学生の頃はそうではないからだ。

目標を自分で決める良い点は、他にもある。そのゴール＝目標に到達することで、達成感を得られるということだ。「本当にできたぞ！」という成功体験の積み重ねが自信に変わり、また新しい目標に向かって頑張っていこうという気持ちを生んでくれる。サッカーノートを書くことは、逆算思考で物事を考える習慣にもつながり、夢に近づく第一歩とも言えるだろう。

ただし、小学校の低学年など、まだ小さいうちには具体的な目標を自分で考えるというのは難しいため、周りのサポートを受けながら、段階を踏んで物事を進めていくことが重要だと思う。もしかしたら、長期的で大きな目標を設定するというのは、成長してからよりも子供時代のほうが、より重要になるかもしれない。今はもうサッカーノートを書いていない僕だが、もしかしたらまた書き始めるかもしれない。昔の自分を振り返っていたら、そんな気持ちになった——。

さぎぬまSC時代の「基礎練習」は「リフティング」「コーンドリブル」

プロのサッカー選手といえども、最初から華麗な技術を誇っていたわけではない。また、すべての選手がエリート組織で育てられ続けてきたわけでもない。三笘の最初のサッカーキャリアも、地元にあるクラブからスタートした。だが、〝普通の生活〟の中にこそ、重要な要素がちりばめられている。

3歳年上の兄の影響で始めたサッカー。僕が初めてクラブに所属したのは小学校1年生の時だった。地元のさぎぬまSC（サッカー・クラブ）というチームだ。

幼稚園の頃から、アカデミーでたくさんのプロ選手を育ててきた東京ヴェルディのスクールや、東京にあるムサシサッカースクールというところでも、ボールを蹴っていた。僕が育った川崎市の宮前区は市の北部に位置していて東京に近く、ヴェルディのスクールが開催されるグラウンドまでも近かったからだ。それでも、「やはり地元が良いな」と思い、さぎぬまSCでサッカーを続けることを選んだ。

さぎぬまSCは1979年創部で、神奈川県ではそれなりに強いチームとして知られており、僕が入部する前にも、タイトル獲得こそないものの県大会で準優勝するなどの結果を出していた。

僕以外にも、その後に日本代表となる権田修一選手（現清水エスパルス）、板倉滉選手（現ボルシア・メンヒェングラートバッハ＝ドイツ）、田中碧選手（現フォルトゥナ・デュッセルドルフ＝ドイツ）も輩出している。

さぎぬまSCに入った当初は、ヴェルディスクールにも掛け持ちで通っていた。東京ヴェルディと言えばJリーグ草創期をけん引した名門で、スクールの指導者の方々はのちにプロ選手になる子供たちを多く見てきた経験がある。そのブランドに憧れて人が集まってくるという事情もあって、「さぎぬまSCより技術の高い子が多いな」という印象だった。ただ、さぎぬまSCにもこのクラブならではの良さがあった。父兄の方々も積極的に練習に参加するアットホームな雰囲気があって、僕たちは楽しくサッカーをすることができたからだ。

毎年夏休みには、チームで夏合宿に行っていた。その時に文集を作るのだが、僕が書いていたのはサッカーのことではなく、みんなでやったスイカ割りのことだった。チームの中で僕が最初にスイカを割ることができたので、このことを書かずにはいられなかったのだと思う。

もちろん、サッカーの練習も一生懸命だった。練習場所は、僕が通っていた鷺沼小学校のグラウンドや近くの野球場だった。人工芝や、ましてや天然芝があるはずない、普通の公立小学校の土のグラウンドだ。その校庭で週に数回、練習や試合に励んでいた。

小学生の頃は、さぎぬまSCの後に所属することになる川崎フロンターレのU-12（12歳以下）のチームでもそうだったが、「ボールを止める→蹴る」といったプレーなど、基礎的な練習をしっかりこなすことができたと思う。

練習内容も特別に凝ったものではなく、コーチに転がしてもらったボールに走り込んでシュートを打つとか、コーンを置いてその周りをボールをコントロールしながらドリブルするといったもの。本当に「どこにでもある街のサッカークラブ」といった感じの練習をひたすら繰り返していた。

僕は当時から、ボールを持って相手を抜こうとする攻撃側と、その攻め手を止めようとする守備側が個人の勝負をする「1対1」の練習が好きだった。ドリブルの練習をするにしても、動かないコーンを置いてやるよりも、誰か友だちを呼んできて1対1の相手をしてもらうことが多かったと記憶している。

練習時間はおよそ1時間半。小学生の頃は、グラウンドの広さも1チームの人数も、試合時間も大人とは違うが、サッカー本来の試合時間である90分間を意識したものだったのかもしれない。

指導者の方々には、「周囲に感謝する気持ち」や、チームスポーツであるサッカーにおける「協調性」の大切さも教えていただいた。

当時を見ていてくれた指導者の方が、僕が8歳で「ゲーゲンプレッシングのようなプレーをしていた」と、メディアの取材で話しているのを目にした。相手にボールを奪われた時に素早く取り返して、その勢いのままに前に出た相手の裏へと攻めていくという、現代サッカーで広く取り入れられている戦術であるが、「自分がそんなことをしていたなんて本当かな」と、少し照れくさく思う。話によると、「小学校低学年の子供は誰もが触りたいものだからボールの周りに群がってしまうものなのだが、僕だけ少し離れた場所に付き添うように走っていて、仲間がボールを奪われた瞬間、すぐに取り返して素早く攻撃につなげていた」ということのようだ。

さぎぬまSCでは、紅白戦をするためにチームを2つに分けた時にキャプテンを任されることもあった。そうなると、「自分がしっかりとチームを勝たせる役目をしなければいけないんだ」と、少しずつ責任感も芽生えていったように思う。

エリート教育だったわけではないが、基礎技術の徹底やチーム内での協調性、そして何より、「サッカーを楽しむこと」を教えてくれたさぎぬまSCでの時間は、僕の貴重な〝原点のひとつ〟だと思う。鷺沼小学校の校舎の囲いには、僕と碧の名前と「鷺沼から世界へ」の文字が刻まれた横断幕が掲げられているという。ぜひ、僕らを超えるような世界で活躍する選手が多数出てきてくれることを願ってやまない。

メッシ、C・ロナウド――世界最高のトップ選手「プレー映像」を見て繰り返した「サッカー脳」の作り方

――今では自身がサッカー少年たちのスーパーヒーローとなったが、小学生の頃の三笘にも憧れの存在はいた。彼らのプレーの映像を何度も目に焼きつけているうちに、自分の理想像が形作られ、

目標がしっかりとできあがっていったという。子供の頃に目指した場所に今、三笘は立っている――。

僕は小学校の頃、海外サッカーのハイライトを扱った番組に夢中だった。当時は『すぽると！』（フジテレビ系）や『やべっちＦＣ』（テレビ朝日系）など、海外サッカーの試合をハイライトで見せてくれる民放テレビ局サッカー番組があった。そういう番組を録画しておいて、何度も何度も繰り返し見ていた。

小学校時代の僕にとってのスーパーヒーローは、スペインの名門バルセロナでプレーしていたアルゼンチン代表のリオネル・メッシ選手や、やはり世界的に有名なイングランドのクラブであるマンチェスター・ユナイテッドでゴールを奪いまくっていたポルトガル代表のクリスティアーノ・ロナウド選手だった。当時は、まだ2人が世界のサッカーシーンに登場したばかりの頃。その後、10年以上にわたって、世界最高のサッカー選手に贈られる個人賞であるバロンドール賞を、ほぼ独占してきた2人。その圧倒的な超スーパープレーに、心を奪われていた。

最初の頃は、マンチェスター・ユナイテッドでものすごいスーパープレーを連発するクリスティアーノ・ロナウド選手のフリーキックやドリブルを、ただただ「すごいなあ」と感心しながら何度もＶＴＲをリプレイして見ていた。メッシ選手がいたバルセロナは、ちょうど僕が見るようになった頃が、改めて強くなり始めていくという再出発のような時期だった。

当時のペップ・グアルディオラ監督が率いるバルセロナには、スペイン代表としても活躍していたシャビ・エルナンデス選手や、２０１０年にはバロンドールの投票でメッシ選手に次ぐ2位になり、

2018年にはなんとJリーグでプレーすることになるアンドレス・イニエスタ選手（現ヴィッセル神戸）がいた。その世界的な名手のスーパープレーを見ては、一生懸命真似をしていたのを覚えている。当時の僕はボランチなど中盤の中央でプレーすることが多かったため、バルセロナとスペイン代表で同じポジションを務めるこの2人は、とても参考になったのだ。

最初の頃は、スーパースターのものすごいスーパープレーを憧れの目で見るだけだった。しかし、何度も何度も……スーパープレーのハイライト映像を目にしていくうちに、見方が変わっていったのである。例えばボランチの選手だったら、敵、あるいは味方の選手からこぼれてきたセカンドボールを回収することが大事になってくる。そこで、当時ボランチだった僕の頭に浮かんできたのは、「どうしてシャビ選手やイニエスタ選手は、誰よりも早くセカンドボールを拾えるんだろう」という疑問だった。

そう考えて映像を見直してみると、2人ともこぼれる前からボールの行方を予測して、先に動き出していることが分かった。これは大きな発見だった。以来、「こういう状況だと、こういう場所にボールがこぼれていくものなのか、なるほど……」と、自分の中に情報を落とし込んでいくようになった。

そういう作業を重ねていくうち、いざ自分がピッチに立って直感的なプレーが求められるような場面でも、瞬間的に「たぶん、ここにいたほうがいいな」と考えられるようになっていったのだと思う。先述したゲーゲンプレッシングのような動きが頭にひらめくとか、僕にとりたててそういう才能が先天的に備わっていたのではないと思う。

ただ、おそらくサッカーを見ている〝量の違い〟が、〝瞬時の判断の違い〟につながっていったのだろうと思う。脳がそのように自然と進化していったのかもしれない。

そういった一つひとつのプレーを見ていくうちに、「どういうところからチャンスが生まれるものなのか」、さらにさかのぼって、「そのためにはどういうプレーが効果的なのか」、さらには「そもそもサッカーとはどういうスポーツであるか」といった、サッカーという競技の全体像を頭の中でイメージできるようになっていったのだと思う。

僕は小学生の頃、プレミアリーグを特によく見ていた。アレックス・ファーガソン監督率いるマンチエスター・ユナイテッドが強かった時代だ。そのおかげで、「サッカー発祥の地であるイングランドではどういうプレーが称賛されるか」ということを、知らず知らずにインプットしていたのかもしれない。この時の体験が、同じプレミアリーグのピッチに立つことになった現在の僕の考え方に影響していると感じている。

もちろん、プレミアリーグにも個性が異なる選手やチームがあるし、スペインなど他のリーグのサッカーも少年時代から見ていた。おそらく、そういう多種多様な情報が蓄積されていって、小さい頃から〝大人のサッカー〟をしようとしていたんだと思う。

日本の選手では、『プロフェッショナル　仕事の流儀』（ＮＨＫ）に登場した元日本代表の本田圭佑選手を見て、大きな刺激を受けたことを覚えている。子供ながらに、一流の選手がどういう生活をしていて、どういうメンタリティでサッカーと向き合っているかということを学んだ。本田選手の言動やメンタルの強さは衝撃で、「こういう選手がトップに行くのだな」と感化された。

毎日後悔したくないという気持ちは人一倍強いし、目標を実現するために生活しているからこそ現在の僕がある――という面もあるので、子供の頃に目標とする選手や理想とする選手を見つけられるのは幸せなことだと思う。

三笘家の「褒める教育法」とサッカー少年の父兄に伝えたい「〝加点式〟の考え方」

謙虚な三笘は「自分は自慢すべきことなどない」と言う。ただし例外はある。家族の絆と仲の良さだ。日本では一般的な「減点式」の教育法ではなく、良かったところを褒めてくれる「加点式」の教育法が、三笘を大きく成長させた——。

僕には取り立てて自慢できるものはないと思っているが、家族には感謝している。川崎フロンターレ時代のプロフィール「尊敬する人」「ホッとする瞬間」「この世で一番大切なもの」欄には、いつも両親や家族のことを書いていた。

本当に尊敬する人は両親だと思っているし、家族の仲の良さは我が家のプチ自慢だ。プロになってからも、LINEのグループチャットで、しょっちゅう連絡を取り合っていたし、その習慣は僕がヨーロッパに来た現在も変わらず続いている。

父については先に少し触れたが、母もまた、僕がサッカーをすることについてあれこれ口出しをすることはなかった。試合に向かう時、試合から家に帰る時には母が送り迎えを多くしてくれており、両親とも見守ってくれていた。

「見守ってくれた」のは試合会場でもまったく同じで、僕の試合を見に来ても目立たないようにこっそりと観戦しているような両親だった。車で送迎してもらっている時も、別に試合の話をしながら帰るというわけではなく、試合に負けてしまった時などに「あれは良くなかったね」とか、何か言われることもなかった。

むしろ、試合に負けて僕が本当に悔しい思いを抱えている時こそ、母などは優しい言葉をかけてくれた。「あのプレーが良かったね」とか、僕の良かったところを褒めてくれるのだ。試合の後、母が迎えにきてくれるとなんだかホッとしたのは、いつでもそっと僕のことを信じてただ静かに見守ってくれていたからかもしれない。

日本の子育てや教育ではどうしても〝減点式〟の教えが先行しているように思う。「間違えてはいけない」、「失敗してはいけない」と、ミスを避けることを教えるような傾向にあると思うのだ。でも、特に海外移籍をしてヨーロッパに来て強く思うのは、成功すれば称賛を得られる〝加点式〟の考え方が主流だということである。

もちろん、失敗を修正していくことは大事なことだ。ただ、修正するためには原因を見つけ出し新たなことを試みる「トライ・アンド・エラー」が必要だ。失敗をした時は「ミスを責める」よりも、良かったところを「褒めてあげる」。一緒に成長の糧を見つけられたことを喜び、物事をポジティブにとらえていけるように子供を育てたほうが良いと思う。今の僕があるのは、両親も含めて、そうした褒める考え方を実践してきたからだと思っている。

プロ選手になってから、ウェブメディアの企画で母への感謝を手紙にして渡したことがある。いつもグループＬＩＮＥで連絡は取り合っているが、手紙を書くというのはなかなかないことだった。

そのウェブで公開された手紙を見た方から、「達筆ですね」とのお褒めの言葉をいただいた。「子供の頃に習字を習っていたのですか」と尋ねられたのですが、そういう経験はない。

ただ、字をきれいに書ける人は格好いいなと昔から思っていて、自分もそうなりたいと思って、丁寧に字を書くように意識してきた。家族の仲の良さと同じく、字を丁寧にきれいに書けるということも僕の数少ない自慢かもしれない。

体が小さいことがコンプレックスだった小・中学校時代「茶そば」「パイナップル」「キウイ」で補完

体が小さかったと言う三笘。川崎フロンターレのユースに入り、〝サッカー漬け〟の日々が始まると、適切な栄養補給が不可欠となった。体を作る成長期に何が必要なのか。そこには母の深い愛情があった――。

母には、練習や試合の送迎以外にも、普段の生活から助けられてきたので、感謝してもしきれない。怒らずに褒めてくれた教育もそうだが、やはり「母の味」には感謝している。僕は小さい頃、なかなか身長が伸びなくて体が小さいことがコンプレックスになっていた。

小学校の頃は、1学年違うだけでもけっこうな体格差がある。僕は小柄な部類に入る子供だったので、自分より体の大きな選手とのボールの競り合いでは負けてしまって悔しい思いをすることがあった。

川崎フロンターレのU-12（12歳以下）のチームに入ってからは、週3回くらいのペースで練習があった。通っていた鷺沼小学校で授業が終わった後、すぐに家に帰って練習用の荷物を持ち、最寄りの鷺沼駅から東急田園都市線に乗って乗り換えをして、さらにバスに乗り継いで練習場に通っていた。グラウンドに着いたらまずミーティングをして、トレーニングが終わったらバスと電車を乗り継いで家まで帰っていた。

練習に通うのには時間がかかったが、家庭で晩ごはんを食べる時間には帰ることができていた。しかし、中学生になってフロンターレのアカデミーでU‐15（15歳以下）チームへと進級すると、サッカーにあてる時間が一気に増えていった。やはり授業が終わると急いで家に帰り、すぐさま練習場に向かう日が続いたのだが、小学校の頃よりも練習日が増えた。中学校時代には、「オフは月曜日だけ」というサッカー一色の生活に突入していった。

その頃は、練習後に食事を出してもらえるようになっていた。練習を終えてすぐに、体に栄養を補給するためだ。そのほうが、体力の回復に役立つということを教えてもらうなど、フロンターレでは選手の食事に関して、とても気を遣っていたのを覚えている。選手が小学生の頃から、保護者に対して食事や栄養に関する講習会を開いていたほどで、栄養士の方が講師として招かれて、選手の親御さんに対して栄養講習会を開いてくれていた。

その授業では、三大栄養素と言われるたんぱく質と炭水化物（糖質）、脂質といった要素がどのような作用を持っているかといった話や、バランスの良い食事とはどういうものなのか、食材として何が必要なのかなど、事細かに教えてくださっていたそうだ。

僕も後年は食事に気を遣うようになっていったのだが、残念ながら当時はそういうことにはまだまったく興味がなかった。でもその分、母がしっかりと栄養に関する知識を身につけてくれたのだ。

栄養についても、母からあれこれ注意を受けたりすることはなかったが、講習会で得た知識をお弁当のメニューなどに落とし込んでくれていたと思う。そうした母の深い愛情や協力があったからこそ、次第に体が大きくなっていったのだと思っている。

お伝えしたように、中学生になると練習時間が長くなり、帰宅時間が遅くなることが増えていた。練習後にユースで出していただいたごはんを食べて帰ってくると、家に着くのが夜の10時、時には11時を過ぎることもあったが、中学校に入ったばかりの頃はまだ体は小さいほうだったとはいえ少しずつ食は太くなっていたので、練習を終えて家に帰ってくると、けっこうお腹が空いていることがあった。

そんな時に嬉しかったのが、母が出してくれる茶そばだった。疲れた体には、さらにおいしく感じられて、今でも茶そばは大好物である。

そばには、人間の体の中では生成することができず、外から摂取するしかない必須アミノ酸などが含まれている。また、筋肉などを作る要素であるたんぱく質も豊富だ。

ビタミンB1、B2といった疲労回復を促す栄養素が多いことも、練習から疲れて帰ってきた僕には最適だったのかもしれない。

フルーツを出してもらうこともあった。パイナップルにはビタミンB1が含まれているし、消化も良いので、夜食にぴったりだったと思う。大学に入って自分で朝食を用意するようになった時にもパイナップルを食べていたし、骨や血管を強くするために必要なビタミンCを多く含んだキウイも食べるようにしていた。

母が作ってくれる食事には本当に助けられたと思っている。

ドリブルという「自分の武器」ができた理由

三笘といえば、今や世界中の名手が集まる最高峰のプレミアリーグにおいても注目されるドリブラーだ。日本でも、華麗に相手ディフェンダーをかわして決定機を作り出す姿が伝えられている。だが、成功の裏には多くの失敗がある。それでもブレずに勝負してきたからこそ、現在の〝サムライ・ドリブラー〟三笘がある――。

サッカーとはどういう競技であるか――僕はこれを先でも述べたようにイングランドのプレミアリーグなど、海外の選手たちのプレー映像を見ながら学んでいった。

一方、僕もよく見ていたスペインのバルセロナは、全盛期にはものすごいパスサッカーを展開していた。パスが細かく、かつ小気味良くつながるスタイルは、ボールを蹴る音をもじって「ティキ・タカ」と呼ばれ、世界中のサッカーファンの喝采を浴びていた。

リスクを冒しながらも全員がパスを出す相手を探し、同時に自分も最適なポジションを取る。その繰り返しでポンポンとボールがつながり続ける――。そんな「賢人」とも言われるペップ・グアルディオラ監督率いるバルセロナのサッカーを、日本のたくさんのチームも夢見て真似しようとしたものだった。でも、そういうサッカーを披露できたのがバルセロナや、そのクラブの選手たちを中心としたスペイン代表といった、世界でもほんのひと握りのチームだけだった事実が物語るように、究極のパスサッカーというものはそう簡単にできるものではない。第一に選手全員の能力が高くなければいけないし、さらには選手全員が思い描く「絵」、「意思」が合致しないと完成されないのだ。

サッカーという競技の本質は、「最短で素早くゴールに向かうこと」なのだと思う。もちろん、時間帯や状況によってさまざまな戦術が必要になってくるが、僕はやはり1対1にドリブルで勝ち、ゴールを決めることに重きを置きたいと考えている。それを実行して勝利と栄光をもぎ取り称賛を浴びるメッシ選手やロナウド選手の姿を見て育ってきたからだ。「そういう1対1に強い選手になりたい」と思って僕はサッカーに取り組んできたし、そこにこだわってきたからこそ、プレミアリーグでプレーすることができていると思う。

さぎぬまSCや川崎フロンターレの下部組織でプレーしていた小学生時代も、自分がゴールを決めるんだという強い意志を持って1対1のドリブル勝負を仕掛け続けていた。もちろん毎回勝てるわけではなく、ディフェンダーに止められてしまい、周りの選手たちから「どうしてパスを出さないんだよ！」と文句を言われることもあった。ただ、そうやって非難を受けても、1対1のドリブル勝負に1回でも勝利してそこでゴールを決めることができたら、そのゴールが決勝点になって試合に勝てるかもしれない。それがサッカーなのだと考えていた。

小学生の頃にはそういう気持ちを持っていた選手でも、中学・高校と進み年齢を重ねていくことで、チームプレーと自分自身の理想のプレーのバランスを取ることが、だんだんと難しくなっていく。それは、僕も経験してきたことだった。

でも、「自分が勝負を決めてやるんだ」という気持ち、また、そうしなければならないという責任感は常に持っていなければいけないと思う。周りの選手やコーチに「パスを出せ」とか「全部自分だけでやろうとするな」などと言われたとしても、1対1のドリブル勝負を仕掛けて成功させれば、その瞬間にそうした声は称賛に変わるからだ。

「1対1にこだわる」、「自分で仕掛けてやってやるんだ」というメンタリティが揺らいでしまったら、ドリブルを武器としてサイドで生きていくアタッカーは失格だと思う。そういう常にブレずに仕掛ける心構えが折れてしまったら、その時点でディフェンダーでも中盤の真ん中でもいいから、自分のポジションをコンバートしたほうがいいかもしれない。そのくらいに、「ドリブラーとしての矜持（こだわり、プライド）」は必要なのだと思う。

小学生の頃はもちろんのこと、中学・高校時代の川崎フロンターレのアカデミー、さらには筑波大学に入ってからも、色々な仲間に迷惑をかけたことは自覚している。文句を言われながらも自分を貫いた僕自身はドリブルの技術は成長するけれど、その分、他のチームメイトが成長していく時間をつぶしてしまっていたかもしれない。

それでも、たとえ1対1でドリブル勝負に勝てずに文句を言われようとも、僕は自分に「今は失敗する段階なんだ」と言い聞かせてきた。当時、体の小さかった僕は、自分がサッカーで勝ち抜いていくためにはどうしたら良いかと常に真剣に考えていた。その中で導き出した結論が、それだけ強く、「プロのサッカー選手になるにはドリブルという自分の武器を持つ」という考えだった。

僕が大好きだったクリスティアーノ・ロナウド選手も、時にはエゴが強すぎると非難されることがあった。でも、子供の頃の僕は、彼の自分を信じて勝負する姿を見て、感動や勇気をもらっていたのだ。僕は今、ロナウド選手が所属していたマンチェスター・ユナイテッドと同じ、プレミアリーグの舞台にブライトンのユニフォームを着て立っている。次は僕が、子供たちに自分の背中を見せる番だと思っている。

田中碧選手との「1対1ドリブルトレーニング」で得たこと

ドイツのブンデスリーガで活躍する田中碧選手と三笘は少年時代、同じさぎぬまSCでプレーしたチームメイトであり、またライバルでもある。〝未来の代表選手〟同士、どんな練習をしていたのか——。

碧と1対1を練習したのはプロに入ってからが一番多いが、さぎぬまSCや川崎フロンターレのユース時代にもよくやっていたのを覚えている。

中学・高校時代は、早くグラウンドに来た人が練習が始まる前にボールに触れていた。僕はなるべく早く行ってボールに触ることにしていたが、そこでチームメイトと1対1をすることもあった。

この半分は遊びのような感覚で、その中で駆け引きしながらドリブル練習していたのを覚えている。〝遊びのような状況〟というのはけっこう大切で、練習しているだけでは身につかない部分が補えたと思う。練習でもチャレンジできるのだが、遊び感覚で取り組むことで、リラックスしてドリブルの技を試すことができたと思う。

また、ドリブルまでいかなくても、僕がボールを持って正対して、相手が足を出してくるタイミングでボールを横にそらすみたいな練習をよくやっていた。相手がどこで足を出すのかを観察して、その瞬間に僕が外すというのをずっとやっていたのだ。

これがけっこう難しくて、相手のフェイントに自分が引っかかりボールを大きく出してしまうと取られてしまうのだ。そういう間合いだったり駆け引きだったりを学ぶのには、よい遊びだったと思う。「ここにボールを置いておけば、相手が足を出してきてもどうにかキープできるな」とか、そういう感覚的なところは遊びで身につけていった部分がある。

碧とはもちろんライバルでもあったが、かわいい弟のような存在でもあり、また僕のことを本当によく理解してくれてもいる。以前、川崎フロンターレ時代のプロフィール欄にも書いたことがあるのだが、もし仮に将来、僕が監督をするようなことがあれば、彼をコーチとして呼びたいと思うほど深い絆で結ばれている。

「未来」を語らない「強い意志」と「愚直な努力」

三笘は未来を語りたがらない。それはあえて語らずとも、明確に頭の中にビジョンがあるからだ。「目標を自分自身で達成したと思った時にしか口に出さない」という信念の裏には、三笘を動かす「強い意志」をコントロールする力が隠されている——。

2022年のワールドカップ・カタール大会に日本代表として参加する前に、僕が通っていた鷺沼小学校を訪れるというテレビ番組の企画があった。1学年後輩で、同小学校の卒業生である代表のチームメイトの田中碧選手と一緒に母校の門を久々にくぐると、懐かしい思い出が一気によみがえった。

その際に、小学6年生の時に書いた「卒業文集」を開く機会があり、僕のページには、自分の字でこう書いてあった。

〈サッカーを好きになりました〉

〈プロサッカー選手になり日本代表になって活躍したい〉

〈サッカー選手になるために頑張って努力したいと思います〉

小学校を卒業後、文集を初めて振り返ったが、「ちゃんと目標が達成できているな」と驚いた。どんな分野でも同じだと思うが、目標を一つひとつ乗り越えていこうとすると、必ず問題が出てきて壁にぶつかると思う。

しかし、誰しもそれを克服するためにがむしゃらにトライ・アンド・エラーを繰り返す必要があるため、過去や思い出を振り返ることに時間を使っている暇はないはずだ。

子供の頃から、僕の背中を押していたのは、絶対にサッカー選手になるんだという「強い意志」だった。テレビ番組の企画で母校を訪れ、僕と碧の後輩にあたる鷺沼小学校の子供たちと話をした際にも、「絶対にプロサッカー選手になるという強い意志こそが、その夢を叶えるために一番大事なこと」だと伝えた。

今でもそうだが、僕を動かしているのは〝意志〟だと思う。サッカー選手になると強く思えば思うほど練習に打ち込めると思うし、それが苦だとは思わないはずだ。だから、後輩の子供たちにもそのことを伝えたいと思ったのだ。小学校の頃の僕が、まさにそんな子供だった。

大学1年生の頃から僕を見続けてくれていて、現在はエージェントを務めてくださっている関根圭祐さんに言わせると、僕は「未来のことを語るのを好まない」そうだ。僕は自分の中で「目標が達成できそうだ」という手応えがあるまでは、「次の目標に進めそうだ」と口にしないと言われた。

目標を立てることは、特に子供の頃にはとても重要になると思う。ただし大事なのは、ゴール（目標）

ラインの設定そのものではなく、そのゴールに向かって自分で自分の背中を押すことができる「強い意志」を発動させることなのだ。

鷺沼小学校の子供たちには、小学生の頃に何回リフティングができたかを聞かれ、「100回以上できた」と答えると、ちょっとびっくりしていた。でも、僕も最初から上手にリフティングできたわけではない。失敗して悔しい思いをして、何度も何度もボールを蹴って、どうして上手くいかないのかを考えたのだ。そして、自分なりにトライ・アンド・エラーを重ねていった。

失敗したら悔しいが、トライし続けることが嫌だとは感じなかったのは、「サッカーが上手くなりたい」という強い意志があったからだ。

大きな夢を持つことは大切だが、そこへ到達するために必要な具体的な目標を立て、それをクリアするために必要なことを考え実践していくことのほうが重要だ。そして毎日、愚直に努力を繰り返すことが大切だ。そうすればはっきりと、「すべきこと」が頭の中に生まれると思っている。

サッカー選手のキャリアでは、どの選手でもケガをすることはゼロではない。いつ何時終わってもおかしくない、だからこそ、思い出にひたっている時間はまったくないのだ。「時は金なり」で、僕にとって時間は何ものにも代えがたい大事なものだと思っている。

僕が自分のサッカー人生を振り返るのは、現役引退してからになるだろう。その時に、「本当に良いサッカー人生だったな」と思えるようにしたいからこそ、日々努力を重ねている。

子供の頃から実践すべき「筋トレ法」「食べてはいけない食事」「睡眠の取り方」

世界最高峰とされるイングランドのプレミアリーグでは、世界中からトップレベルの選手たちが集まる。日本人選手の技術は世界でも称賛されているが、やはりそのベースとなるのは体（フィジカル）の強さ。その土台を作る作業は、子供時代から始まっている――。

僕は毎日、後悔をしたくないと思って時間を最大限に有効活用しながら過ごしている。でも、まったく後悔が残らないというわけではない。特に、「子供の頃にああしておけばよかった」という思いが残っている。

僕はイングランドのプレミアリーグでプレーするようになった現在も、週に数度、筋力トレーニングをしている。日本人選手は本場であるヨーロッパの選手に技術力では引けを取らないと言われるが、持ち前のテクニックを発揮するにも、しっかりとしたフィジカルのベースがなければ無理だからだ。

イングランドのプレミアリーグに来てより強く実感するのは、世界のトップの選手が身につけているものを、自分も身につけなければいけないということだ。

ポジションごとに違いはあるので一概には言えないが、間違いなく強い肉体がなければ、プレーの強さや速さ、体への負担といった強度が高いプレミアリーグではプレーできないと思う。

そのプレミアリーグの基準に近づけるような日々のトレーニングを自分で考えなければならず、僕だけではなくて他の日本人選手たちも、どんどんそうした強いフィジカルを身につけようと努力しているはずだ。今はフィジカルトレーニングについての知識や方法が広まっているが、自分に足りないものは何なのかを自分で考えて、着実に筋力を伸ばしていく姿勢も必要だと思う。

たとえ、今のプレーが通用していても、上のカテゴリーに進んだり、レベルが高くなるほどスピード感が上がってくる。その速さが増した中で正確なボールタッチでドリブルしたり、色々な角度へパスを出しボールを強く蹴ったりするためには、しっかりとした強靭なフィジカルの土台が必要になる。

これまでにもお話しした通り、僕は子供の頃から体が小さく、それがコンプレックスになっていた。当時は「体はいつか大きくなるはず」と思って技術を磨くことに集中していたのだが、今にして思えばどんな時期でも強い体を備えているのに越したことはないと思っている。

僕もようやく、中学生になってから、自分の体というものに真剣に目を向け始めたのを覚えている。中学生になると、トレーニングのメニューに持久走が入ってきた。実際に取り組んでみるとチームの中でも真ん中か、それよりも下の順位だった。

この結果を受け入れ「スタミナが弱いな」と考え、練習後に一人で走り込んだこともあった。全体練習の後はシュートやクロスの練習もしていたし、その頃から常に「自分に足りないものは何なのか」を考えていた。

高校生になると最低限の筋力トレーニングをするようになった。でも、僕がやっていたのは、パンプアップといって筋肉が見た目にも大きくなるようなトレーニングだった。当時の僕はまだガリガリと言っていいほどヤセていたため、自分の体を大きくしたいという思いで始めたものであった。

でも、本当に必要なのは、サッカーの動きに必要な筋力であり、そのための鍛え方というものがあったと思う。もしも子供の頃から正しい筋力トレーニングを定期的に行っていたら、もう少し体が大きくなっていて、中学・高校時代に違う鍛え方ができたかもしれない。そうした点は全然足りていなかったな、と感じている。

また、体の姿勢を保ち安定してドリブルするために、育成年代時代にもっと体幹トレーニングをしていたらとも思う。このため、育成年代の選手たちには早い時期からの体幹トレーニングもオススメしたいと思っている。

一方、強いフィジカルを身につけるには、ベースである体がしっかりしていなければならないとも思う。そのために必要なのが食事だ。食事も、子供ながらになるべく体に悪いものを食べないようにしてはいたつもりだ。それでも、カップラーメンみたいに手軽に食べられる食品はおいしいものなので、ついつい手が伸びてしまっていた。

小学校を卒業してすぐの頃だろうか。練習前にハンバーガーとフライドポテトを食べたことがあった。すると、その日のトレーニングでは体が思うように動かず、子供ながらに「ああ、運動前に油ものは良くないな」と実感したのを覚えている。

その頃はまだ、栄養について何も考えていなかった。「サッカーが上手くなりたい、体も強くしたい」と思っているのに、これではダメだと、ようやく気づいたのだ。

そう思ったのは中学生になってからのことだから、小学生の頃から食事についてももう少し知識を持ってこだわっていたら違ったのかな、と感じている。

トレーニングで鍛えて食事で栄養を補給した体には、睡眠による休息も必要だ。体を休めるだけではなく成長ホルモンが分泌されるため、睡眠時間は成長期の子供には特に重要だと考えている。最低8時間以上は睡眠時間を取ることをオススメしたい。

食事や筋力トレーニングと同様に、小学生時代の僕には睡眠とその効果についての知識はなかったため、ベッドに入ってからも親に隠れてこっそりゲームをしたりして、翌日の練習に悪影響が出ることがあった。

中学生になってからも、練習場が遠いので電車の中で寝てしまうことがあったし、高校生になっても帰宅してベッドに入るとすぐに朝を迎えたり、授業中に寝てしまったりすることもあった。今振り返れば、心身ともに随分疲れていたと思うので、食事や睡眠でしっかりと体を回復させておけばよかったと思っている。

現在の僕の身長は178cmであるが、子供の頃にもっとしっかり寝ておけば180cmを超えていたんじゃないかな、と思うことがある。そうなっていたら、プレミアリーグでもより強さを発揮できていたかもしれない。

サッカーの技術や考え方と同じように、今の僕の体も食事や睡眠といった子供の頃からのあらゆる積み重ねでできている。僕はリオネル・メッシ選手やクリスティアーノ・ロナウド選手に憧れて、その背中を追ってきた。そういう世界的な超一流選手になりたいのなら、やはり後悔を残すような行動はしないほうがいいと思う。

こうした後悔があるからこそ、現在、僕は自分の中に優先順位を設定し、サッカーにマイナスになることはできる限り排除し、後悔しないように日々の生活を送っているのだ。

第1章「メソッド」のまとめ

◆「逆算思考」……「ゴール」=「目標」から逆算して、今取り組むべき課題を合理的に導き出し、自己をアップデートしていくこと。日々の「サッカーノート」は逆算思考による目標達成に役立つ。

◆「三笘家」の教育法……「見守る」ことが基本。減点式ではなく、子供の長所を「褒めて伸ばす」ことも重要。

◆サッカーを上達させるために「子供時代に僕がやっていて良かった5つのこと」

・「自分の武器」を見つけ、それをアップデートしていく。
・「ボールタッチ」の感覚を身につける。
・「スター選手のプレー」を何度も映像で見る。
・「相手を見てプレーをする」癖をつける。
・日々の練習後に「サッカーノート」をつける。

第2章――川崎フロンターレ「ジュニア」・「ユース」

～プロを目指すための「利き足練習法」「目標シート」
「1試合に集中するメンタル」～

「プロ意識」の芽生えは小学3年生〝高﨑康嗣監督との出会い〟

三笘も所属した2020年を含め、17年からの5シーズンで4度のJリーグ制覇を成し遂げるなど屈指の強豪チームとなった川崎フロンターレ。その黎明期に誕生したのが、U‐12のチームだった。三笘はこのU‐12に入団したことで、大きく成長する――。

子供の頃、両親はサッカーに関して「ああしなさい」「こうしなさい」ということを口にすることはなかった。ただ、ひとつだけその後の人生を変える大きな影響を与えてくれたと思っていることがある。川崎フロンターレへの入口を開いてくれたことだ。

僕が小学2年生だった2005年、川崎フロンターレはクラブ史上2度目となるJリーグ1部リーグ(J1)を戦っていた。現在では日本のトップを争う強豪であるが、最初のJ1昇格時には1年で2部(J2)に降格してしまい、しばらくJ2で戦い続けていたのだ。しかし、2005年に再び国内最高峰の舞台であるJ1に戻ってきた。

1999年のJ1初昇格から数年間は、「急いで地域の優秀な子供をかき集めた」という印象を持たれないようにと、小学生年代のチームは作らずにいたそうだ。それが初のJ1昇格から数年経ってチームが地域に浸透したこと、J2に落ちても再びJ1に昇格できたことから、12歳以下(U‐12)のチームを作ることになったという。

フロンターレがU‐12のチームを立ち上げたのは、2006年のことだった。その際、セレクションという名前の入団テストが開催されたが、その情報をキャッチした両親が、僕に「テストを受けてみたら？」と勧めてくれた。

募集の対象となっていたのは、主に小学4年生の選手だった。僕は当時3年生で1学年下だったのだが、テストを受けた結果、運良く合格することができた。

U-12チームの1期生として合格したのは、全部で14人だった。僕の1学年上では三好康児選手（現ロイヤル・アントワープFC＝ベルギー）、板倉滉選手という、高校卒業後に川崎フロンターレのトップチームに昇格してプロ選手になる先輩たちもおり、この時に入団した。3年生で入団したのは3人だけで、そのうちの1人が僕だった。

さぎぬまSCに所属している頃からプロ選手にはなりたいと思っていたが、フロンターレに入ると、その思いがさらに強くなった。僕の〝意識〟を一気に変える独特の雰囲気が、プロクラブにはあったからだ。

セレクションに合格して、初めてグラウンドに集まって練習した日のことは、今でも忘れられない。U-12のチームを率いることになったのは、髙﨑康嗣監督だった。後に僕の母校となる筑波大学などでコーチを務め、2022年にはプロチームであるJリーグ3部（J3）のテゲバジャーロ宮崎を率いた方だ。髙﨑監督は、アマチュアどころか子供だった僕たちに対しても厳しい指導をする方だった。

練習初日のこと。髙﨑監督が立ち上がったばかりのU-12チームについて僕たち選手を前に話をされた。全員、監督の言葉に耳を傾けていたし、もちろん僕もしっかり話を聞いていた。しかし、一時だけ僕たち選手の何人かが視線を地面に落としてしまっていることがあった。すると、髙﨑監督がこう言った。

「話を聞く時には、ちゃんと話している人の目を見ろ！」

大人になれば当たり前のことだが、まだ小学校中学年の僕たちにも、このように髙﨑監督は高い意識を持つことを要求したのだ。髙﨑監督は人の目を見て話すということ以外にも、「自分から意見を言う」「試合前や試合後の相手選手との握手でも、しっかりと相手の目を見る」といったことを僕たち選手に教えてくれた。この髙﨑監督の人間教育は、コミュニケーション能力が重要となるピッチ内でのプレーにも大きく影響したと思う。こうした指導のおかげで、僕はサッカー以外の部分でもU‐12のチームに入ったことで日増しに意識が変わっていった。

「目標シート」を作り、「長期」「中期」「短期」で目標設定することが効果的

著名な経営学者であるピーター・ドラッカー氏は、「目標」を「実現」・「管理」するためのメソッドとして「MBO（マネジメント・バイ・オブジェクティブズ）方式」を提唱している。川崎フロンターレのU‐12時代の三笘も、この種の取り組みを実践していた——。

U‐12のチームに入ったことで、「絶対にプロになる」という強い気持ちも芽生えた。練習場や対外試合の会場へ行く時に着ていた移動着の胸についている川崎フロンターレのワッペンが、僕たちの気持ちを高め、引き締めてくれた。ワッペンがついた服を着ているということは、周りの人たちからは「川崎フロンターレのクラブ選手」として見られるということだ。もしも移動中の電車やバスで騒いでいたら、クラブにクレームが入り、会社の人たちはもちろんのこと、トップチームの選手にも

迷惑をかけることになるかもしれない。僕たちはまだ子供だったが、髙崎監督は「そのワッペンをつけているということは、プロチームの一員なんだ」と、常に僕たちに言い聞かせていた。

髙崎監督やコーチたちは、最初から本気で指導してくださった。プロになるために必要な高い意識を保つために、まず求められたのが「目標の設定」だった。

僕がサッカーを始めた頃には、すでにフロンターレは地元の川崎市内でプロのクラブチームとしてしっかり認識されていた。だから、プロサッカークラブが身近にあった僕には、特別意識せずとも自然と「サッカー選手になるんだ」という気持ちが芽生えていた。ただ、改めて「具体的な目標を書け」と言われると、頭では分かっていても小学生には難しいものがあった。もちろん、「難しい」と感じるのは言い換えれば「頭を使っている」ということで、「自然と意識が形づくられる」ということだ。

目標シートを初めて書いたのは小学3年生だったため、その時はまだ自分が高校生になった姿さえも想像できなかった。それでも当時、「何歳でプロになって、何歳でどこの国に行ってプレーして……」と、必死に思い描いたのを鮮明に覚えている。

そうやって出した答えが、まずは「17歳でプロになる」というものだった。実際に大学を卒業した後、6年くらいズレてしまったが23歳でプロになったため、幼い頃の僕の目標を実現し達成することができた。今思うと、こうして目標シートに当時書いた「プロになる」という目標を、実際に実現できたのだから、小学生の頃から具体的な目標や将来のビジョンを「言語化（具体的な文章や言葉に落とし込む）」することはとても大切なことだったと思う。

目標に関しては「長期」、「中期」、「短期」に分けて設定すると、より具体的で効果的だ。「長期の目標を達成するためには中期の目標」を、「中期の目標を達成するためには短期の目標」を達成しなければならない。そうすることで、「今年は○○する」、そのためには「△月までに何をする」、さらには「それならば今週はこれを」、「今日はこれを」……と、その日、その瞬間の細かい課題が自然と決まってくる。コンピュータのプログラムではないが、毎日「自分をアップデートしていく」感覚である。

目標シートを書くこと以外にも、意識を変えてくれた髙﨑監督の指導はたくさんあった。川崎フロンターレのU‐12チームでは、用具の管理は小学生の僕たちに全部任されていたが、このことでも重要なことを学んだ。

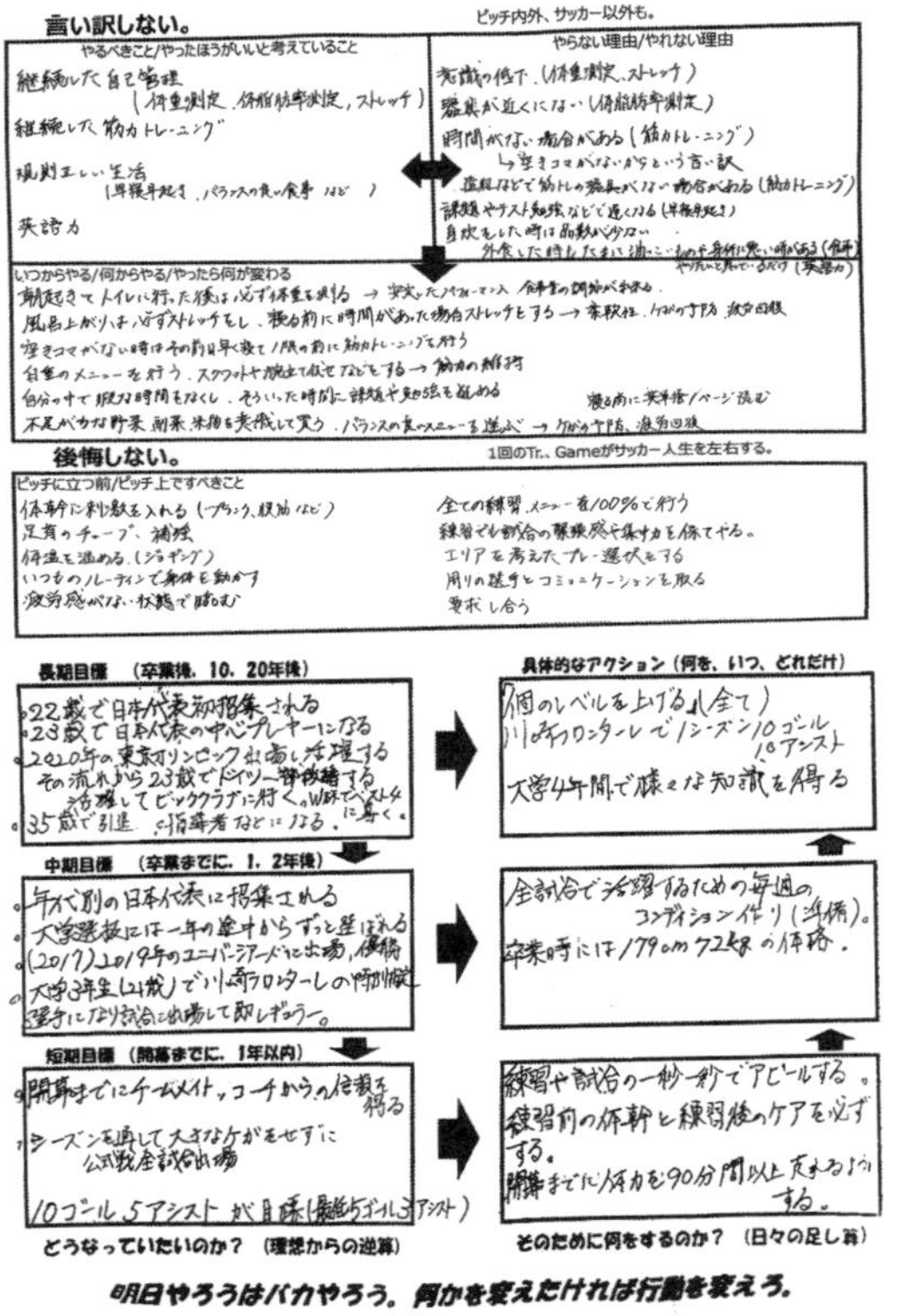

三笘が大学時代に書いていた「目標シート」。達成するべき課題や反省が細かく記されている（上は大学３年時に書いたもの。下は入学時に書いたもの）

僕たちがぐずぐずして、試合ギリギリになってようやく準備が終わり、試合でのパフォーマンスが悪くなってしまったことがある。すると髙﨑監督やコーチは、「結局、準備が遅れ、損をして悔しがるのは君たちなんだよ」と教えてくれたのだ。

学年が上がれば後輩にもそういうことを教えなければならないし、僕自身はその後キャプテンにもなったため、この時の髙崎監督の教えにさらに自覚を促された。この日を境に、良いパフォーマンスを発揮して試合に勝つには、そのための「準備」が必要で、しかも「早めに行動することが重要」だと、自分が率先して示すようにもなった。キャプテンという立場で、「今何をすべきなのか」ということを、より強く考えるようになったのだ。

目標を設定し高い意識を持つこと、自分を律しさらに高めていくこと――川崎フロンターレU‐12での教えは、現在の自分を形づくる重要な契機になったと思う。

体の「コンプレックス克服法」とドリブルに大切な「ファーストタッチ」

どうすればプロ選手になれるのか？ これには長所である「武器」が必要になる。三笘の武器は「1対1でのドリブル」だった。自分の武器を磨くため、彼は何を考え、どんなことを実践したのか――。

前述したように、小学生の頃の僕は体が小さく、それがコンプレックスになっていた。ただ、その時点でないものをただ求めるのではなく、目標シートを書いた時のように将来も見据えて、「体はそのうちに大きくなる。背が伸びれば、その時にフィジカル的な部分は逆転できる。だから今は、とにかく技術を身につけよう」と考え、自分が「今できること」を実践していた。

僕の1学年上の代からは何人もプロ選手が輩出されたように、川崎フロンターレのU‐12チームでは、周りにレベルの高い選手たちがそろっていた。僕は、ドリブルやパス、もちろん体の大きさが影響するフィジカル面も含めて、一番レベルが上の選手を基準にして自分を見つめ直すと、すべてに対して劣等感を抱いていた。

当時考えたのは、「プロになるためには何を伸ばす必要があるのか?」ということだった。もちろん、パスやシュートなど、あらゆる能力が高くなければプロの選手になることはできない。そう理解していたが、小学生の頃の僕が強く感じていたのは、「自分にしかない絶対的な武器を作らないといけない」ということだった。

先にも少し述べたが、僕が自分の武器として選んだのは「ドリブル」だった。フロンターレのU-12に入って教えられたのがボールを運ぶことの重要性で、そのプレーに取り組んでみて、「自分だけの強みになる」と感じたためだ。

ドリブルを武器にすると決めてから、まずは自分のことを見つめ直した。僕は体が小さかったため、単に真正面から1対1を仕掛けても、体の大きい相手に競り負けてしまう。そこで気づいたのは、ボールを止めるトラップで、最初にボールに触れる瞬間の「ファーストタッチがとても重要になる」ということだった。最初にボールを止める位置を自分と相手選手の間に置くのか、それとも少しズラしたところに置くのかで、次の展開が大きく変わってくる。

僕がポイントにしたのは、「どうやって相手の重心の逆を突くか」ということだった。例えば、僕が右足の周辺にボールを置けば、相手はそちらへ足を出して、ボールを奪いにくる可能性が高くなる。その瞬間を見逃さず、自分の体とボールを左に移し、突っ込んできた相手選手の体重がかかった裏を突く——という具合だ。

そのために必要なのが、先の「ファーストタッチでのボールの置きどころ」だった。相手が「取れる!」

と思って奪いにいきたくなるような場所にボールをあえて置き、相手を誘い出すのだ。「相手をいかにして抜くか」という結論から逆算して出た答えだった。

もちろん、1試合の中で何度かそういう相手の重心の逆を突くドリブル突破をしていれば、相手選手も「同じようにやられないぞ」と警戒してくる。そうなると、新しい駆け引きが発生する。僕は今度は違うところにボールを置き、相手の様子を見ながら次のプレーを考えるのだ。

相手がボールを奪いにくるのか、あるいは飛び込む振りをして僕がパスを出した瞬間にカットしようとするのか。常に相手の出方を考えて、相手が予期しないようなプレーをどんどん仕掛けていった。

その1対1での駆け引きというのは、試合の中で楽しいプレーのひとつでもあった。しかも、僕の考えたドリブルは単に足の速さで相手を引き離すわけでも、体の強さで弾き飛ばして突進するわけでもないため、「フィジカルの強さ」という当時の僕にはない要素で勝負する必要がないのだ。そういう駆け引きを積み重ねていくうちに、やはり「今の体の小さい段階ではフィジカルで勝負しなくてもいい」と実感でき、1対1での成功体験を手にしていくことで、駆け引きやベースとなる技術の重要性を再確認することもできた。

ドリブルやファーストタッチの技術を磨く原動力となったのも、駆け引きの面白さと同じように「楽しさ」だったと思う。U‐12から中学生年代のU‐15（15歳以下）のチームに進んでも、僕はチーム練習以外に、1対1での個人練習を続けた。

中学生の頃は練習に早く来た者勝ちで、ボールに触れることができた。ボールを扱うだけではなく、フィジカルトレーニングをする選手たちもいたが、そういう自主練習をやりたくない選手たちは、わざとチーム練習が始まるギリギリにグラウンドに到着するなどして時間を調整していた。

ただ僕は、プロになるためには個人練習が必要だと考えていたため、できるだけ早くグラウンドに来るようにしていた。同じように早めに来たチームメイトと1対1で勝負をするのだが、それは練習というよりも、「遊び」感覚の強いものだった。

1対1で相対して、ボールを持った僕が守備をするチームメイトを抜き去ろうとする。その勝負で面白かったのが、「相手が足を出す瞬間の見極め」だった。相手がいつ、どういう状況で足を出すのかを見て、動いた瞬間に僕がボールを少し横にずらして、相手の体重移動の逆を突くという練習だった。

この「相手の飛び出しを外す」というのは、やってみると意外と難しいものである。相手は僕が見極めをしようとしているのが分かっているため、わざと飛び込むような動作をしてフェイントをかけてくることもあるのだ。その動きに引っかかってしまうと、焦ってボールへのタッチが強くなりすぎて、大きく蹴り出してしまうこともあった。

このタイミングや、相手が足を出してきてもどうにかキープできるというギリギリの間合いの見極めが1対1の勝負では大事になる。そういう感覚的なものは、遊びの中で身につけていった側面が強い。

サッカーでは、ただプレーしているだけでは身につかない技術が多いと思う。練習でも試すことはできるが、よりリラックスした遊びの中ではさらに挑戦がしやすく、ゆっくり考え、噛みしめながら自分の技術や駆け引きを磨いていくことができる。だから僕は、人よりもグラウンドにいる時間が長かったのかもしれない。そうした「遊びの時間」は、大学生になってからも日本代表に選ばれるようになってからも続いていった。

名古屋グランパスU-12戦での「負ける経験」と「世界基準」を学んだ世界大会

川崎フロンターレの下部組織では、小学生の頃から世界を意識させる選手育成を行っている。だからこそ、トップチームでプロになってからほどなくして、選手たちは海外チームへと羽ばたいていける。その土台には、幼少期からの意識づけが強く働いていた――。

川崎フロンターレのU-12では、1年間のシーズンの中でも特に重要視される大会があった。全日本少年サッカー大会（現JFA全日本U-12サッカー選手権大会）と、ダノンネーションズカップだ。

全日本少年サッカー大会（全少）は、長い歴史を誇る大会である。たくさんのプロ選手や日本代表選手が、この小学校年代の日本一を決める全国大会のピッチに立ってきた。僕自身も、小学生年代の選手たちにとって一番大きな大会だと認識していた。全国大会に出場するには、各都道府県の予選を勝ち抜かなければならない。大会には地域のクラブやプロチームの下部組織など、あらゆるチームが参加するため、「本当に日本で一番強いチームが決まる」大会だった。

幸いなことに、その全国大会には、5年生から2年連続で出場することができた。僕が5年生の時は、前述したように1学年上に三好康児選手、板倉滉選手、この他にも岡田優希選手（現ギラヴァンツ北九州＝Jリーグ3部）と、のちにプロになるすごい先輩たちがそろっていた。1つ下の学年で、この大会に出場できたのは僕だけだった。

当時の僕は引っ張っていってもらう立場で、ポジションも守備などの制約があまり多くなく、攻撃に集中しやすいトップ下のポジションで自由にプレーさせてもらった。全少の２００８年大会の準々決勝、名古屋グランパスＵ‐12との対戦では、僕自身にもチャンスがあった。しかし、大事なところで最終的にはＰＫ戦で敗戦してしまい、とても悔しい思いをしたのを覚えている。

翌年、６年生でも全少に出場できたが、１年経って僕自身にも変化があった。キャプテンになったのだ。加えて、同じ中盤でもトップ下よりもさらに全体を見る必要があるボランチというポジションになったため、「チームのことをまず考えなければ」という思考になっていた。自分から声を出して、ピッチ内外でチームを引っ張ろうとキャプテンシーを発揮するよう努めたことを覚えている。

そして、決勝進出を懸けた準決勝では、再び名古屋グランパスＵ‐12と顔を合わせた。名古屋グランパスＵ‐12にも、のちにプロになる素晴らしい選手たちがいた。杉森考起選手（現徳島ヴォルティス＝Ｊリーグ２部）はスピードに乗った抜け出しがすさまじく、吹ヶ徳喜選手（同上）も大きな体を活かして５年生の頃からたくさん点を決めており、当時から有名だった。

大会はトーナメント戦だったため、負けたら終わりの一発勝負。神奈川県予選から始まり、次々と続く真剣勝負の中でチームの一体感が増し、川崎フロンターレは家族のように団結していった。最終的には、残念ながら準決勝で名古屋グランパスＵ‐12にＰＫの末に敗戦。僕たちに勝った名古屋グランパスＵ‐12が優勝し、僕たちは３位という結果に終わった。当時は「優勝できないのなら、３位になっても意味がない」と自嘲したが、僕は「負けず嫌い」であるため、悔しくてたまらなかったのを覚えている。

しかし、その悔しさも成長につながったと思う。中学生になって、川崎フロンターレのＵ‐15（15歳以下）、さらに高校生年代のＵ‐18（18歳以下）と進んでいっても、折れずに頑張れたのは「またあの時のような悔しい思いをしたくない」と奮起できたからだ。

筑波大学を卒業して、晴れて川崎フロンターレのトップチームの一員になってからも、クラブの公式ホームページのプロフィール欄の「サッカー人生で一番悔しかった試合」の質問には、あの名古屋グランパスU‐12に負けた準決勝を挙げたほどだ。ずっと心に残る糧になったのだから、負ける経験も決して悪いことばかりではない。

一方、川崎フロンターレU‐12のもうひとつの目標だったダノンネーションズカップは、僕に「世界」を教えてくれた。世界を見据える僕にとって、ダノンネーションズカップは重要な大会だった。国内の予選を勝ち抜くと、世界大会に出場でき、色々な国のチームと対戦できるためだ。髙﨑監督は僕がまだ3、4年生の頃から「日本で勝ち抜いて、この世界大会に出るんだぞ」と言い続けていた。そういう環境を作ってもらったため、チームとしても世界を目指す思いがどんどん強くなっていった。

だからこそ、前述の川崎フロンターレのプロフィール欄で、6年生の時に全少で負けた名古屋グランパスU‐12戦とは逆に、「サッカー人生で一番嬉しかった試合」として挙げたのが、小学校5年生の時に出場した世界大会出場を懸けたダノンネーションズカップ予選の決勝だった。相手は前年に優勝して世界大会に出場した、東京ヴェルディの下部組織ヴェルディジュニア。結果はＰＫ勝ちだった。その劇的な勝ち方も手伝ってか、あの感動と興奮は今でも強く心に残っている。

こうして、ダノンネーションズカップで初めての「世界」を経験できることになった。開催国はフランス。6年生の先輩に引っ張られる形で試合に出場した僕はそこで、「世界は全然違うな」と痛感させられた。同じ小学生でも、身体的な差を強く感じたのだ。同年代のはずなのに、他国の選手は体が大きく、しかもスピードが速い。日本ではなかなかいない、身長が１７０cm台の選手が当たり前のように各国のチームにおり、ヘディングの競り合いではまったく勝てなかった。技術的には同じレベルでも、プレーの強度で劣っていると、どうしても個人の勝負で負けてしまう。「世界レベルのプレー強度」と、「日本で通用したものが世界では通用しない」という現実を肌で学んだのだ。

さらに感じたのは、他国の選手がプレー中に放つ「圧」の違いや、僕が海外サッカーの映像を見て感じていたように、「サッカー自体が違う」ということだった。世界大会では地元のフランスのチームが優勝したが、準優勝したロシアのチームなど、「世界には色々なサッカーがある」ことを確認することができた。小学6年時の大会は世界的な鳥インフルエンザの流行によって1年延期され、中学1年時に南アフリカに行った。やはりその時も強く感じたのは「世界との違い」だった。それでも、最初に出場した時の10位から4位に成績を上げることができたため、手応えはあった。

日本では通用する技術や武器も、世界では簡単には通用しない。その「違い」を育成年代の時期に感じるのと感じないのでは、その後に大きな差が出るのではないだろうか。国内で負けた時も、世界で違いを痛感した時も、考えたのは「どうやったら勝てるのか」ということだった。このように、僕のサッカー観は、「プロ」や「世界」からの逆算で作られていったのだと思う。

日本サッカー指導の常識を変える「利き足」練習法

2020年のJ1リーグ第1節、三笘は同期の旗手怜央とともに交代出場でリーグ戦初出場を飾った。スピードでも驚かせたが、スタジアムをざわつかせたのが右足アウトサイドを使って出

したパスだった。今では三笘の代名詞のひとつになりつつある得意のパスは、どのように誕生したのか――。

ダノンネーションズカップでの「世界」の経験は、僕たち選手はもちろん、監督やコーチ陣にも大きな影響を与えた。当時、川崎フロンターレのU‐12では、「止める」「蹴る」といった基本的な技術が求められていたが、そうした方針が２００８年にダノンネーションズカップ出場を機に変わったのだ。

「もっと君たちの能力を伸ばせる方法があった」

ある日、チームを指導する髙崎康嗣監督が僕たちにそう言ってきた。

髙﨑監督はそれまでは技術を磨く重要性に重きを置き、指導の一環として「利き足に関係なく両足で自在にボールを操れる」ことを掲げていた。しかし、世界との差をダノンネーションズカップ出場で知ったことで、両足を使うことよりも「利き足をさらに上手く使えるようにする」と方針を変更したのだ。

当時は、右足でも左足でも変わらずにボールを扱えるようになったほうがいいというのが、日本のサッカー指導者に共通の方針だったように思う。だが世界に目を移して、さらに超一流の選手にフォーカスすると、利き足しか使っていないことに気がつく。

僕が子供の頃によく見ていたリオネル・メッシ選手の場合は、ドリブルもシュートも、利き足の左足が多い。メッシ選手とチームメイトだったシャビ・エルナンデス選手やアンドレス・イニエスタ選手、僕が憧れていたクリスティアーノ・ロナウド選手も、利き足である右足を使うことが多い印象だった。

スペインのリーグ戦であるリーガ・エスパニョーラの試合に関するとあるデータでは、イニエスタ選手は６００回以上ボールタッチをしているにもかかわらず、利き足ではない逆足でボールに触ったのはわずか20回。メッシ選手やシャビ選手はそれが1桁だったそうだ。サッカーの世界では、結果を出した選手が「正解」になる。僕は自然とそういう選手たちの真似をしていたが、髙﨑監督も同じ答えにたどり着いたのだと思う。

例えば、ボールをキープする際は相手にボールに触れられない位置にボールを置き続け、動かし続ける必要があるが、これに両足を使う必要はない。ドリブルをするにしても、実際にボールを扱っているのは利き足ばかりというケースがほとんどだと思う。

この「ボールを扱う」というのは、川崎フロンターレに入ってから学んだ概念である。単にサッカーボールを蹴るのではなく、自分が主体となるプレーをする。自分が移動させたいあらゆる場所に「ボールを運ぶ」。どこに向けても「自在に蹴る」。それが「ボールを扱う」ことだと教えられた。

ここでも逆算になるのだが、「ボールを扱う」ために必要になることがある。「いつでも自分が蹴ることができる位置にボールを置く」ことだ。さらに逆算していくと、必要なのは圧倒的な技術力である。技術というのは年齢やカテゴリーが上がるほど、その環境の中で伸ばしていくのは難しくなっていく。子供の運動神経が一気に発達する最盛期は〝ゴールデンエイジ〟と呼ばれ、文献によっても違いはあるが、概ね小学生年代、特に6～12歳の頃とされている。

僕がその時期に磨き上げたのが、この利き足の技術だった。髙﨑監督が世界を経験して気づき、両足ではなく片足にフォーカスする指導をしてくれたおかげで、今につながる武器に気づくことができたのだ。

周囲の360度をすべて自由に使える一方でどこからでも相手が寄ってくるグラウンドの真ん中、あるいは現在の僕が主戦場にしているタッチラインを壁にしたサイドのポジションなど、サッカーの試合をするピッチのどこにいたとしても、体の向きや動く方向を上手く使うことで、技術力があれば片足だけでプレーすることが可能である。

この利き足の技術をとことん磨き、こだわり抜いてプレーするというのは、現在の僕のプレーにも現れていると思う。その象徴が利き足である「右足のアウトサイドを使ったパス」である。僕がプレーしている左サイドでは、左利きの選手が起用されることが常識とされる時代があった。なぜなら、縦に抜け出した後、そのまま左足でボールを蹴ってゴール前にクロスを送りやすいためだ。

その後は、サッカーの世界では「逆足」と呼ぶ利き足の反対、左サイドならば右利きの選手を、右サイドには左利きの選手を配置することがトレンドとなった。サイドライン際から中央へと流れていき強いシュートを放つためには、利き足を使ったほうがスムーズであるためだ。僕は左サイドを突破しても、左足でクロスを上げることは多くない。今では、カットインして中央に切り込んでシュートを打つことも増えたが、それよりも効率的に使っていたのが、右足アウトサイドでゴール前にパスを送ったり、クロスを入れたりするプレーだった。

確かにプロの世界ではあまり見ることがないかもしれないが、世界的な名門クラブであるスペインのレアル・マドリードでプレーし、2018年のワールドカップ・ロシア大会でもクラブ同様に背番号10を背負ってクロアチア代表を準優勝に導いたルカ・モドリッチ選手も、アウトサイドを使ったパスを好むことで知られている。

モドリッチ選手とは、僕も2022年にカタールで開かれたワールドカップの決勝トーナメントで対戦した。同じピッチに立ってみて、やはりモドリッチ選手には自らの卓越した技術に絶対的な自信があるのだと理解できた。

プレミアリーグに行ってからも続けている僕のもう一つの武器であるアウトサイドパスも、常に利き足で蹴ることができる位置にボールを置き続けているからこそ可能なプレーである。そういうプレーのベースとなる技術力を子供の頃に身につけておいたからこそ、プロになった今、武器になっているのだと実感している。

今はまだ体の小さな子供でも、利き足の技術を磨くことはできるはずだ。将来、世界で活躍する自分の姿を思い描いて、日々の練習に励んでほしいと思う。

「止める」「蹴る」「ボールを置く足指を常に意識しながら運ぶ」

ボールを「止める」「蹴る」という動作は、サッカーの基本として広くその重要性が認識されている。ただし、川崎フロンターレの育成組織では、その基本動作をさらに分解して、子供たちに教えていた。髙崎監督が三笘に教えた「ボールを運ぶ」とは——。

現在の川崎フロンターレは、非常に技術の高い選手たちが多いことで知られている。これは僕のようにクラブのアカデミー出身選手が育ってトップチームに上がっていくことが多いためだ。よく聞かれるのでお話しするが、アカデミー時代に何か〝特別な指導〟があったのかといえばそうではない。

僕が川崎フロンターレのU‐12時代に一番よく練習したのは、「止める」「蹴る」という基本技術である。サッカーの基本を本当に徹底して叩き込まれた。単にボールを止めて、ボールを蹴る、ということとを繰り返し続けたわけではない。「どういうものが良いパスなのか」などと、「原理・原則」を考えながら反復練習を行っていたのだ。

髙﨑監督は、細かくボールの扱い方を教えてくださった。「足のインサイドを使ったパス、それにトラップは、くるぶしの下でボールに触れるように」、「（ドリブルする時は）ボールの中心を利き足の薬指と中指の間に置いて運ぶんだよ」といった具合に、かなり具体的に指導してくださった。U‐12では、ボールを持って移動することをドリブルではなく「ボールを運ぶ」という言葉で表現していた。

ドリブルというと、スピードに乗って目の前の相手をかわしていくものというイメージがあるかもしれない。だが、本来の目的はボールをスペースへと動かしてプレーの選択肢を増やすことだ。U‐12で教えていただいた「ボールを運ぶ」というのも同様に、パスコースを見つけるためなど、自分に有利なスペースへとボールを持って移動するという意味だった。ドリブルは個人のセンスに大きく左右されるとも言われるが、そのひと言で片付けないほうがよいと思う。僕も、自分の武器であるドリブルにつながる「ボールを運ぶ」技術を小学生の時にしっかり教え込まれたことが現在につながっていると思う。

大事なのは、ボールを動かす際のボールタッチを、毎回同じにすることである。そのためには、前述した「ボールの中心を利き足の薬指と中指の間に置く」という準備が必要であり、同時に「足の小指を使ってボールを押し出す」という練習も繰り返し行った。そういうボールを運ぶ技術を身につけると、ドリブルの技術向上につながってくる。ドリブルでは感覚も重要だと言われるが、それにあまり大きく左右されることなく、再現性の高いプレーが可能になるのだ。

細部にもこだわりつつ少しずつ技術を積み重ねていくことで、僕は「ドリブルとはこういうものなんだ」ということが、印象としてではなく、はっきり理解できるようになった。小学生時代に教えていただいた基本練習が、僕が得意とする右足のアウトサイドを使ったドリブルやパスの原点となっているのである。

僕がドリブルをする時に特に大事だと考えているのが、「常に右足の前にボールを置く」ということだ。いつでも自分が触れられるところにボールを置いておきたいからなのだが、この思考もU‐12時代の教えが根底にある。

ドリブルで相手を抜くには、駆け引きも必要になってくる。時には、わざと相手が足を伸ばせば奪えそうなところにボールをさらして、相手が足を出してくる瞬間を狙っていることもある。この時、いつでも触れる場所にボールを置いておけば、駆け引きの主導権を握り続けることができる。逆に「常にボールに触れる状態にない」ということは、「完全に自分のボール」ということではなく、自分と相手と「50：50のボール」である状態だとも言える。「完全に自分のボール」にして主導権を握っていれば、相手が足を動かしたなら逆を突くことができるし、さらにボールを動かして、相手の体勢を崩すことも可能になる。

そういう時に必要なのが、「アウトサイドでのボールタッチを常に一定にする」こと。そうすれば、いつでも自在に方向転換できるためだ。ボールタッチに関してもやはり、小さい頃に学んだ基本が今でも僕のプレーの随所に息づいている。

高﨑監督に教わった「〝なぜ〟を突き詰めて考える」習慣と「考えるサッカー」

サッカー選手は感覚を大事にする。その一方で、論理性がチームとしてのより良いプレーを構築していく一面もある。三笘は川崎フロンターレのアカデミーで、「自分のプレーを説明すること」を義務づけられたという。それが現在の「考えるフットボーラー」と称賛される世界のMITOMAを誕生させた――。

川崎フロンターレのU‐12チームで指導を受けた髙﨑監督は厳しい方だったが、中でも特に緊張する瞬間があった。練習中の選手たちへの「質問タイム」である。試合形式の練習を行っている時にも、髙﨑監督はよく笛を吹いてプレーを中断させることがあった。

「どうして、このプレーをしたの?」

この質問を受けるのが、僕たち選手が一番緊張する瞬間だった。

監督の質問に対して答えを返せないと、「プレーに意図がない」と判断される。「意図がないプレーは、ただプレーしているだけ」というのが、髙﨑監督の教えだった。

最初は、髙﨑監督に怒られないようにと、プレーする理由を探し続けていた。たったひとつのボールを止めるというプレーでも、「ここでトラップしたのは、次のプレーにこうやって移行するためでした」とか、「周囲を見ていたら、こういう状況だったからトラップしました」と、理由を探す必要があった。ただ意図を伝えるだけではなく、プレーの論理性を説明することが求められたのだ。そういうやり取りが毎回の練習で繰り返されるため、僕たちはいつも緊張していた。練習中にピッと笛が鳴った瞬間、皆が「やばい、今度はオレの番かもしれない」と思い、頭をフル回転させていたはずだ。髙﨑監督には、一人ひとりの論理がかみ合ってチームとしてのプレーができるのだということを教わったと思う。

また、質問タイムによって、「自分の意見を堂々と言う」という習慣も身についた。トップチームに昇格してからの話になるが、僕は川崎フロンターレのレジェンドであり尊敬する大先輩である中村憲剛さん（現サッカー解説者）をピッチ内でだけは「ケンゴ！」と呼んでいた。これはプロ選手として試合中には簡潔に意見を伝えなければならず、そういう時には遠慮する気持ちはマイナスにしか働かないためだ。僕はそういう訓練を小学生の頃からしていたことになる。

一方、こんな驚くべきこともあった。小学6年生の時の試合で、髙崎監督に「相手選手全員をドリブルで抜いていけ」と指示されたのだ。毎回そういう指示を受けたわけではないが、「キックオフから自分でボールを前に運んで、そのまま自分でゴールを決めてみなさい」と言われたことは過去には何度かあった。ただ、その時は「全員抜いてみろ」だったため驚いた。

しかし、この時僕は最初、髙崎監督の真意が理解できず、「そんな必要はないでしょ。それは違うと思う」と考えたことを覚えている。髙崎監督は、常にチームにとって一番良いと思う選択をすることを僕たちに求めていた。だからこそ、髙崎監督の指示が理解できなかったのだ。しかし、僕は少ししてこう考え直した。「髙崎監督が普段とまったく違うことを言っているということは、何か意図があるに違いない」。子供ながらに、そう読み取ったのだ。

正直に言って、その試合では相手チームとの力の差が歴然とあった。相手は言わば格下のチームだったのだ。そういう試合でいつものように得点を重ねても意味はない――と、髙崎監督は考えたのだと思う。U‐12の頃には、こういう〝無茶なプレー〟に一見見えるプレーにあえてトライさせられることもあった。当然、ボールを取られるミスも起こりうるわけだが、そういうことが起きるとチームにとってどういう影響が出るのかが分かり、自分で仕掛けるプレーとチームプレーのバランスを考えるきっかけにもなる。こうした「個」と「組織」を考えるきっかけになればと、髙崎監督は「相手選手全員をドリブルで抜いていけ」と、僕に指示を出されたのだと思う。常に考え続けること――、頭を働かせ続けること――は、僕のサッカーにとって欠かせない要素となっている。

川崎フロンターレU-12で多くのポジションをプレーして培われた「先を読む力」

サッカーにはさまざまなポジションがあるが、現在ではボランチ、インサイドハーフなど、さらに細分化が進んでいる。三笘は幼少期に多くのポジションを経験したというが、そのおかげで試合中に「先を読む力」が養われたという――。

僕は今でこそウイングやサイドハーフ、時にはウイングバックと、ピッチの左側でサイドアタックを仕掛けるスペシャリストのように思われているかもしれないが、小学生時代には色々なポジションを経験した。僕が小学3年生で入った川崎フロンターレのU-12では、本当に色々なポジションで起用された。U-12チームに入って2年間はサイドハーフやサイドバックを経験し、左サイドだけではなく、右サイドでもプレーした。

最前線でゴールを奪うフォワードもやった。5年生の時にはフォワードより少し下がった位置でパスやシュートを狙うトップ下に入ったこともある。6年生になると、トップ下よりもさらに後ろで、チーム全体を見て試合をコントロールするボランチに落ち着いた。

こうして、小学校の4年間だけでもゴールキーパー以外のすべてのポジションを経験したことが、その後の僕のサッカー人生にとって大きな血肉になったと思う。同じピッチに入ってプレーしていても、中央のトップ下とサイドバックでは、やはりプレーはまったく違う。ボールの持ち方やプレーの選択が、全然別のものになってくるのだ。一方、ピッチの中央に立つボランチとなれば、周囲を360度見渡す必要が出てくる。そうなると首を振る回数も増え、状況判断能力が養われていく。また、僕が現在プレーするサイドのポジションに入った時は、ドリブルや1対1の勝負の回数が増えてきたため、「ドリブルを磨かないといけないな」と気づかされることもあった。

川崎フロンターレのU-12チームの1期生として入団した時に、セレクションに合格した14人の内訳は4年生が主体で、僕たち3年生が3人だけだった状況も複数のポジションを経験することに影響したのかもしれない。最初の1年間は、1学年上の選手と勝負することがほとんどという状況だった。小学生で1学年違うと体の大きさにはかなりの違いがあり、体格のハンデを負った状況では、よく考えながらプレーしないと簡単に負けてしまう。

だからこそ、U-12時代から「今どこに自分がいるべきか」というポジショニングの意識を高く持ち、考えながらプレーしていた。多くのポジションを経験したことは、こうした「考えてプレーする」こと、あるいは試合中の「先を読む力」に大いに役立っていると思う。

ブレずに「ドリブル」にこだわり続ける
子供たちと指導者の方々に伝えたい自分の「武器」を見つけるメソッド

プロの世界は厳しい場所だ——。三笘は小学生の頃、プロになるという強い意志に従い自分の「武器」を磨き続けた。これから日本のサッカー界の将来を担う子供たちにとっても、プロになることを目標とするのか、それとも趣味としてサッカーを続けるのかを考える際、三笘の「自分の武器論」は大いに参考になりそうだ。

僕は自分のことをドリブルだけの選手だとは思っていない。ただ、ドリブルという大きな武器がなければ、今こうしてプレミアリーグで勝負できていないはずだ。そういう意味では、僕にとってドリブルは最も大切なものだったと言えるかもしれない。

川崎フロンターレのU‐12時代は、練習でも試合でもとにかくドリブルを仕掛けることを意識していた。得意といっても、どんな選手を相手にしても絶対に勝てるわけではない。もちろん、何度もボールを失うこともあった。試合でチームに迷惑をかけたこともあると思う。チームメイトから「パスを出せよ！」と文句を言われ、「何でだよ！」と言い返したこともあった。

相手チームの同じポジションの選手と比較して、コーチに諭されることもあった。その選手は自分でドリブルするのではなく頻繁にパスを出すことで、チームに良いリズムを生んでいたため、コーチに「君のプレーに足りないのは、ああいうところだよ」と、具体的に指摘されたこともあった。

それでも僕は、ドリブルにこだわり続けた。チームワークは大切だが、プロになるために、絶対に譲ることのできない「個」にこだわらなければならない部分があったからだ。それはまさに「プロになるために必要なプレーなんだ」ということを考えたうえでの覚悟を持った選択だった。それに当時は、「今は失敗していい時期なんだ」と考えていた。目の前の試合はもちろん大事だが、僕が一番立ちたいのはプロのピッチだったからだ。

もちろん、ただ失敗を繰り返していたわけではない。失敗をすることで、改善できる部分を発見しアップデートを心がけてきた。中学生年代のU‐15に進んでからは、その経験が活きてきた。相手チームが僕を複数の選手で止めにきたら、わざと引きつけておいて、その分フリーになった仲間にアウトサイドを使ったパスを出してポンポンとワンツーで抜け出す。相手がそれを警戒して近くに寄ってこなくなったらドリブル勝負と、次第に状況に応じたプレーの使い分けができるようになっていったのだ。

こういう頭を使った高度なプレーができるようになったのも、ドリブルという武器を磨いたからこそ——。ひとつの強みを作ることで、他のプレーの伸びしろも増えていったと思う。自分の強みを見つけるために、色々なポジションを試してみるのもいい。「自分がどこにフィットするのか」、あるいは単純に「どこが楽しくできるか」を体験できるためだ。

また、どういうプレーができた時に監督やコーチ、チームメイトに褒められたのかを考えることも大切である。自分の主観だけではなく、周囲の反応によって客観的にプレーを分析できるためだ。

「自分の武器を持つ」ことができれば、たとえ背が低い子でも、いいゴールキーパーになれると思う。最近のサッカーでは、手を使える唯一のポジションであるゴールキーパーも、フィールドプレーヤーと一緒に足を使ったパスで、プレーを組み立てることが求められる。自分の武器になりうる足元の技術を磨けば、オリジナルの強みを持ったキーパーへ成長できるかもしれない。そのため、どのポジションでも、もしプロを目指すのであれば、将来の自分の武器を見つけるために既成概念にとらわれない柔軟な発想や選択肢を持つべきだと思う。

また、そういう知識を得るためには、世界には国によって異なるサッカースタイルがあるのだから、まずは視野を広くして世界の色々なサッカーを見るということも必要である。そのうえで、「自分に適したポジションはどこなのか」、あるいは「どういうプレーをしたら、自分の強みを一番発揮できるのか」を考えるべきだと思う。こうした取り組みは、プロを目指すにあたって必ずプラスに働くはずだ。

しかし、小学生時代などは自分で適性を見極めたり、武器を見つけたりするのはまだ難しいかもしれない。だからこそ、指導者の方々には、子供たちのために、まずは色々な練習メニューを用いたり、試合で良いところを発見したりしてあげていただきたい。その子がどういう長所があってどこを伸ばしてあげればよいのか、子供たちが将来、自分の武器になるかもしれない才能や素質を見つけられるよう、一緒にサポートしてくだされればと思う。

ジュニアとユース時代に教えられたサッカーの「原理・原則」

サッカーの中継では、「良いドリブルプレーですね」とか「コーナーキックで良いボールが入りました」などとよく表現されることがある。だが、プレーの良し悪しというのは人それぞれ、千差万別で、実際には明確な定義がない曖昧なものだ。しかし、三笘は川崎フロンターレのアカデミーでは、「良し悪し」の「原理・原則」を徹底して叩き込まれたという。

サッカー選手一人ひとりの感覚というのは、もちろんその人にしかないものであり、大事にしなければならないのだが、一方でサッカーには絶対的な原理・原則というものが存在すると思っている。

僕の場合は川崎フロンターレのU‐12時代に、髙﨑監督からサッカーで「良い」とされる正解は何なのかを、徹底して教え込まれた。髙﨑監督は、パスの出し方ひとつでも細部まで教えてくれる方だった。「インサイドを使ったパスは、くるぶしの下のところで蹴るんだよ」といった具合だ。ボールを当てるポイントまで細かく説明された時には、「そんなやり方じゃ蹴れないよ」と、内心では思っていたが、まずは言われた通りに実際に試すようにしていた。文句を言うよりもまずトライしたほうが、「なるほど、こういうことか」と納得でき学びになったり、あるいは「やっぱり違うな」と自分の中での答えを得やすかったりすると思うからだ。

もちろん、人にはそれぞれ個性があるため、自分の感覚には従ったほうがいいとは思う。しかし、だからといって、まだ成長過程にある選手たちが、他の人の言うことに一切耳を貸さないのはもったいない。僕自身も色々な方に指導を受けて、自分の感覚に従うべきところと、アドバイスに従うべきところがあると感じ、「サッカーでも何でも、自分一人ではやっていけないんだ」ということを常に痛感させられてきた。

状況にもよるが、コーチに言われたことを100%取り入れなくても、自分の軸をズラさない範囲でアドバイスに耳を傾け、50%でも60%でもいいから取り入れてみるべきか否かを思案することは、非常に大事なことだと思う。指導する方によってサッカーの考え方や教え方もそれぞれであるため、あれこれ試してみるのは自分の未知なる能力を引き出すことにもつながり、有意義だと思う。

指導者の中には、「こうしなさい」と断定的に語る人も、逆に裏づけが足りない曖昧な教え方をする人もいるかもしれない。僕の場合は、曖昧な指導だと迷ってしまうということもあった。案外、自信を持って断言されたほうが、自分に合わない場合は「いや、これは絶対に違う」と、答えがはっきり出るものだと思う。

最後にピッチに立ってプレーするのは自分自身である。すべてが自分に跳ね返ってくるのだから、最後は自分の信じたものを出すべきだ。ただし、その過程では、できるだけたくさんの考えや教え、メソッドを取捨選択したうえで、利用したほうがメリットは大きいと思っている。

僕の経験でいうと、川崎フロンターレのU‐12ではパスに関してなら、「蹴った直後は無回転で、ボールが地面に着いたら縦回転になっていくパスを出そう」「それが良いパスなんだよ」と、パスの「原理・原則」のイメージを具体的に教えられた。

今振り返ってみると、このように具体的に教えられたことを自分の中で落とし込んで、より向上させるというのも、伸びる時期の若い世代の選手にとっては必要だったと思う。それが今のパスの話でいえば、パスの強さや、もっと正確性のあるパスを出せるように意識すること――。ドリブルでいえば、今通用していても、上の世代に行けばプレーのスピード感が増すため、もっとスピードに乗ったドリブルを練習から試してみる――。そういった高度なプレーにつながっていくのだと思う。

また、僕のプレーの特長には「ストップ&ダッシュ」もある。ファーストタッチを大きくせずに足元に収めて、セカンドタッチを素早く前に押し出して急加速する。一方で、ドリブルで加速しながら相手陣内に切り込むと、急減速して相手ディフェンダーを置き去りにする。つまり、0から100だけでなく、100から0にできる〝緩急〟を僕は作ることができる。先述したドリブルもそうだが、フロンターレ時代のより具体的な教えがそういう自分だけの強みをいくつも見つけ、磨いていくことにもつながっていったのだと思っている。

繰り返しになるが、今、ジュニアユースやユース年代にいる子たちは、周りの指導者の方たちの言葉に耳を傾けながら、自分がもっと向上するには何が必要かを考えてプレーしてほしい。良いパスとは何か、良いドリブルとは何か、そのために必要なのはどういうボールの持ち方なのか、もっと自分の能力を上げるにはどうすればいいのかを考え続けるべきだと思う。髙﨑監督からサッカーの「原理・原則」ともいえる教えや、川崎フロンターレでより具体的な指導を受けたことは、僕のプレーの原点になっている。

「国体レギュラー落ち」で初めての挫折「1試合に集中する」メンタル力を作れ

川崎フロンターレのU‐12チームの1期生となり、トップチームへの昇格も打診された三笘。一見するとエリート街道を歩んできたように見えるが、多くの選手同様に悩み、不安な気持ちを抱え失敗もしている。三笘は、「1試合に持てるすべてを注ぎ込むメンタル力」をどのように獲得したのか。

サッカー選手のメンタルの重要性についてしばしば質問されることがある。試合に臨む時の心構えはどういうものなのか、といった具合だ。自分自身を分析してみると、僕は「目の前の1試合に執着する気持ちが他の選手より強いのかもしれない」と思うに至った。選手だったら誰でも、試合に出たいものである。特にプロでは、たった1試合で人生が大きく変わる可能性だってある。試合に出て、活躍すること。さらに、良いプレーを重ねて、試合に出続けなければならないのがプロだ。

子供の頃の経験からこうした気持ちが培われたのだと思う。僕はチームメイトがケガで試合に出られない時、代わりにめぐってきた出場機会などはチャンスだと思い全力を出すように努力してきた。ただ、1試合にかける思いが強すぎたことで、失敗や挫折も味わってきた。

それは川崎フロンターレのU‐18に昇格した高校1年生の時のことだった。高校に入学してU‐18のチームに昇格する前、U‐15のチームで、僕は背番号10を与えられていた。中学3年生になった頃は150cm台後半だった身長も、高校入学時には168cmに伸び、自分はチームの中心選手なんだという意識を強く持っていた。

高校生になったばかりの僕は、国体（国民体育大会）の「少年男子」の部でも中心選手になれると思っていた。ところが、国体に臨む神奈川県の選抜チームでは、試合に出られない時期が続いたのだ。僕が暮らしていた神奈川県内には、J1リーグを戦っている横浜F・マリノスの本拠があり、下部組織にはエリート選手が集まっていた。クラブチームだけでなく、多くのプロ選手を輩出してきた強豪高校も県内には多くあり、やはり素晴らしい選手たちが選抜チームに集まっていた。

僕は当然、国体の舞台でも活躍するつもりでいた。しかし、本番に向けての練習試合でも、なかなか試合に出ることがかなわなかった。さらにショックに追い打ちをかけたのが、フロンターレのチームメイトが試合に出ていることだった。クラブでは僕が10番をつける中心選手であるのに、選抜チームでは立場が逆転するというギャップに、人知れず悩んでいた。最終的に国体のメンバーには選ばれたのだが、先発でピッチに立つことはなかった。

高校生になる前にも、精神的に不安定で自分をコントロールできないことがあった。練習中にプレーが上手くいかないと、イライラしてチームメイトとの競り合いで故意に削りにいったり、乱暴にプレーしたりしたこともあった。当然、相手も怒ってケンカになったり、さらには言葉をかけてきたコーチにも暴言を吐いたりしたこともあった。今思えば本当に恥ずかしい話だが、当時はそういうメンタルの不安定さが日常的に表に出ていたと思う。

U-18チームでの最後の試合でも、感情をコントロールできずに暴発してしまったことがあった。高円宮杯U-18のプリンスリーグという、強豪高校チームとJクラブのユースチームが対戦し、年間を通じて18試合を戦う大会でのことだ。僕たちは最終節まで、優勝や上位リーグであるプレミアリーグに昇格できる可能性を残していた。

相手は山梨学院大学附属高校。同チームにはその後、日本代表でチームメイトになった前田大然選手（現セルティックFC＝スコットランド）がおり、2ゴールを奪われ苦戦した試合となった。その際、僕は自分のプレーに対して苛立ち、檄を飛ばしてくれたコーチに対して、自分をコントロールできずピッチ内から暴言を吐いてしまったのだ。試合後も、どれだけその声がコーチに届いているのか分からなかったこともあり、そこまで気にせず謝ることもしなかった。

すると後日、チームの解散式となる最後の集まりで、今野章監督から僕だけ一人呼び出された。何を言われるのか、その時はまったく見当がつかなかったのだが……。

「あの最後の試合のような態度を取っていたら、選手として大学で終わりだぞ」

そう、はっきりと言われたのだ。僕自身はすっかり忘れてしまっていたのだが、最後の試合でベンチに暴言を吐いたことを戒められることになった。

当時の僕はチームでも中心となってプレーしており、トップチームへの昇格も打診されていた。その話を断って筑波大学へ進むことを決めていたが、やはりどこかに慢心があったのだと思う。監督の言葉が胸に深く突き刺さったことを覚えている。その瞬間、今まで育ててもらったフロンターレから離れ、知っている人が誰もいないところへ行きサッカーをすることの意味を改めて考えさせられることになった。

高校生年代やユース年代の頃は、誰でも程度の差こそあれ「尖って」いるものだと思う。「信じられるのは自分だけだ」とか、「自分が正解なんだ」と、根拠のない自信を抱える時期かもしれない。僕も同じで、世間を知らず社会の仕組みや厳しさも知らず、サッカーではチヤホヤされていたため自分が見えていなかった。そんな中、解散式でコーチから言われた言葉も、今でも心に残っている。

「与えられた場所で花を咲かせなさい」

今ならば、監督の戒めとともに、心にすっと入ってくる。与えられた場所に不満を言っても、仕方のないこと。その場所でどうやって花を咲かせるかを考えないことには、成長できない。サッカーに置き換えれば、今いるチームでどう活躍するのか、一緒に戦うチームメイトや監督・コーチにどうやって自分の力を認めてもらい、試合に出るかを考えなければならない。

この「与えられた場所で花を咲かせなさい」という教えは、サッカーをやられる方だけでなく、子供から大人まで誰にでも学びとなるのではないかと思う。サッカーしかなかった僕に、人としての道徳心や常識を教えてくれた人たち。両親や学校の先生ももちろんだが、指導者の方々がどれだけ影響を与えてくれたのか、そのご恩は決して忘れない。素晴らしい指導者の下でプレーできたことに、僕は感謝している。

仲間のケガでめぐってきたチャンスでも、交代出場で与えられたわずか数分間のプレーでも、そこが僕の「花を咲かせる場所」。だから今でも、1試合の大切さをかみ締めながらプレーしているのである。

第2章「メソッド」のまとめ

◆「利き足」の練習に大切な3つのこと

・一流の選手は利き足を多く使っていることを理解する。
・運動神経が一気に発達するゴールデンエイジに利き足を多く使って感覚を養う。
・プレー中の体の向きや動きに注意し、利き足でプレーしやすいようにする。

◆ドリブルで「ボールを運ぶ」ために

……ボールを動かす際のタッチを一定にするために、ボールの中心を「利き足の薬指と中指の間」に置くように意識する。ボールの置き場所は、僕が当時そこを意識してやっていただけで、人それぞれ自分がやりやすい置き場所があるのでそれを見つけていく。同時に「足の小指を使ってボールを押し出す」という練習も繰り返し行う。

◆「自分の武器」を見つけるためのメソッド

・色々なポジションに挑戦し、自分にどういった適性があるかを見極める。
・世界のサッカーの試合を見て学び、さまざまなプレースタイルがあることを知る。
・既成概念にとらわれず、柔軟な発想や選択肢を探す。

第3章——筑波大学

～「プロに行かずに実現した肉体改造法」「三笘ドリブルという武器と型」「世界に最速で行くための伸ばし方」～

プロにならずに大学進学を選んだ理由

Jリーグクラブの下部組織に所属する少年たちにとって、一番の目標はトップチームに昇格してプロ選手になることだ。三笘には川崎フロンターレのトップチームからオファーがあったが、彼自身の目標であった日本代表や海外クラブでの活躍をいち早く実現するため、その誘いをあえて断って大学進学を決意する——。そこには三笘らしい長期ビジョンに立った深い考えがあった。

Jリーグクラブの下部組織に所属している選手は、高校3年生の夏までにはトップチームに上がれるかどうか分かる。僕もありがたいことに、「川崎フロンターレのトップチームに昇格しないか」と、高校3年生の夏に誘われた。ただ、日本代表の中心選手となり海外クラブで活躍することを目標にしていた僕は、遠回りに見える大学進学が実はその近道だと考え、トップチーム昇格をお断りした。

4年間にわたって長期的ビジョンで計画的にストロングポイントを伸ばし、ウィークポイントをなくすなど、自分自身やサッカーを見つめ直したかったのだ。理想の選手像に近づくための時間を作りたいという思いもあった。プロでやっていく自信がなかったというのも理由のひとつだった。大学4年間の間にプロで通用するフィジカルを身につけたいと考えていた。プロの世界はまったくレベルが違った。

高校最終学年に進級する頃には、川崎フロンターレU-18のチーム内では中心選手になっていて、実は高校2、3年生の春にトップチームのシーズン開幕前のキャンプに参加していた。そこで、プロの世界のレベルを痛感させられた。

当時、フロンターレのレジェンドである中村憲剛さんが、少ないタッチでパスをさばく僕のプレーを見て評価してくださっていたと後に知らされたが、とはいえ、高校生の僕がなんとか存在感を発揮できたのは小さなスペースでのプレーだけだった。

まず、プロとの違いを一番痛感したのは「フィジカル」だ。高校時代の僕の体はプロの選手と比べると圧倒的に細く、技術やスピードがある程度通用しても、紅白戦では挫折を味わった。接触プレーでは当たり負けするし、プロのレベルで90分間保ち続けなければいけない「試合にフル出場する体力」も全然足りなかった。高校3年生になる直前に参加したキャンプでフィジカルの差を感じ、「1年後にこのチームに入って活躍できるか」と自問自答してみた。僕が出した答えは「絶対無理」だった。フロンターレのU-18で一緒にプレーしてきた1学年上の板倉滉選手、三好康児選手がプロで試合に出場できていなかったことも、大学進学を決意した理由になった。

また、プロに行くと、サッカーで生計を立てて、ひとつの試合、ひとつのプレーで食べていくことになる。そう考えてみると、自分はまだまだレベルが足りない、と思った。大学に進学することで、フィジカルや技術の向上だけでなく、自分の武器であるドリブルも日々の練習で計画的に鍛え、試合でもどんどんチャレンジして向上できる――そう考えたのだ。

大学進学を考えていた僕は、いくつかの大学のサッカー部の練習に参加させていただき、入学の誘いもいただいたが、最終的には筑波大学を選んだ。理由は、練習に参加して自分が一番通用しなかったと感じたのが筑波大学だったからだ。他の大学ではゴールを決めることができて自信を得られたのだが、短い時間だったとはいえ、強度が高い筑波大学の練習ではあまり自分の持ち味を出せなかった。筑波大学の試合を見て、「率直にレベルが高いな」と感じたことも、理由のひとつだ。

当時の筑波大学は関東大学リーグ2部だった。ただ、チームには鈴木徳真選手（現セレッソ大阪）や西澤健太選手（現清水エスパルス）といった僕が高校当時から知っている先輩もいたため、「このチームは絶対に強くなる」という確信があった。

また、進学して所属する、体育専門学群で体の構造について学ぶことができる点も魅力だった。明治時代に設立された東京師範学校にルーツのある筑波大学は、大正時代に体操専修科も設立され、体育を含めた多くの教師を輩出してきた。現在でも、スポーツや健康に関して最新の科学的研究を活かした教育が行われている。僕はサッカーの上達のためならどんなことでも頑張れる性格だ。サッカー選手には選手寿命がある。栄養学なども学べる筑波大学でなら、自分の目標である日本代表や海外クラブで最速で活躍するために、サッカーの技術以外にもフィジカルの強化、体に関する知識の蓄積も含めて、時間を無駄にすることなく計画的に自分をアップデートできると考えたのだ。

陸上のスペシャリスト・谷川式トレーニングで学んだ「肉体改造法」と「筋肉の使い方」

優れた人物を育てるには、優れた指導者が必要だ。多くの指導者に感謝する三笘だが、その対象はサッカー界にとどまらない。筑波大学で「走るトレーニング法」と「肉体強化のトレーニング法」を伝授された110m障害でオリンピックに2度出場した谷川聡准教授もその一人だ。同准教授と一緒に歩んだトレーニングが、三笘のサッカー選手としての世界で戦う「走る力」と「体」を進化させた。

「筑波大学での4年間で、もう一度自分を鍛え直す。そのうえで、プロとして日本だけでなく世界でも活躍できる選手になる――」

そう決意した僕だが、大学に入った当初はまだ体も小さく、なかなか試合に出ることもできなかった。身長は伸びたものの体重はまだ66kgで、プレーで当たり負けしてしまうことが多くあった。フロンターレのU‐18チームにいる頃からフィジカルのトレーニングには少しずつ取り組んでいたが、それはあくまで自分なりのやり方。大学に入って、講義で「筋トレをするだけではなく、筋肉を回復させることも必要」という、いわゆる「超回復の原理」を学び、肉体改造をより意識するようになった。試合が終わった後は上半身を鍛え、翌日には上半身を休ませながら下半身を鍛えるトレーニングも開始するなど、トレーニング法もアップデートされていった。

2年生になると、僕にとって大きな転機があった。谷川聡先生との出会いだ。当時の僕はトレーニングで徐々に筋肉がついていたが、肝心な体の使い方を理解できていなかった。谷川先生は110m障害元日本記録保持者で筑波大学の准教授だった。僕たち蹴球部（サッカー部）のトレーニングを陸上部のスタッフが手伝ってくれていたが、谷川先生やスタッフの方も頻繁に朝練習やサッカー部の午後の練習が始まる前のウォーミングアップのメニューに陸上のスキルが身につくトレーニングを加えてくれていた。

ある日、スタッフの方に「三笘はトレーニングに興味はないの？」と尋ねられた。僕はフィジカル強化の必要性は感じつつもサッカーの練習に重きを置いていたが、続けて、「谷川先生も気にしていたよ」と言われたので驚いた。谷川先生は当時、香川真司選手（当時ボルシア・ドルトムント＝ドイツ、現セレッソ大阪）や原口元気選手（当時ヘルタ・ベルリン、現シュツットガルト＝ともにドイツ）、武藤嘉紀選手（当時マインツ＝ドイツ、現ヴィッセル神戸）といった日本代表で活躍する選手たちに、「走り方」の指導をされていた。実際、当時の僕はケガの多さに悩んでいた。そこで、谷川先生が気にかけてくださっているのならチャンスだし、日本を代表する走りの専門家のアドバイスを聞いてみようと思って、後日連絡を取ってみることにした。

メールを送ってアポを取り谷川先生の研究室にうかがうと、「どんなケガが多いのか」といった質問や、体の状態を尋ねられた。そのうえで数日後、ジムで簡単なトレーニングを指導していただいた。陸上のプロフェッショナルには、一発で僕の弱みが見えていたのだと思う。

トレーニングは僕が体験したことがないものばかりで、自分では試みてもできないメニューが多くあった。つまり、今まで「体を上手く使えていなかった」わけだ。感覚的にも筋力的にも、自分の体を十分に使えていないということが分かった。谷川先生の指導を受けたおかげで、今まで自分では気づいていない筋肉で使ったほうがいい筋肉がある一方で、使わないほうがいい筋肉があることも初めて知った。

トレーニングを始めてしばらくは、「これは何のためにやっているのだろう」と、疑問を抱えながら取り組んでいたが、筋力トレーニングをルーティンに組み込むことで、少しずつだが確実に体は変わっていった。

谷川先生に教えていただいたトレーニングと大学で学んだ栄養学に基づく食事の成果もあって、3年生になる頃には体も大きくなり、走るスピードも上がっていった。自分の体をよく知り、必要なトレーニングを加える――。谷川先生との出会いは、間違いなく世界で戦える体作りや走りの礎になっているし、筑波大学に行ったからこそ得られた「財産」のひとつだと思う。

緩急「ぬるぬるドリブル」を作った「走る」と「止まる」の技術

「ボールを蹴る」「走る」――サッカーの動きは、そうした単純な動作だけでは完結しない。「走る」という動作だけでも、体全体が連動している。初速に優れ「緩急自在」だと称される三笘のドリブルは科学的なアプローチから生まれた。キーワードは、「お尻部分」の強化だという。

サッカーにおいて「走る」という運動には、もうひとつの動作が欠かせない。「止まる」という動作があって完結するのだ。プロになって川崎フロンターレの鬼木達監督に、「0から100にできる選手はいるけど、100から0にできる選手はいない」と僕の走る技術を評価していただいたが、大学2年生の頃まで、僕はケガの多さに悩まされていた。その理由のひとつが、「止まる」ための動作だった。

僕の走り方は、つま先で着地し足の回転の速さを重視する「ピッチ走法」ではなく、かかとを着地させて比較的歩幅を大きく取る「ストライド走法」だ。この走り方だと、一歩が大きくなるほど足の着地点も遠くになり、スピードと体重が相まって体にかかる負担が大きくなる。自分でも、体にかかる負担の大きさは分かっていたが、それなら負荷のかかる部位だけを鍛えればいいかというと、それほど簡単な話ではなかった。体全体が連動してひとつの動きにつながっているため、トレーニング方法も最適な組み合わせを考えなければならないのだ。

僕が谷川先生に教わったのは、体の色々な場所が連動して「走る」「止まる」を含めた動作が生まれる――ということだった。そこで科学的に取り組んだのが、上半身やお腹まわりといった「体の中心」

や「お尻の部分」の強化だった。相撲の基本動作である四股でも、上半身がお尻に乗り、お尻横の中殿筋が安定することでしっかりとした動作が可能となる。具体的なトレーニングの内容は控えるが、自分の体の動かし方を理解しながら、様々なトレーニングを教えてもらった。

中でも、「減速と加速」に関するトレーニング法は、非常に興味深いものだった。普通は「加速する時に体を倒し、減速する時に体を起こす」と習うはずだ。でも、谷川先生は逆だった。上半身を倒した状態では前にしか進めないが、上半身を起こせば横や後ろにもスムーズに進めると教えてくださったのだ。

サッカーは状況判断が大切なスポーツなので、試合中にスピードを維持しながら方向転換できるようになるのは大きい。このトレーニングを重ねたおかげで、前さばきでパーッと走れるようになったし、以前にも増して相当足も速くなったと思う。

また、初速を伸ばすにはピッチ走法のように足を速く動かさなければならない。僕はストライド走法だったが瞬発力があったので、「最初の1、2歩」で力をぐんと出すことには自信があった。その「初速のスピード」と、一旦止まってぐっと沈み込み地面を思い切り踏みしめることで推進力を得る「反発ステップ」は、現在の僕のドリブルに大きく活きている。同時に、谷川先生にご指導いただいたピッチを上げるトレーニング法も、ドリブル力を向上させてくれたと思う。ドリブルは、単に足元でボールを蹴って走るという単純作業ではない。僕のドリブルは相手ディフェンダーに読みづらい印象を与えるようで、〝ぬるぬるドリブル〟などとよく言われたりもするが、全身を上手く使って、緩急をつけているプレーだ。このように大学時代は谷川先生に多くのトレーニングを教えていただいた。

思い返してみると、自分の体について客観的に分析してもらったのは、谷川先生のご指導が初めてだったかもしれない。しかも、谷川先生の陸上競技の視点からの専門的な指導は、サッカーをやっているだけでは絶対に得られないものだった。トレーニング法でも、何か一つの観点から行うのではなく、体に関する栄養学や運動生理学、さらには異なる競技の知識なども連動させていくことが必要なのかもしれない。これは、これからの日本サッカーを担う子供たちや指導者の方々にもお伝えしたいことだし、日々のトレーニングや指導を行ううえでの一助になれば嬉しい限りだ。

自分の体を科学する「サイエンス力」を持て 筋力を効果的に使うには「関節連係」も重要

未完成のスポーツ選手が発展途上において、自分の体でも分かっていないことはたくさんある。三笘は大学時代から、自分の体を細部に至るまで分析し、効果的なトレーニング法をスタートさせていた。現在にもつながる、自己を科学しアップデートする三笘の「サイエンス力」はこの頃から培われていた――。

大学入学前から、自分の足の速さはある程度は武器になると感じていた。筑波大学の蹴球部のテストで、50m走では上位の記録を残していたからだ。フィジカルの強化が大学での大きな目標だった僕にとっては、その武器をいかに磨いていくかが課題だった。入学当初にケガが多かったのは、体という土台がないのにスピードばかりを追求していたためだった。谷川先生から体の構造とトレーニング法を学び、ようやくエンジンを載せる車体ができあがったというべきだろう。谷川先生からの指導をきっかけにスタートから5mの初速、あるいは20m、50mと「速さを使い分ける」ことを学んだ。サッカーでは50mの速さだけが求められるわけではないからだ。

当時はまだ理解できていなかったと思うが、全力を出して走り抜ける「スプリント」では、太ももの裏の大きな筋肉であるハムストリングスや背中、お尻といった体の裏側を使ったほうが、体を押し出すような推進力を得やすくなる。短い距離になれば、英語で〝敏しょう性〟という意味の「アジリティ」の部分、例えば「最初の踏み出し」などが大事になってくる。

僕は前に少しお話しした通り、一歩が大きいストライド走法が得意だが、短距離でのスピードアップに欠かせないのは、歩幅を小さくして足の回転の速さを重視するピッチ走法だ。そのため、初速を上げるためにこれまでとは違う走り方のトレーニングが必要だった。

さらに、筋力を効果的に使うには「関節の柔らかさ」も必要だ。筋力を全身ではなく限られた部位で使うと、捻挫などのケガにつながる可能性がある。だから僕は、腹筋と背筋を上手く連係させながら、その際に股関節も上手く使うためのトレーニングを始めた。メニューは谷川先生に教えていただいたもので、股関節に刺激を与える動作は、今でも練習や試合前に行うルーティンのひとつになっている。

また、大学時代は体幹を鍛えるトレーニングにも取り組んだ。最初は上手くできなかったり違和感があったりしたが、意識的に反復していくことで次第に無意識にそういう動きが出るようになる。それこそがトレーニングの究極の目的だと思う。

こうした谷川先生の教えや自ら取り組んだ体幹トレーニングなどにより、僕自身、今では多くのトレーニング方法が確立している。どんなアスリートにとっても自らを成長させるうえで、時には自分の専門外の分野から得る知識が重要であると感じている。僕にとってはそれが谷川先生の教えだった。ただ、そのすべてを取り入れるのは不可能だ。その選択は、自分の体との相性やそのトレーニングによって得られた成果で最終的には判断するべきだと思う。この頃の僕は、多くの情報を仕入れて自分の体で実験するように、トレーニングをしてきた。トライして最適解を見つける。そうして自分の体への理解を深める、いわば「サイエンス力」は、自分を成長させてくれると思う。

疲労や筋肉を回復させる「栄養学」を学ぶ

アスリートのみならず、健康な生活を送るためには毎日の食事でバランスよく栄養を摂ることが不可欠だ。大学時代に栄養学や生理学を学び、食事がアスリートに与える影響を知った三笘は、超一流選手の「食生活」を研究し徹底的に分析しアップデートしていった。

大学に入って試合に出られるようになって感じたのが、高校生の頃の試合とは強度が違うということだった。強度が高いということは、体にかかる負荷も大きく疲労の度合いも大きいということだ。これを克服するためには「疲労から早くリカバリーして、万全な状態でトレーニングに臨むことが重要」になるため、食事や栄養についての本や専門書を読んだり、ネットで調べたりするなどして自分で知識を得るよう努めた。

また、大学の栄養学や生理学の講義でも重要なことを学んだ。筋肉を鍛えるということは一時的に筋繊維を破壊することになるが、その繊維が回復する際にはさらに大きな筋肉になろうとする。こうした「超回復」のメカニズム（トレーニング→休息→筋肉が強化される）を学び、筋力トレーニングにおいても「筋力向上と筋肉の肥大化で目的も方法も異なる」ことを知識としてインプットしていった。それだけでなく、蹴球部内でも、その種の講義を受けることがあった。こうした最新の科学的研究を基に行われる日々の講義のおかげで、栄養や体に関する知識が増えていくにつれて、効率的な栄養の摂り方が必要だと考えるようになった。

そうした体や栄養の知識の吸収に伴って生活リズムも変えた。それまでも練習後に食事を食べていたが、より早く食べるという意識が強くなった。それまでは夜遅くまでトレーニングして帰宅後はすぐに寝るという生活だったが、効率的に栄養を摂取して回復に役立てるため、練習後にすぐに食事をするようにしたのだ。川崎フロンターレのアカデミー時代には練習後に食事を出してくれていたが、「きちんと意味があったのだ」と、大学に入りより深く理解した。

もう一つ大切なのは、良いものを心がけて摂取するだけではなく、悪いものを食べないようにすることだ。そうやって栄養について掘り下げていくうち、僕は知らないうちに〝栄養オタク〟になっていた。

学生時代は時間の制約もあってあまり自炊ができなかったが、レストランで食事をする際にも、「この食材にはどういう栄養があるのかな」と気にするようになった。そして次第に、「この食事をしたらどんな効果が出るだろう」と、日々の生活で食卓を前にしてスマートフォンで調べることが当たり前になった。

試合に出て活躍している超一流選手がどんな食生活をしているのかも研究した。現在は、朝起きた直後に「白湯」を飲むことをルーティンにしている。これは先輩選手の真似だったのだが、自分なりに調べてみると、「白湯は体を温めてくれるので、血流が良くなって老廃物が体外に排出されやすくなり、胃腸を整えてくれる」ことが分かったからだ。

南米が原産の「マテ茶」を飲むようになったのも、レギュラーとして活躍している先輩にならったものだった。マテ茶は鉄分が豊富で、優秀な選手を数多く輩出する南米で特に好まれており、世界的スーパースターのリオネル・メッシ選手や、アントワーヌ・グリーズマン選手（現アトレティコ・マドリード＝スペイン）が試合前に飲むことでも知られている。カフェインも含まれているため集中力が高まるし、ビタミンが補給できるため疲労回復にも役立つ。

川崎フロンターレ入団の同期で、学生時代から仲の良かった旗手怜央選手（現セルティックFC＝スコットランド）は、遠征時に僕のスーツケースがパンパンに膨れ上がっているのが印象的だったそうだ。スーツケースには体をケアする製品や栄養補給の食材やサプリメントを大量に詰め込んでいたので、そう見えていたのかもしれない。

栄養豊富で消化のいいナッツも、よくお菓子代わりに持って行った。ちなみに、学生時代につきものの飲み会には、ほとんど行った記憶がない。お酒は回復力を遅らせるだけだし、夜更かしして次の日の練習で体が動かないようになっては困るからだ。

筑波大学だからこそできる講義をきっかけに栄養に興味を持つようになり、先輩選手たちの真似もしたが、試したことはすべて必ず自分でも調べてみて、続けるべきか否かの「裏を取る」ようにしていた。知識を得て、さらに自分で探求していく——。体育専門学群では、本当に色々なことを学んだ。

ドリブルの「型」を作った山川哲史選手との「1対1」練習法

三笘は幼少期から、ボールを使って一人で技術を磨くよりも、相手を見つけて「1対1」の練習をすることを好んだ。サッカーは相手があってこそ成立するものであり、目の前の相手を攻略するという〝サッカーの原則〟は彼の体に染みこんでいる。大学時代の「1対1」の練習は何十万回にも及んだという。

前にも書いたように、僕は子供の頃から一人でボールを使って練習するよりも、友だちと遊びながら1対1の勝負をするほうが好きだった。そして、このこだわりや習性は大学生になっても変わらなかった。それだけ「1対1」のドリブル練習が実際の試合に役立つ――その大切さを知っていたからだ。

筑波大学に入学して以降、ずっと1対1を続けた相手がいた。同期のディフェンダーの山川哲史選手(現ヴィッセル神戸)だ。先輩だと少しお願いしにくい面もあるが、同期ならば練習後にもつかまえやすいし、何回でも繰り返しトレーニングに付き合ってくれるので、同選手に4年間ずっとお願いをした。

一方、山川選手側にも当時1対1があまり得意ではないという弱点があったので、力を磨きたいという思いがあったようだ。お互いの思いが合致して、ほぼ毎日、チームの全体練習後に15分間程度1対1の練習をした。

多かったのは、サッカーでいう「ペナ角」の練習だ。ボールを持ち込めたもののそこからゴールを奪うまでが難しいとされるペナルティエリアの角で向き合い、1対1の勝負をする。僕のプレーエリアである左サイドのペナ角の位置から急にトップスピードを出したり止まったりして駆け引きし、ドリブルの技術を磨いた。毎日勝負していれば、徐々にお互いの手の内が分かってくるので、互いに違う攻め方と守り方を用意して、新しい駆け引きをどんどん試していった。同じペナ角からでも向き合う角度を変えてみたり、サイドライン際に場所を移しての勝負もした。あれこれ工夫すれば、1対1の練習も無限のバリエーションがあると思う。数えたことはないが、山川選手とはおそらく4年の間に何十万回と「1対1」のドリブル練習をしたはずだ。

同じく同期の高嶺朋樹選手（現柏レイソル）や他の選手とも練習したが、やはり一番多かった相手は山川選手で、全体の9割を占めていたと思う。彼との1対1は、いつしか練習後のルーティンになっていた。勝つまでやめないのが僕の性格なので、勝率は少し僕のほうが上回っていたかもしれない。

負けず嫌いな性格もあったと思うが、僕が同じ相手と1対1を続けたのは、互いを知るからこその工夫が生まれるのを楽しんでいた部分もある。守備する側はどうしてもリアクションになるから、相手がどういう反応をするのか、山川選手で実験していたわけだ。「こう動くと、こういうふうに足を出すのか」「こうやって仕掛けるとついてこられないのか」など、色々な発見があった。山川選手との1対1で得た成果を他校の選手との対戦で試し、これは山川選手だけに通用する駆け引き、これは一般的にも通用する技……といった具合で、フィードバックしていった。力量が分かっているだけに、互いのコンディションを確認できるという利点もあった。

相手が対策を講じてきたら、それを乗り越えるために、新しいドリブルやシュートの形を試していく――。こうしたトライ・アンド・エラーは、プレミアリーグでの現在、そしてこれからにも共通するメソッドだと感じている。

その原点は、筑波大学のグラウンドで毎日行った「1対1」のドリブル練習にあったのだと思う。山川選手との何十万回ものドリブル練習、僕は常に「練習でできないことが試合でできるわけがない」との強い思いを持ち、トレーニングに日々励んでいた。こうして、少しずつ僕のドリブルの「型」ができあがっていったのだと思う。

試合に出場できない時こそ「思考法」と「自己改善力」で打破せよ

高校時代の最後の試合中に暴言を吐き、後悔することになった三笘だが、大学生になると、試合に出られない時期も心のバランスを保って自身の成長に励んでいた。サッカー選手にとって〝エゴの強さ〟も大切だとされるが、三笘はその出しどころの重要性を突きつけられることになる——。

川崎フロンターレのU-18時代には背番号10を背負って中心選手としてプレーしていたが、大学生になってすぐは試合に出られなかった。U-18では、うまくいかないとメンタルをコントロールできず苦い経験もしたが、大学に入りメンタルのコントロールができるようになったのか、たとえ試合に出られなくても腐らず、自分の練習に集中することができた。

それは大学の練習でもデュエル（1対1の球際の競り合い）で相手を抜くことが増え自信がついていたからだと思う。「自分の武器はドリブルなんだ」という確信も大きく膨らんでいた。そもそも、僕が川崎フロンターレのトップチームへの昇格を打診されたのも、ドリブルが評価されていたからだと思う。

プロに誘われたのも、大学に入ることができたのも、当時から僕のドリブルが武器になると認められたからだったはずだ。

もちろん、大学に入学して1年目からすぐスタメンに入りたいという思いはあったが、途中出場が多くそんなに甘くないことは承知の上だった。1年時は関東リーグでの出場時間はシーズンを通して300分ほどに限られていたと思う。だから、むしろ試合に出られないほうが、「多くをインプットする時間ができる」とプラスに考えていた。

試合に出たくても出られない時期というのは、選手なら誰にでもあるものだ。僕の当時の経験で言うと、試合に出られない時には2つのベクトルを上手く使うのがいいと思う。まずひとつは自負心というか、「監督はまだ僕のことが分かっていないんだ」というくらいの気持ちで、「後でギャフンと言わせてやる」と、内(自分)にベクトルを向けて実力を伸ばすこと。その一方で、もう一つは外に目やベクトルを向けて、自分が試合に出られない原因は何かと、客観的な視点で足りないところを発見し修正していくことが、とても重要だと思う。

現状に腐らず「プラス思考」ともいえる自負心を持ち、ブレずに、最後まで自分を貫くこと。そして、もう一方で自分の足りないウィークポイントを自己分析し、一日も早く自己改善をすること。この2つのベクトルで現状を打破するアプローチを試みる。こうした方法で自分をアップデートし続け、僕は試合に出場できないことを克服できたのだ。

そうこうするうちに、僕は1年生のうちに全日本大学選抜のメンバーにも選ばれ、試合にも多く出られるようになった。2年生になると、先発出場の機会も増え、レギュラーナンバーである「背番号9」をいただいた。

とはいえ、後悔が残る出来事もあった。大学2年生になった2017年5月6日、関東大学リーグ第4節の流通経済大学戦のことだった。前半33分に1学年先輩の鈴木徳真選手がラフプレーでイエローカードを受けると、異議を唱えた僕にも警告が出された。前半終了間際にPKで1点を奪われて、反撃を期して迎えた後半が開始されて3分後のことだった。まったく不要なプレーで、僕はこの試合で2枚目のイエローカードを提示されてしまったのだ。次の瞬間にはもちろん、レッドカードを突きつけられて、ピッチを後にした。キャリア初の退場だった。

僕が退場になった後、チームは2点を追加され、フリーキックで1点を返したものの1－3で敗れてしまった。僕がチームに迷惑をかけたことは明白だった。試合後、涙を流して他の選手たちに謝った。せっかく信頼も得て先発で試合に出られるようになっていたのに、この試合以降、しばらくはレギュラーメンバーから外されてしまった。今でも悔しい思い出であり、サッカー選手として自分の在り方を考えさせられる試合となった。

「天皇杯」ベガルタ仙台戦「60mドリブルシュート」の舞台裏

Jリーグのプロチームから大学などのアマチュアチームまで出場し、日本一を決めるカップ戦・天皇杯はトーナメント形式の一発勝負で行われる。その魅力のひとつが、「ジャイアント・キリング」（番狂わせ）である。大学2年生の三笘がJリーグのプロチームを相手に〝復活の舞台〟で、伝説の「60mドリブルゴール」を含む2ゴールを決められた理由とは――。

退場処分を受けて涙した試合の後、僕は次のチャンスが与えられる時を待っていた。前述した「思考法」でブレずに自分の武器であるドリブルに磨きをかけ、また自分に何が足りなかったのかと考え、ゲームを読む力がまだ足りなかったと自己改善していた。心身ともしっかりと準備していたが、いざ声がかかると「まさか、このタイミングで使ってくるのか」と驚いたのを覚えている。退場させられた試合出場から、1か月半後のことだった。

その一戦は、大学の関東リーグの試合ではなかった。当時J1を戦っていたベガルタ仙台との天皇杯2回戦で、スタメンとして出場することになったのだ。天皇杯は、大学のサッカー選手たちにとってはとても重要な大会だ。プロ選手と公式戦で真剣勝負できる機会はここしかないし、チーム内も「ジャイアント・キリングを起こしたい」という雰囲気にあふれていた。もちろん僕も、「この試合に出たい」と思っていた。この大一番での起用に驚く一方で、冷静に考える自分もいた。「プロ選手相手の一戦に抜擢されたということは、期待をかけられているのだ」、同時に「ここで結果を残さないと評価は下がったままでずっと補欠選手になる」と考えた。

今後の大学でのサッカー人生を占う、生きるか死ぬかの状況だったから、「最初から飛ばすぞ」という気持ちがあった。実際のところ、プロ選手相手にどれだけやれるかを知りたかったし、チーム内での立場を確立するためにも絶対に結果を残さなければならず、必死だった。開始6分で決めた60mのドリブルシュートも、まさに危機感に背中を押されたからできたことだと思う。

センターライン前の左サイドでボールをもらうと、僕は一歩目でドリブルを急速に加速させた。逆に僕たちの挑戦を受ける立場のベガルタ仙台は、天皇杯、そして大学生相手ということでリーグ戦とは違うメンバーだったこともあり、手探りな雰囲気だったように思う。そうでなければ、プロを相手に自陣から60mドリブルしてゴールするなど、できるものではない。同点で迎えた後半28分にも自身2点目を決めて、そのゴールが決勝点となって勝つことができた。

しかしそれと同時に、90分間ピッチに立てず、フィジカルもまだまだだということを実感した試合だった。たまたまベストプレーがここで出ただけで、僕自身もこの試合でプロの世界に行けるという確信を持つまでにはまったく至らなかった。ただ、その後、大学内でもそうだが、ニュースとしてメディアにも取り上げられたため、僕は他の大学チームからも注目されるようになった。川崎フロンターレの特別指定選手にも登録された。でも、自分の中ではそれほどの手応えはなく、大学内でも少し注目された自分と、本当の自分の実力との間でギャップを埋めるのに苦労したのを覚えている。

もちろん、良かった点もある。それはその後の大学の試合で、「プロ選手相手にあれだけできるんだから、やれるよね」と周囲の見る目のハードルが上がったことで、その期待に応えられるよう必死に愚直な努力ができるようになれたことだ。目の前の「1試合に懸ける重要さ」を改めて知ることにもなった。与えられたチャンスは絶対に逃さないという教訓は、今も僕の胸に生き続けている。

「個」を伸ばす「自由な指導法」と「人間性」
小井土正亮監督の2つの教え

サッカーで誰もが認める憧れの選手になることと人間として成長することは、無関係ではない。子供の頃から高校時代までサッカーにすべてを注いできた三笘だが、筑波大学では一人の人間と

して、コミュニティの中で生きていく意味を知った。プロと言うさらに上を目指すには、サッカーだけではなく人間性も磨かなければならない。

筑波大学の蹴球部でも、少年時代につけていた「目標シート」を書き綴っていた。川崎フロンターレのアカデミーに入って、小学3年生で掲げた「17歳でプロになる」という目標は、筑波大学へ入学したことで果たせなかったが、僕は安易にハードルを下げることはしなかった。

当時はドイツの国内プロリーグのトップディビジョンであるブンデスリーガが、サッカーの本場であるヨーロッパでも勢いを増している時期だったので、目標シートには「大学を卒業したらプロになり、20代前半のうちにドイツに渡る」と書いた。

大学に入って磨かれたのは、プロになるという目標を叶えるためのフィジカルや身体能力だけではない。今までにないぐらい人間的な成長のほうが大きかったと思う。高校時代までは、とにかく自分の力だけでサッカーでどれだけ上に行けるかという、自分を中心とした考えだったが、大学では蹴球部という組織の一員だという自覚が強く芽生えた。筑波大学の蹴球部には当時、約160名の学生が所属していた。部の運営も自分たちで行い、僕はなかなか行くことができなかったが、地域の少年サッカーの指導もしていた。

組織の中で役割を与えられると責任感が増す。僕と同じように高校生の頃は「サッカーさえ上手ければ、どうにかなるだろう」と思っている選手がほとんどだと思う。でも、蹴球部の小井土正亮監督は「結局最後は、人間性だぞ。サッカーが上手くても、物事を適当にこなすような人間は上には行けないぞ」と、いつもおっしゃっていた。小井土監督がおっしゃられたことは、僕もその通りだと思う。

大学の友人には、スポーツで世界チャンピオンになっている人もいた。そもそも、筑波大学でスポーツ推薦の要件を満たすことはとても難しいので、各競技のトップ選手たちが集まっており、「自分なんて、たいしたことない」と気がつける環境だった。この時の僕は、他競技のトップ選手たちに比べればまだだったと思う。

個々に役割が与えられる蹴球部内では、人前で話すことも増えていったし、チーム内での発言も盛んで、こうしたことがプレーに多く影響を与えることも知った。コミュニケーション能力も鍛えられたが、それは大学での講義や、ピッチ内でも役立つことだった。筑波大学では社会人としての基礎をたくさん教わったと思う。

社会に出て大切になる人間力を培えたと思う。高校生の時、フロンターレからの誘いを受けてあのままプロになっていたら、サッカー選手としてはプロでも、一社会人としては未熟だったかもしれない。大学という組織を学べる環境は、社会人の準備段階として、最適だったと実感している。

一方で、小井土監督はよく選手たちに、「うちは勝つために個人の武器を最大限発揮しながら戦う」という方針を語っていた。このような、選手たちのストロングポイントを最大限に活かそうとする自由な指導法が、僕ら選手たちにとって、自分の武器を伸ばすことに大きく寄与したと思っている。

もちろん、サッカー技術も向上していき、3年生になるとフィジカルの強さもひとつ上の段階となり、1試合90分間フルで満足にプレーできるようになっていった。僕が大学入学時に掲げたプロで戦えるフィジカルを身につけるという最大の課題も、克服できるところまで来ていると思えるようになっていた。シーズンを通して2桁得点することができた3年時は、大学4年間の中で最も成長を実感した1年間だったと思う。

3年生の前期のアミノバイタルカップでは自分のミスから失点し、それによりチームは敗戦。夏の全国大会の切符を逃してしまった。その試合数日前にはフロンターレの内定の話もあり、どこかで気持ちが浮ついていたのかもしれない。上級生として、4年生の夏の全国大会の機会を潰してしまった自分に憤りを感じたのを覚えている。そういった悔しさもあり、チームは夏以降まとまり、個人としても悔しさをバネに、リーグ戦では前期8位から最終的に2位まで押し上げ、個人としても成長を実感したシーズンになった。

ただ、4年生になると、最上級生ゆえの苦しさを知った。自分のプレーと下級生へのサポートの両立が難しく、安定しないプレーから体を見つめ直す時間となった。

それまでは上級生がチームをまとめ、僕は自分自身のプレーに集中することができ、コンディションやトレーニングなど自分がやりたいように調整できていた。しかし、4年生になると、自分のプレーと下級生のサポートの両立が難しく、自分を出しすぎるとチームがうまく回らず、抑えすぎても自分のプレーを出し切れない。自分のプレーはドリブルで突破していくことを求められていたため、どちらかといえば、自分のプレーの主張が強すぎて周りの下級生が気持ちよくプレーできていないことのほうが多かったかもしれない。それでも迫ってくるプロの舞台――。自分はこのままでは通用しないと思っていたため、チームがうまくいかないことと、自分が成長できているのか分からないことで、すごく悩んだ時期だったと思う。

関東大学リーグでは3年連続でベストイレブンに選出されたが、年間通じて得点は7得点と前年の11得点からは少ない数字に終わったが、これは、自分の個のプレーと同時に、チーム全体のことを考える時間が多くなったからだと思う。加えて、それまで上級生の力を借りていたことにも気づかされた。試合によってはキャプテンマークを渡されることもあり、その時には他の選手たちにどんな声かけや鼓舞をすればいいのか、とても悩んだ。

大学を卒業した今振り返ってみると、すごく楽しい思い出なのだが、最後の1年間はとても苦しかったことを覚えている。でも、この10代後半から20代前半の人間形成がされる大事な時期にチームを引っ張るという責任感は、同じ22歳、23歳の選手でも、プロの世界ではなかなか味わえないことだと思う。そういう経験を通じた人間性の向上は、得難いものだったのではないか。

「素直さ」「学び取る力」「継続力」――「大学からでも伸びる選手になる」ために守るべき3つのこと

三笘にとって大学での4年間がサッカー人生において一番伸びた時期だった。大学出身選手でも世界で活躍できる選手になれることを三笘は示してくれた。〝第2の三笘〟になるためのメソッドとは――。


僕は大学に入って多くのことを学んだが、大学生になってからプレーヤーとして自分を伸ばし成長させるには、知識だけではなくその「受け止め方」が大切だということも、4年間の経験を通して学んだ。

成長のためにまずは、知識を吸収する「素直さ」が不可欠となると思う。先にも述べたが、谷川先生に教えていただいた走るトレーニングや筋力トレーニングは、僕がまったく知らないものだった。陸上競技という別競技の分野からのアプローチだったわけだが、愚直にサッカーをしていた僕が知るはずもない自分のトレーニング常識を覆す画期的なトレーニング法だった。

現在の小・中学生、高校生のサッカー選手も、ある一定のレベルに達した後に、もしも自分が成長できていないと感じているのなら、それは常日頃の固定観念や日々のトレーニングに固執するあまり、〝成長する材料〟を見落としているだけなのだと思う。僕が谷川先生の陸上競技のエッセンスによる革新的なトレーニングや、あるいは大学の栄養学の講義をきっかけに変わっていったように、自分が変化するきっかけは自らが素直な気持ちになり視野を広げれば身のまわりにたくさん転がっていると思う。まずは情報をつかみ取るために、素直に耳を傾けてみてほしい。

また、次に大学年代からこうした成長のヒントになるものを得るためには、自らが素直になるだけでなく、色々な人に会ってたくさんの刺激を感じ取ることも必要だ。考え方が変われば、普段の生活やトレーニングも変わっていく。僕が山川選手との1対1のドリブル練習に明け暮れたように、自発的に主体性を持って練習法を考え取り組む姿勢やマインドも、大学という最後の育成年代となる選手たちが伸びるには大切なことだと思う。僕もそうだったが、伸びている時こそ、自分の武器を作って磨くこと、そして弱点をなくすことがとても大事なのだ。

さらに成長するために求められるのが、たくさんの知識や情報の中から必要なものを自ら選び学び取り「取捨選択」していく能力だ。「学び取る力」と言い換えてもいいかもしれない。僕の場合は、谷川先生が教えてくれた陸上トレーニングもそうだが、まずは一度試してみて効果があると感じたものや、今の自分に合っていると感じたトレーニングをピックアップして取り組むようにしていた。これは何もサッカー選手だけに言えることではなく、情報化社会といわれる現代は、社会に出ればビジネスパーソンでも、誰もが「情報の取捨選択」が重要になってくる。

インターネット上にはたくさんの情報があふれているからだ。僕は情報ソースの信頼性にも注意している。このためトレーニングにおいても、いくつかの情報源に当たってクロスチェックし、科学的なエビデンスがあるかを確認している。

そして、最後に、大学での4年間で自分を成長させられるかのカギとなるのは「継続力」だ。勉強にしろ、スポーツにしろ、誰しも「これをやったら成長できた」という成功体験があるはずだ。こうした効果があると実感したトレーニングは、「継続」することが重要だ。

素直に色々な人の話を聞く、得た情報は自分で学び取り取捨選択をする、良いと思ったことは継続する——この3つが、大学年代になってから選手たちが自分を伸ばす成長の大きなカギになると思う。

僕自身も、大学での4年間が人間的にも、サッカー選手としても重要な時期だと思っている。自らがまだ何も成し遂げた事のない選手でも、大学からでも十分に成長しプロになり、飛躍できるチャンスはある。体も小さく1年生の時にはレギュラー選手にも定着できなかった僕にもできたのだ。

〝卒業論文〟——ドリブルの「姿勢」と「目線」

筑波大学で、三笘は小井土監督に師事した。蹴球部だけではなくゼミとして所属した「サッカーコーチング論研究室」の正指導教員として、「卒業論文」執筆の指導を仰いだのだ。世界的に注目を浴びた三笘の「卒業論文」だが、その「真意」はどこにあったのか——。

プレミアリーグでプレーするようになって、驚いたことがある。僕が筑波大学時代に書いた「卒業論文」に対する注目度が、急激に上がったことだ。

イギリスのメディアなどは、僕の現在のドリブルやプレーに「卒業論文」で扱った研究の成果が活きていると考えているようだ。ただ、率直に言って、あくまで「論文」であって自分の実際のプレーに役立てているかと言うと、そういうことは99%ないと思っている。

現在、僕のエージェントを務めてくれている関根さんとは、大学1年生の頃に出会ってからのお付き合いとなる。プレー以外にも色々なことを相談していたのだが、「卒論」についても、いつも会っていた筑波大学のあるつくば駅前の喫茶店で相談させてもらっていた。

心理学を学んでいた関根さんのアドバイスの中で、「パーソナルスペース」というキーワードが耳に残った。これはいわゆる、「他人が自分に近づいても不快に感じない限界」を表す言葉だ。言い換えると、これ以上近づかれると自分の領域に入ってこられたと感じるラインのこと。このパーソナルスペースがヒントとなり、「論文」で何をテーマにしたらよいのかと2人で話をしていく中で、自分が快適に感じる距離感と、相手と対峙し抜いていくドリブルとは相関しているのではないかと考え、それをテーマにしようと思った。

パーソナルスペースが広い選手は、相手に少しでも近寄られたくないのではないか、あるいは、相手に近寄られても苦にせずプレーできる選手は、パーソナルスペースが狭いのではないか、という仮説が頭に浮かんだのだ。

当初これは面白いテーマだと思ったが、残念ながら結局はあきらめた。結論を出すための検証をするには、あまりにも時間が足りなかったためだ。

ただ、せっかくの「卒業論文」だから、自分にしかできないものにしたいと思い、大学院生の方たちとも相談してたどり着いたのが、僕の最大の武器であり、長所である「ドリブル」についてだった。「卒論」のタイトルは『サッカーの1対1場面における攻撃側の情報処理に関する研究』に決まった。サッカーではドリブルが得意な選手とそうではない選手がいるが、その理由を視覚的な面から考察することにしたのだ。さまざまなスポーツにおいて視覚は重要なものだし、競技によっても視覚の使い方はさまざまだ。僕はその違いが、サッカーにとって一番大切であるドリブルというスキルにも影響するはずだと考えていた。

サッカーのドリブルでは「顔を上げろ」と指導されることが多いように思う。僕自身も卒論研究をする前から、ドリブルの上手い選手は「姿勢が良い」と感じていた。姿勢が良いということは顔が上がっているということだし、ボールを見ずに周囲を見渡すこともできるはずだ。

「ドリブルの際には顔を上げる」というのは、正しい指導法だと思う。ただ、ドリブルをするにあたり、どういう姿勢が一番良いのか、意識すべきはどこなのかという具体的な点までは、なかなか踏み込んで指導されない。

僕自身もプレー中に自分がドリブルをする際にどこを見ているのかを、改めて考えると興味が湧いてきた。自分の武器であるドリブルについて論文研究で何か新たな発見があれば、自分自身の成長にも子供たちや学生などの指導にも活かせるのではないか、という思いもあった。

蹴球部の選手や仲間たちに手伝ってもらい、研究対象になってもらった。トップチームの10人と、4軍や5軍にあたるチームに属している11人の攻撃的ポジションの選手の頭に「ＧｏＰｒｏ」という小型カメラを装着してもらい、実際にどこを見て「1対1」でドリブルを仕掛けているのか調べた。

攻撃的ポジションの選手の額のあたりにあるカメラがとらえる映像は、その選手の実際の「1対1」の対戦相手となるディフェンダーの視線の向きを表している。映像編集ソフトを使い、攻撃的ポジションの選手の「視野」を「縦3×横3」のコマに分けて「9分割」すると、トップチームと4軍や5軍にあたるチームの選手による違いがよく分かった。

結論として有意差があったのは、「トラップの瞬間」だった。卒論の中で「熟練群」と呼んだトップチームの選手たちのほうが、ボールを受ける時に相手ディフェンダー選手を視界に捉えている傾向があった。

つまり、トラップ時にボールを止めることに集中するよりも、スペースや相手選手がどこにいてどういう体勢なのか、体の正面はどちらを向いているのか……などの情報を取り入れることを優先していたわけだ。

言い換えると、熟練群のドリブルの上手い選手たちは、意識しなくとも自然とボールを足元に止めるだけの技術があったとも考えられる。これは端的に言えば、「ドリブルが上手な選手はトラップの時にボールを見ていない」ということ。僕自身も、ドリブルを仕掛ける際に「1対1というシチュエーション」になる前から、周囲の情報を認知しておくよう心がけているが、この研究結果からそうした動作の重要性が再確認できた。

なるべく「ボールを見ない」技術

ボールは〝間接視野〟でフォローし、視線を高く維持し周囲の状況を観察する。三笘のドリブルはこうした意識のもとで仕掛けられている――。

さまざまな情報を取りこむほど、攻撃をする選手にはドリブルをする際、自分にとって有利な状況が生まれる。これは得た情報の分だけプレーの選択肢が増えるからだ。

そのためには、なるべくずっとボールを見ないで止めたり扱えるようにならなければならないが、ゴールデンエイジなど、まだ小学生くらいの子供たちには少し難しいかもしれない。それでも、子供の頃からボールを見ないで止めたり、顔を上げたドリブルを少しずつ練習すれば自分のものにできるはずだ。

僕の武器であるドリブルも同じで、ボールをあまり見ないプレーが基本となっている。僕が常に意識しているポイントは、「いつでも同じボールタッチをする」ということだ。もちろんドリブル練習も、最初はボールを見ながらでいい。ただ、「ドリブルの仕方を一定にできる技術」を身につけることにチャレンジしてほしい。「同じドリブル」の意味は、言い換えると「いつも同じタッチでボールを扱っている」ということだ。

これは僕が小学生の頃、川崎フロンターレのU‐12チームで徹底的に教え込まれたことでもある。同じ質感で、毎回、利き足の薬指と中指の間にボールを置き触ることがポイントになる。それが日々の練習の繰り返しによりできるようになると、ボールを見なくても、自分の利き足の感覚でボールの位置が分かるようになっていく。足で感じ取れていれば、ドリブルする際にもボールを見る必要はない。

もちろん、完全にボールを見ないというわけにはいかない。ボールは視界に捉えるが、前述したピッチ全体の状況を俯瞰して見る間接視野で捉えるのだ。これができるようになると、ドリブルする際にルックアップして視線を高く視界を広く保つことができる。さらに、スピードを上げても同じボールタッチができるようになれば、選手としてのレベルも格段に上がっていくと思う。また、1回ボールから目を離し横や後ろなどに首を振る技術も備わればさらに視界が広がるため、情報量が増えて選択肢も広がっていく。その感覚が分かってくると、相手ディフェンダー選手の体の向きや角度、スペースといった細かい点にも注意が向くはずだ。

僕のボールを見ないドリブルを可能とする隠された技術が、子供たちにも役に立てばよいと言ったが、正しいドリブルを一概に定義することはできない。「卒業論文」もそうだが、〝自分流〟のドリブルに関する考え方は提示できるが、指導者によって考え方に違いはあるからだ。また、同じ指導を受けても、どう解釈するかは千差万別だし、最終的に自分に合ったドリブル技術を自分で血肉に落とし込むしかない。

僕の書いたドリブルに関する論文で、誰でもない自分に1%だけ役立ったことがある。それは今までやってきたボールを見ない顔を上げたドリブルが視線を高くし、姿勢を良くすることが大切であることが自分の中で再認識できたことだ。また、ボールをもらう前の時点からピッチ上の情報を広く認知しておかないといけないことも、改めて認識させられた。僕は自分の武器である「ドリブル」について、自分自身で実験検証できたわけだ。ただ、僕の「卒業論文」は時間がない中で作成したものだし、十分なデータが取れたわけでもない。

国際大会「ユニバーシアード」で見えた「決定力」の壁

国際大学スポーツ連盟が主催する「学生のためのオリンピック」と呼ばれるユニバーシアードのサッカー競技で、日本代表は最多の7回の優勝を誇る。サッカー競技の開催は最後となった2019年イタリア・ナポリ大会の決勝で、ブラジルを破って優勝したユニバーシアード日本代表チームには若き日の三笘の姿があった――。

大学生になるまで、僕は日本代表のユニフォームに袖を通したことが一度もなかったが、筑波大学に入学すると1年生のうちに大学の選抜チームに選ばれるようになった。さらには、ユニバーシアードの代表チームの活動にも呼ばれるようになり、「日本代表」を体感するようになった。

大学スポーツが盛んでサッカーに力を入れている学校が多い日本は、大学サッカー世界一を決めるユニバーシアードでは強豪国として世界に知られている。そのため、世界からの視線だけではなく、国内のサッカー関係者たちからも「優勝しないといけないな」と常に言われ続けていた。しかし、その厳しいプレッシャーの中で戦ったことは、良い経験になったと思う。

ユニバーシアードの日本代表チームに集まってくる各大学の選りすぐりの選手たちは、その後ほぼ全員がプロの世界に羽ばたいていった。僕は2年生だった2017年の台北大会のメンバーにも選ばれているが、そのチームにも当時、流通経済大学の4年生だった守田英正選手（現スポルティングCP＝ポルトガル）や、阪南大学4年生だった脇坂泰斗選手（現川崎フロンターレ）など、川崎フロンターレでチームメイトになる先輩たちがいた。

そういう将来を約束された有望な選手たちがそろっていたためチームのレベルは高く、練習からたくさんの刺激を受けた。普段は触れ合う機会の少なかった関西や九州といった関東以外の地域の大学選手たちと同じチームになり、情報交換できたのも利点だった。

日本代表は台北大会で優勝し、サッカー競技の最後の開催となった2019年のナポリ大会でも優勝し2連覇したが、ナポリ大会の決勝で対戦したブラジル代表はそれほど強くなかった。ブラジル代表では優れた選手は大学に進まずに10代でプロ選手になるからか、大会前に行った練習試合でも僕たちがブラジル代表を圧倒していた。ただ、その1か月前に行われたU-23代表の大会、トゥーロン国際大会ではブラジル代表に敗れており、リベンジしたいという思いがあったので、ブラジル代表に勝てたことは非常に嬉しかった。

むしろ、決勝に至るまでの道のりのほうが厳しいものだった。準々決勝の韓国代表戦は、残り15分を切ってから2得点して勝てたが、本当にタフな試合だった。続く準決勝は地元のイタリア代表との対戦で、この大会で初めて先制点を許している。すぐに追いつき、一時は2点をリードしたが、韓国戦とは逆に残り10分になる頃に1点返され、後半のアディショナルタイムで追いつかれ、PK戦の末の辛勝だった。決勝ではブラジル代表に4-1で勝って、有終の美を飾ることができたが、僕はこの大会ではノーゴールに終わっている。

筑波大学の小井土監督にも、いつも「点を取りチームを勝たせる選手にならないと、プロでは生きてはいけないし、そこが足りないと思うぞ」と言われていた。本当にその通りで、当時の僕には決定力が明らかに不足していた。もちろん、ゴールを決めることもあったが、大学2年ぐらいまでは特にどちらかといえば、アシストを得意とするチャンスメイカーのような選手だった。

1学年下の上田綺世選手（当時法政大学、現セルクル・ブルージュ＝ベルギー）や同級生の旗手怜央選手（当時順天堂大学）は、初めて日本代表チームで一緒になった当時からたくさん点を決めていた。ナポリ大会でも、苦しい韓国戦で先制点を決めたのは旗手選手だったし、上田選手は決勝でハットトリックを達成している。

負けてもおかしくないような激戦を勝ち抜き、プレッシャーに打ち勝って果たしたユニバーシアードでのV2優勝は、大きな価値のあるものだった。一方で僕の「決定力不足」という課題も浮き彫りになり、成長への刺激を与えてくれた。強度がまだまだ足りないと感じたし、改めて「点を取れるアタッカーになりたい」と決意を強くした大会だったように思う。

何をアップデートするか……「自分を変えられる力」を持て

物事には、最適なタイミングというものがある。サッカーの試合ならば、パスを出す瞬間を逃さず、チャンスにはためらうことなくシュートを狙わなければならない。大学4年間で、三笘は何を一番アップデートしたかったのか——。

僕が大学進学を決めた一番の理由は、前にも少しお話ししたが、4年の間にプロの強度で戦えるフィジカルを強化するためだった。

プロの世界に入ったら、年齢など一切関係なく、とにかく最優先で結果が求められることは分かっていた。高校を卒業したばかりの選手が成長するまで、プロのクラブは悠長に時間を与えてくれないことも理解していた。

しかし、結果をあまりにも求められると、誰でもリスクを冒してチャレンジしようという意識は薄れて、保守的になってしまいがちだ。このため、僕が高校を卒業してすぐにプロに行ったとしても、周囲からも色々なことを言われて集中できなかっただろうし、自分の能力を最大限に伸ばせないだろうと客観的に考えていた。

それに、僕は幼少期はそこまで足の速い選手ではなかった。僕の身長が一気に伸び始めたのは高校に入ってからのことだったので、フィジカル面にも大きな不安があった。僕にとって大学での4年間は、自分の武器であるドリブルを伸ばすと同時に、ようやくじっくりと時間をかけてフィジカルの強化に着手できる時期だったのだ。

まずはフィジカル強化のスピードを上げようと思って、お話しした通り、谷川先生にもご指導をいただいた。さらに、将来プロで通用するために、ボディコンタクトを受けても負けない強度のフィジカルを身につける努力もした。フィジカル的な能力が伸びれば、技術も伸びると思っていたからだ。プロの世界では1試合、あるいは練習中のワンシーンで、監督や強化部のスタッフから厳しい評価を下される。でも大学では、そこまで評価はシビアなものではないので、じっくりと自分と向き合う環境がある。言い方を変えると、「自分を変えられる」大きなチャレンジができる舞台が整っていたのだ。特に筑波大学には、そうしたチャレンジを奨励するような土壌があったと思う。

また大学時代は試合そのものだけではなく、ゲームに向けてのコンディションの作り方、メンタルや気持ちの持っていき方でも、毎回チャレンジすることができた。「こうしたらすごく動けたけど、次の試合ではダメだった」と、練習やトレーニングの仕方のどこに問題があったのか精査していき、次回にフィードバックできるのだ。

現在の僕は、毎日の生活もルーティン化しているが、自分のコンディションを作り上げるため4年間かけて培ったプロの強度で戦えるフィジカルの基盤は、間違いなく大学時代の試行錯誤によって成り立っている。昔から僕は、「今は失敗していい時期なんだ」と自分に言い聞かせて、無謀なまでにドリブルを仕掛けていた。筑波大学時代の僕にとっては、それが体作りだったのだと思う。

誰でも「自分を変えること」はできると思う。大学入学時は当たられたらすぐ倒れプロの強度で戦えるフィジカルもなかったし、ドリブル突破して点を決めたり、相手を振り切れるほどのスピードもなかった僕が変われたのだから。大学時代は困難に感じても、そこにチャレンジすることが、夢をつかむ「自分を変える」第一歩につながると思う。

逆算メソッドで向上させた「速いドリブル」の「蹴り出し」と「ボールの転がし方」

三笘の持ち味である「スピードに乗ったドリブル」——。この「速いドリブル」を実現するために用いたのが、川崎フロンターレの下部組織時代に培った目標から逆算して課題をあぶり出す方法だった。

僕にとってドリブルが自分の武器になった経緯は、子供の頃に体が小さかったこともあり、どうやったら上に行けるかと考えたためだということは前にもお話しした通りだ。ただ、生き残りをかけ自分の武器は常に磨いて向上させていく必要がある。高校生の時、川崎フロンターレのU-18でプレーしている頃の僕のドリブルは、パスを受ける瞬間のファーストタッチで相手の体重がかかっている重心の逆を突いていた。

しかし、大学に入るとそれだけではプロでは通用しないと「ドリブル思考」に対する新たな考えを思い巡らすようになった。その新たなドリブル思考とは、ドリブルにおける絶対的な「スピード感」だった。

大学の後に控えるプロの世界で戦っていくためにはこの速いドリブルが必要だと、このタイミングで理解した。当たり前だが、スピードを落とせばドリブルでのプレーはしやすくなるもの。しかし、プロの世界で活躍するには、トップスピードの状態でドリブルができなければダメだと感じていた。

スピードのあるドリブルを実現するためには、最初からトップスピードの中でドリブルを続けられるようにすることが必要だった。

もちろん、全速力の状態でドリブルをして、最初からうまくいくわけはない。トップスピードでのドリブルを始めた頃は、失敗ばかりだった。それでも、僕にとっては発見の連続だった。何が足りないかが明確に浮き上がってきたからだ。

「うまくいかない」と言っても、分解すると理由はたくさんある。身体的なことが問題なのか、それとも技術が足りないのか——。それぞれに解決方法は異なるので、それこそ谷川先生に相談して陸上競技からのアプローチで走り方や筋肉の使い方で解決しようと試みるなど、フィジカルが伸びればドリブルも速くなると、やれることは何でもやった。

失敗したり、多くの方法を試したりするのは時間がかかったが、自分のドリブルの向上、さらにプロで通用する相手を置き去りにする速いドリブルを作るという思いから、「今失敗してもいいから、長期的に見ていこう」と考えていた。これも、大学という実験・検証できる環境だからこそ、できたことかもしれない。

僕の中では、プロの世界で戦っていくにはドリブルでトップスピードに乗ったうえで、正確なプレーを披露することが絶対条件だった。そのために、その自分の中で定めた合格ラインから、「逆算」して目標を達成する方法を探した。これは小学校3年生で加入した川崎フロンターレの下部組織時代に習得した「逆算思考法」が大いに役に立った。筑波大学時代でも、考え方は同じだ。最初に目標を立てて、そこから逆算していくのだ。

サッカー選手には寿命がある。時間の使い方がとても大切だ。どんな自分になりたいのか、そのためにはいつ、どんなことをするべきなのか——子供の頃に義務的に始めたこの逆算思考法が、大学生になる頃には完全に自分のメソッドのひとつになっていた。

大学に入ると決めた時点で、僕の一番近い目標は卒業する4年後にプロの世界で1年目からレギュラーとして定着して活躍する選手になっていることだと、はっきり定まっていた。だから、失敗が続こうともくじけずにトップスピードで相手を抜き去るドリブルの成長への努力を続けていくことができたのだと思う。

以前、僕の「速いドリブル」について、チームメイトだった守田英正選手が2つの特徴を挙げていた。「ボールの蹴り出しが読みづらいこと」と「ディフェンダーの真横くらいにボールを転がしてくること」だ。

1つ目については、僕がストライド走法で走るということもあり、どこでスピードを上げているのか相手ディフェンダー側に分かりにくいということが関係していると思う。僕は100%の出力でも、見た目は60~70%にしか見えない。だから、蹴り出しが速いというよりは、僕がいきなり加速しているように見えるため、相手ディフェンダーが蹴り出しが読みづらいと感じるのではないかと思う。それは体の柔軟性も関係していると思う。

2つ目に関していえば、僕は昔から細かいタッチで相手の足の届かないところにボールを持っていくプレーをする選手ではなかったので、そうせずに、いかに最短で相手の裏を取れるかを考えた。その結果、やはりボールを最短距離でゴールに運ぶことが一番大事だと分かった。

相手の重心をズラして確実に足が届かない場所・瞬間にボールを通す。色々な状況下で1対1をやってきて、「ドリブル」に対するトライ・アンド・エラーを繰り返してきたからこそ培われたものだ。

川崎フロンターレのU‐12では、髙﨑監督に「全員ドリブルで抜いてゴールを決めろ」と言われて、当初はまだ自分に完全に自信がなく、違和感を覚えたこともあった。でも、大学生になると「相手が誰でも抜けるようにする」と本気で考えるようになっていた。

そのくらいのスキルや力量、そしてメンタルがなければプロでは通用しないと考えたからだ。僕の「速いドリブル」のように目標から逆算して課題を見つけることができれば、効率的にトレーニングできると思うし、選手たちにはコーチや監督の言葉だけでなく、自分で課題を解決する、「自己改善力」が身につくと思う。

「海外移籍」の最低条件「英語」の習得法

現在、世界最高峰のプレミアリーグでプレーする三笘にとって、英語は日常でのコミュニケーション手段となっている。三笘は英語でのインタビューを理解し英語で回答するまでに上達しているが、サッカー選手は、プレーにも影響を与える語学の習得をどのように行っているのか——。

筑波大学時代の蹴球部の運営は、学生自身の手によって行われていた。日々の練習で自分自身を高めるだけではなく、「データ班」や「アナライズ班」（分析班）、さらに栄養についての考察と知識を部内で共有するための「ニュートリション班」などに分かれて、お互いを高め合っていた。僕が上級生になった頃に発足した選手たちと留学生が英会話交流会などをする「グローバル班」（現在の呼称はグローバルチーム）もそのひとつだった。

大学入学時の目標シートには「大学を卒業したら、ドイツでプロとしてプレーする」と書いたくらいだから、外国語の習得の必要性は強く認識していた。プロ選手が海外に出るにあたってまず必要になるのは英語であるということは理解していた。

高校生の頃から、「ビートルズの再来」とも称されるイギリスの人気バンド「ワン・ダイレクション」の曲を聴いたりしていたし、大学の講義中にも単語帳を眺めて英語を頭に入れる努力はしてきた。

サッカーでは最大限に効率的な能力向上の方法を見つけてきた僕だが、英語の勉強に関しては、まだ大学に入ってしばらくはベストな方法を見つけられずにいた。そんな僕の目に入ったのが先の「グローバル班」だった。

グローバル班に参加して、多くの留学生たちと英語で交流したりスポーツイベントの企画などをしたりしたことは、結果的に僕の英語勉強にとって大きなプラスになった。言葉や文化の違う外国から来た留学生たちと直に話すことで、普通に大学生活を送っていてはできない経験をすることができた。グローバル班での仕事に一緒に取り組んでくれている人たちや先輩・後輩を含めて、同じ蹴球部員ともグラウンドの上とは違う人間関係を築くこともできた。

現在はプレミアリーグに渡り、英語の日常会話くらいならある程度理解することができるようになったが、世界に出て海外クラブで活躍したいと思うのなら、語学の習得は早いうちからやっておくほうがよいかもしれない。

「現状維持は衰退」と失敗を恐れない「仕掛ける力」

三笘が海外に出て思ったことは「日本は失敗を避けようとする文化が根強いこと」だと言う。安定した結果ばかりを求めれば保守的になる。守りに入ると向上は望めない。海外から日本を見つめるようになった三笘は、その思いを強くしている——。


「現状維持とは、衰退である」——。

「好きな言葉は?」と尋ねられると、今はよくそう答えている。誰の言葉なのかは知らない。初めて耳にしたのは筑波大学に入学してからだったが、心にすっと染み込んできた。

ドリブル突破で「仕掛ける」ことを信条とし、常にアップデートを心がける僕には、この言葉は自分の考え方を肯定してくれるような言葉に思えた。ただ、この言葉はサッカーだけではなく一般のビジネスの世界にも広く応用できる言葉ではないか。

海外に出て、よりその思いを強くしたが、日本では、「失敗を恐れる文化」が浸透しているように思う。言い換えると、日本では自分からトライすることを推奨しない文化だともいえる。これは日本人の他者の非難や嘲笑を恐れて自らの行動を律するという「恥の文化」が深く心に根差している影響だろうか。とにかく、ヨーロッパと比べても、日本人は極端なまでにミスすることを避けようとする傾向が強いと感じる。そういう風潮を変えられるのが、もしかしたら僕たちサッカー選手やアスリートなのかもしれない。日本的な慎重な考え方というのは美徳であり確かに素晴らしいものだが、グローバルな視野で考えた時にはそれがデメリットとして働くこともあると思う。僕たち海外で戦う日本人サッカー選手やアスリートは、それを日々実感している。

僕自身もイングランドのプレミアリーグに移籍してからも自分の武器であるドリブル突破で仕掛けるトライをし続けなければ、未来は見えてこないと思っている。これから世界を目指す子供たちや選手たちには失敗を恐れずに、チャレンジしてほしい。まずは自分から第一歩を踏み出す「アクション」を起こす力や勇気を身につけてほしいと思っている。

僕は筑波大学での4年間を経てプロになり、日本代表としてワールドカップにも出場し、現在はイングランドのプレミアリーグでプレーするチャンスを得ている。ただし、「大学に行ったからといって、必ずこういうルートをたどれる」というわけではない。もちろん同様に、大学を経ずにプロに行ったとしても、成功していたか分からない。

大学に行くのかプロに行くのかの選択ももちろん大事だが、それ以上に自分が決めた環境の中でどのように時間を過ごすかが最も重要だと思う。僕の場合は、自分の武器であるドリブルを「1対1」で磨きをかけ、またプロの強度で戦えるフィジカルを作るということにより時間を費やした4年間だった。大学生活をどのように送るか、その選択肢は無数にある。さまざまな選択肢がある中で、良い選択もあれば悪い選択もあるはずだ。同じ環境に身を置いても、選択するのは自分だ。だからこそ、どの環境においても確固たる信念を持って取り組んでいけば、人は育っていくのだと信じている。それを、大学で過ごした4年間で強く実感した。

また、小井土監督に言われた印象的な言葉もある。

「自分がコントロールできるものにだけ集中する」

監督はよく試合前のミーティングでこう話していたが、この言葉は今も僕のプロ生活を支える言葉になっている。サッカーには、試合の雰囲気やサポーター、相手選手、天候など、自分ではコントロールできないものが多くある。もちろん、ピッチ内においてプレーで相手をコントロールすることはできても、その相手選手の行動や意思、感情などを決定するのは、結局のところ自分ではない。

すべてに対してセンサーを巡らせて、今日は雨だな、ピッチが悪いな、サポーター多いし緊張するな……などと、そこに意識を持っていかれては、自分のプレーに集中するどころかエネルギーをそっちにもっていかれてしまうことだってある。

自分にはコントロールできないことはコントロールしようとせず、「自分がコントロールできるものにだけ集中する」、それが理解できてくると、プレー中に緊張することは減り、常に自分の調子や内面の意識にセンサーを巡らせることができるようになった。この考え方はサッカーだけでなく、さまざまなことにチャレンジし成功するためにも必要だと思う。感情をコントロールするためには、自分がコントロールできるものだけに集中すればよく、コントロールできないものには感情を持っていくべきではないという教訓となるのではないかと思っている。

試合前など特に緊張しやすい時も、体の状態や心の状態といった自分でコントロールしやすい内面にのみ意識を持っていくことだ。そうすればいつもと同じような平常心や気持ちでプレーできるはずだ。僕の場合は、たまに自分の内面に意識を持っていきすぎて、周りの声が聞こえない時もあるので注意が必要だが……。僕はこれからも自分でコントロールできることだけに集中し、「現状維持は衰退」だと、仕掛けるトライを続けていきたいと思っている。

「内気」「マイナス思考」を変えた妻の存在

三笘は2022年7月に、学生時代から交際していた女性との結婚を発表した。過酷な世界で戦うサッカー選手にとって、最愛のパートナーなど自身を支える人々の存在は不可欠だ。現在の自分の姿に導いてくれたと感謝する。三笘は彼を心から支える大切な人たちによって大学時代に大きく変わったという。

サッカー選手としてやっていくうえでも、人生をさらに良いものにするためにも、大切なのは「人間関係」だ。大学時代に知り合った人生を変える出会いは、現在の僕の人格形成にも多くの影響があったと思う。僕に大きな影響を与えてくれた人――その一人が妻だ。

同じ筑波大学で学ぶ妻と出会った頃、僕はマイナス思考が強く物事を何でも批判的な目で見てしまう傾向があった。「サッカーだけが自分を表現できる場所」というくらい内気で、いつも周囲の視線を気にしていた。一方、妻は明るく周囲を和ませる楽観的な性格で、人を惹きつけるような魅力があった。僕が難しく考えすぎてしまうことも、妻に話してみると、たいしたことがないと思えてくることもあった。

僕の神経質な性格は基本的に今でも変わらないが、妻のおかげであまり物事を深く考えすぎなくていいということや、自分の直感を信じることの大切さを教わったような気がする。僕は考え込むタイプなので、時に迷って判断が遅くなることがある。より直感的に動くことができる妻には、「とにかくやってみる」ということの重要さを学んだ。妻と知り合ったことで、自分の中で「直感力」を大事にするという考え方や価値観が芽生えたと思う。

僕の性格を物語る妻とのこんなエピソードがある。学生時代、翌日に川崎フロンターレの練習に合流する予定だった僕は、自宅でお風呂に入っていた。湯船につかりながら調べものをしていたのだが、手が滑ってお湯の中にスマートフォンを落としてしまった。色々な人の連絡先が入っていた端末が壊れてしまい、パニック状態になり、僕は思考が停止してしまった。

そんな時に頭に浮かんだのが、近くに住んでいた妻だった。妻に相談すると、「そんな落ち込んでいても仕方ないんだから、今から何ができるか考えようよ」と、あっさりと言われた。たしかにその通りなのだが、僕には簡単に切り替えられないスイッチだった。考えこむ癖のある僕は、起きた事象にフォーカスしすぎてしまうからだ。

加えて僕には失敗を頭の中で引きずる傾向もあったのだが、「プラス思考」を教えてもらった。SNSに妻と家に飾る花を買っている写真を投稿した時は、フロンターレ時代のチームメイトたちから驚かれた（さんざんイジられたが……）。

他にも、大学時代の僕はケガに悩まされることが多かったが、その度に「できることはやってもらおうよ」と、妻がバイトしていた接骨院に連れていってくれて、時間外でも治療してもらったり、酸素カプセルに入れてもらったりしていた。妻が接骨院でバイトしていてツイていた。

また当時、試合前日によく行っていた定食屋さんが閉店してしまった時には、妻が僕の指定した食材を入れて、試合前日の夕食を作ってくれた。時にはチームメイト数人の分も一緒にお願いすることもあったが、そんな時も快く応じてくれてとても助かった。

さまざまな場面で臨機応変に対応してくれた妻からは、「気持ちの切り替え」や「プラス思考」を学んだ。妻には、僕はサッカーにしか興味がないと思われているかもしれない。ただ、こうして過ごせているのは、明るく、楽観的で時におっちょこちょいな（試合の日に僕が忘れ物をして彼女に持ってきてもらうことになったが、スタジアムに到着した妻から「私も持ってくるのを忘れた！」と連絡があったことも）最愛のパートナーである妻のおかげだ。

大学時代に知り合った方で僕に影響を与えてくれた人は、他にもたくさんいる。もう一人挙げるなら、前述したエージェントを務めてもらっている関根さんだ。関根さんに初めて出会ったのは、大学1年生になった2016年のことだ。天皇杯の茨城県予選の試合後に言葉を交わしてから、ずっと僕のことを見てもらっている。

サッカー選手には他クラブへの移籍がつきものだし、同じチームであっても、現在のメンバーやスタッフで戦うのはたった1シーズンだけで、必ず翌年には多かれ少なかれ顔ぶれが変わる。つまり、同じ人と仕事をし続けるという幸運にはなかなか恵まれないが、関根さんにはずっとお世話になっている。クラブとのやり取りに始まり体のことなど、関根さんにさまざまなことを相談しマネジメントをしてもらっている。

関根さんと初めて出会った頃には、関根さんの他にも色々なスポーツマネジメント会社の方々やエージェントの方々に会う機会があった。自分の今後を大きく占うマネジメントをお願いするかもしれない人たちだったため、一人ひとりとじっくり話をさせてもらった。自分なりに分析して、最後は直感も信じて関根さんをエージェントに決めた。一番の理由は「熱意」だったと思う。

僕には、「サッカー選手として、できるだけ上に行く」という意志があった。その気持ちと同じくらい、もしくはそれ以上の熱意を関根さんの中に感じたのだ。サッカーだけではなく、何事においても重要なのは、その人の中からあふれ出るような「意志」や「熱意」だと思う。

自分の現在の地位や立場、あるいは過去にやってきたことを誇るより、未来を夢見て実行しようとする熱意のほうが重要だと思う。初めて会った日から今に至るまで、そう感じさせてくれているのが関根さんだ。

熱意という意味では、筑波大学の同期の存在も大きかった。蹴球部は1学年に40人ほどの部員がいて、全体では160人に届くほどの大きな組織だ。その大所帯には、プロサッカー選手になりたい学生はもちろん、企業で成功をつかみたいと考えている人も、医師になることを夢見る人、海外へと留学していく人など、色々な人がいる。

高校時代まで「サッカー脳」のみで生活してきたような僕だが、大学時代に今までにないさまざまな価値観を持った人たちと出会い、それぞれに違う考え方があることを知った。そうしたたくさんの人が集まってできた「組織の中で動く」ことの意味と大切さも理解できた。特に、現在Jリーグなどで活躍している同期のプロ選手たちの存在は、間違いなく僕に力を与え後押ししてくれた。

他人の目標をバカにするような人間は、僕の周りには一人もいなかった。愚直に努力し上を目指す僕に対して、周りの人間も負けじと情熱を注ぎこんでいた。彼らと切磋琢磨できたからこそ成長できたと、強く感じている。

このように、人間は周囲から強い影響を受けるものだ。その裏返しとして、「自分も周りに影響を及ぼしているんだ」ということを理解することが大事だということも、この時期に痛切に感じた。こうした人を思いやる心を知れば、自分がされて嫌なことを他人に対してしないはずだし、自分の行動を客観的に見ることもできると思う。

歳を重ねると色々なことに気づかされたり、どんなことを心得ておいたりすれば良いか、様々な経験から学ぶことができる。

小さい頃から、U-12の監督に「自分に期待しろ」と言われていた。その意味がよく分からないまま聞いていたが、段々理解できるようになった気がする。自分が成長し上に行くためには、自分の可能性に期待し、自分なら最終的にプロになれる、どんな課題も解決できる、と言い聞かせられるかということだった。

結局最終的には、自分を自分が信じ切れずに諦めた時点で成長は止まる。僕は小さい頃、特に体が細くて、周りの選手と比較した時に本当にプロになれるのか、疑問だった。

でも、どこか自分に期待し、成長期が遅いだけだと言い聞かせ、ドリブルが通用しなくても、大きくなったらプロ選手のようにできると自分に期待した。自分の可能性を期待し信じられたからこそ努力を積み重ねられてきたと思う。

それと同時に最近は、「他人に期待しない」ということも大事だと思っている。そんな時、僕は、「自分がやりたいようにやればいい。やれることをやればいい」と心掛けるようにしている。期待に応えられず、失望させたり、自分自身の評価を落としたりすることにつながろうが、自分が気にする必要はないからだ。期待とは他人が勝手にすることであり、そして過度な期待ほど、その後の失望や感情の裏返しにつながる。

僕はたくさんの人に期待されるようになってから、人に期待されることは、あまり気持ちよくないことだと気づいた。そのことに少し違和感を覚えることもあったので、何か人がやる前から他人に期待することはなるべくしないようにしている。

身近な人、家族、友人など、日常生活で関わりが深い他人に対しては、特に期待しないことを意識しなければならない。なぜなら、関わりが深い他人だからこそ、勝手に過度な期待をかけてしまうかもしれないからだ。

「自分は変えられるが、他人は自分では変えられない」

だから僕は、いつも自分自身に言い聞かせている。

第3章「メソッド」のまとめ

◆**試合に出られない時のメンタルコントロール**……焦りやイライラはマイナス要素になるので、2つのベクトルでメンタルを健全に保つ必要がある。1つ目は「内向きのベクトル」を持ち、「監督は自分の良さが分かっていない」「今にギャフンと言わせてやる」と闘志を燃やすこと、2つ目は「外向きのベクトル」で、自分が試合に出られない原因を「客観的に分析・克服」する努力をする。

◆**「大学からでも伸びる選手になる」ために必要な3つのこと**
・知識を吸収する「素直さ」を持つ。
・たくさんの知識や情報の中から自分に合うものを「取捨選択」する。
・自分が採用したトレーニングや練習を「継続」する。

◆**「間接視野」と「なるべくボールを見ないドリブル技術」**……なるべく顔を上げてプレーすることを意識する。ボールは凝視するのではなく、ぼんやりと視界に収めておく意識で「間接視野」を重視する。これができるようになると、周囲の状況を把握できるため、プレーの選択肢が増える。

第4章——Jリーグ　川崎フロンターレ

～「得点力を伸ばした頭を使うコンビネーションの考え」
「もう一つの武器・アウトサイドパス」「強者のメンタリティ」～

J1デビューの「サガン鳥栖戦」で得た「自信」と「課題」

――筑波大学3年生だった2018年に卒業後の川崎フロンターレへの加入が内定した三笘は、2020年のJ1開幕戦で、ついにプロデビューを果たす――。

僕はU‐12の頃からフロンターレのアカデミーで育てていただいたので、プロになるなら「フロンターレ以外ありえない」と常々考えていた。

そんな中、大学2年の2017年に筑波大生として川崎フロンターレの特別指定選手に指定していただき、大学3年の2018年に加入が内定、そして晴れて2020年に念願のプロサッカー選手になることができた。高校卒業後のプロ入りを一度は断り大学を選んだ僕に、改めてオファーをしてくださった川崎フロンターレには今でも大変感謝している。背番号は、「18」になった。

僕は大卒選手だったので、もちろん、入団1年目から即戦力として活躍したいと思っていたが、当初はスタメンで試合に出られる自信はまったくなかった。なぜなら、デビュー前年の2019年に特別指定選手として出場した、Jリーグに加盟するクラブが競うカップ戦・ルヴァンカップで、プロの壁の高さを実感させられたからだ。9月8日に行われた準々決勝第2戦の名古屋グランパス戦、僕は後半41分に阿部浩之選手（現湘南ベルマーレ）に代わり、初めてプロの舞台に立った。しかし、僕が出場してから3分後の後半44分に相手に同点弾を献上。結果的に引き分けに終わってしまい、ほろ苦いデビュー戦となったのを覚えている。

この試合は、筑波大学が総理大臣杯の2回戦で敗れたことで日程的にクラブへの参加が可能となったため巡ってきた、僕にとって大きなチャンスだった。しかし、フロンターレの選手がレベルの高いプレーをしている中で、僕は何もできなかった。プロで活躍するために、もっと成長しなくてはならないと強く実感した瞬間だった。その経験もあって、プロ1年目のシーズンが始まる前のキャンプの時点から、僕と他の先輩たちとを比べてレベルに差があることは分かっていたし、いきなり先発出場することは難しいだろうと考えていた。

当時のフロンターレは、前線に3人の攻撃的な選手を配置する4-3-3のフォーメーションを採用していて、前線の3人のうち左サイドのウイングが、僕のポジションだった。左ウイングのレギュラーで起用されていたのは、前年に5得点を記録した長谷川竜也選手（現横浜FC）。当時の僕が、そんな長谷川選手を差し置いて先発出場できるとは到底思えなかった。

プロの壁も感じていた中で迎えた2月22日、フロンターレにとって2020年のJ1開幕戦であるサガン鳥栖戦――。僕は試合のメンバーには入ったものの、やはりベンチスタートだった。フロンターレのホームスタジアムである等々力陸上競技場は収容人数2万7495人を誇るが、その試合には2万1177人ものお客さんが入っていた。

試合は緊張感あふれる一戦で、両チーム無得点のまま後半に突入。0-0のまま迎えた後半20分、ついにチャンスが巡ってきた。同期入団の旗手怜央選手と僕が一緒に、途中交代でピッチに立ったのだ。僕がプロ選手としてデビューを果たした瞬間だった。

プロとして初めてピッチに立った時の雰囲気や歓声は、今でもはっきりと覚えている。「ついにプロの世界に来たんだな……」と、武者震いが止まらなかった。僕は左ウイング、旗手選手は右ウイングに入った。僕のプロとしてのキャリアはこの時始まったのだ。

大学とプロの試合はやはり違った。まずはじめに感じたのが、プロの試合では「ピッチが狭い」ということだ。個々のフィジカルのレベルが高いのは当然だし、ボールを失った後に受けるカウンターのスピードも大学で経験していたものとは別物で、感覚的にピッチが狭く、タイトに感じた。たった一つのミスがゴールに直結するので、大学とは「プレーの重み」が違うということも実感させられた。

ただ、僕も大学4年間を経てフィジカルも自分の武器であるドリブルも、成長していた。これは大学に進み、4年の間にプロで通用するフィジカルを作るという課題克服を第一に掲げ、筋力トレーニングでフィジカルの強さやスピードを上げるトレーニングを行っていたからだ。

また、大学時代にさらに磨きをかけようとした自分の武器であるドリブルが、トレーニングにより、〝スピードに乗ったドリブル〟へと成長したことも大きかったと思う。ドリブルを成長させるために、実際大学4年間でスピードがトップの状態で1対1を仕掛ける練習を幾度となく行い、技術的にも相手との間合い的にも何度も失敗を繰り返しながら、スピードを上げるタイミングや、どこを見てプレーすればいいのかなど、ポイントが少しずつ分かってきた。

そうやってトップ状態でスピードを上げた中で技術を磨くことができたため、プロの世界でもデビューしてすぐにドリブルが通用したのだと思う。

大学の4年間でフィジカル、スピード、技術がアップデートされたことで、U-18時代に比べると、ひとつひとつのプレーに対する冷静さも身についたと思う。デビュー戦の鳥栖戦は交代出場で30分弱のプレー時間だったが、その短い時間でも、ドリブルで仕掛けられたのは、プロ選手としてやっていくうえで大きな自信となった。

ひとまず、これでプロでもドリブルでゴールへ向かうプレーはできる——という感触はつかめた。その一方で、「まだ、ラストパスやシュートまで持っていく型ができていない」とも強く感じた。最終的に、シュート数ではフロンターレが19本と鳥栖の3本を大きく上回ったが、試合は結局お互いにゴールが生まれず、引き分けに終わった。

正直悔しかったたし、「もっともっとゴールに直結する動きを」という思いを抱いたのを覚えている。ただ、プロのピッチに立ち、青に染まった応援旗が掲げられたサポーターの前でプレーして、ひとつひとつのプレーを評価してくれたり、大きなリアクションをもらえたりするというのは素直に嬉しかったし、楽しかったのを覚えている。

デビュー戦を終えて冷静になると、途中交代での出場であれば、僕が入ることで試合の流れにアクセントをつけるプレーができると実感した。ただ、1試合90分間を通じて自分の持ち味を100%発揮できるかと言われたら、それだけの自信はなかった。

僕は大学4年間を通じて、お話をしてきた通り、フィジカルのベースアップを主眼に、プロとして戦える体と速いドリブルを作ってきたつもりだ。

とはいえ、ラストパスやシュートの型など、すべてがプロレベルに仕上がっていたわけではない。デビュー戦では「プロでやっていける」という大きな自信がついたのと同時に、「自分はプロとしてまだまだ成長段階にすぎないんだ」という課題も自覚させられた。

僕が考える「理想のゴール像」と「プロ初ゴール」「Jリーグベストゴール」

三笘は自身のゴールのほとんどを頭の中で再生できるという。ゴールやアシストを決めると、ファンやメディアはフォーカスしてくれる。逆に、結果が伴わなければ個々で良いプレーをしても称賛は得られない。それが「プロの世界」である――。

プロ選手は、「周囲からの評価」にすべてが左右される職業だ。一方で、「自分自身での評価」もあるわけだが、そのギャップを感じることがよくある。

例えば、自分のコンディションがすごく良くて、良いプレーができたなと思っても、試合後の報道を見るとたいして評価されていないことは多々ある。反対に、コンディションが悪くて90分間を通して何もできなかったと感じるのに、スポットライトが思いのほか当たることもある。そうなるケースは、分かりやすくゴールやアシストといった結果を残した時だ。僕が「プロ初ゴール」を決めた時もそうだった。

2020年のリーグ戦は2月下旬の第1節を終えた後、突如中断となった。日本のみならず世界中がコロナ禍に突入したからだ。多くの方のご尽力もあって、7月には何とか再開にこぎつけたが、僕はケガでしばらく試合のメンバーから外れていた。プロ初得点を決めたのは、延期された試合を消化するための過密日程期間中にある7月26日の湘南ベルマーレとの一戦だった。

僕はその試合の8日前にベンチに戻り、2試合連続で交代出場していた。湘南戦でも途中交代で出場した僕は、相手のパスミスを拾い、一気にドリブルでゴールを目指した。すぐに俊足の相手選手が迫ってきたので、あえてスピードを落とした。強引に相手を振り切るのではなく、〝隙〟を作らせようとしたのだ。僕は相手が足を伸ばしてくるであろう位置に、わざとボールを運んだ。狙い通り相手ディフェンダーが足を出してきたので、足を広げたことでできた股の間を狙ってシュート。イメージした通りにゴールが決まった。後半33分のことだった。

ただプロ初ゴールを決めた試合は、ゴール以外のプレーは自分では納得のいくものではなかった。もちろん、こうしたこともあり、自分自身の中では不完全燃焼だったが、同時に「ワンチャンスを決めればいいんだ」とポジティブに捉えたのを記憶している。それがプロの世界だからだ。その後の大分トリニータ戦では、先制ゴールをマークし、2-0で勝利することができ、さらにJリーグで初スタメンを飾ることができた。

僕は自分自身が決めたゴールは、ほとんど記憶しているが、Jリーグではプロ2年目の2021年、ガンバ大阪とのアウェーゲームで決めたゴールが一番印象的だ。

自陣から攻撃に移る瞬間、僕は左サイドでハーフウェーライン上から一気に駆け出し、ダッシュする僕の前に落ちてきたボールをファーストタッチで上手くさばくことができたので、最後までドリブルのスピードを落とさないままゴール前に持ち込めた。最後はファーサイドにシュートを放ちゴール。

こういう「個人でやり切ったゴール」というのは絶対的な自信につながる。あのゴールはもちろん、登里享平選手（現川崎フロンターレ）のパスが素晴らしかったのだが、自分にしかできない形で決めたゴールだからだ。ドリブルという僕の武器で、独力で打開突破して決めるというのは、変わることのない理想とする得点シーンのひとつだ。

新人最多記録〝13ゴール〟と「得点力」を伸ばした「頭を使うコンビネーションの考え」

三笘はルーキーだった2020年に、J1リーグで13ゴールを決めている。これは渡邉千真(当時横浜F・マリノス、現松本山雅FC)、武藤嘉紀(当時FC東京)に並ぶJリーグの新人最多得点記録だった。プロ選手になり覚醒し、ゴールを量産できた秘訣はどこにあったのか。

プレミアリーグでプレーする現在は徐々に増えてきているが、Jリーグ時代には「カットイン」から決めたゴールはあまり多くない。僕の持ち場である左サイドから、ペナルティエリア手前のピッチの中央へとドリブルで切り込んでいくカットイン。右足でのシュートが決まれば、まさに「自分でやり切ってしまう」プレーなのだが、フロンターレ時代の僕には、まだあまりない形だった。

Jリーグでの得点シーンは多くが、意外にも「ワンタッチゴール」だったと思う。自分では、やはりプロに入った時から、ドリブルという個の力でゴールを奪うスタイルで常に得点を挙げたいと思っていた。

しかし、大学よりもレベルが高いプロの世界では、ドリブルからカットインしてシュートを打つスペースや時間は、簡単には与えてもらえなかった。

そこで僕が得点するために意識したのは、より頭を使ってプレーすることだった。フロンターレは技術の高い選手が多くいたので、コンビネーションの中で自分を活かし得点を生むことを考えた。前述したように、独力で相手をドリブルで抜いて、ゴールが決められれば最高だが、それ以前にチームの一員として信用をされて、どんな形にせよ点を取れる選手になることがまずは一番大事だと思ったからだ。

そこで考え方を変えて臨んだのが、他のフロンターレ選手たちとのコンビネーションを磨くことだった。練習試合でも、他のチームメイトと組織プレーや良い連係でゴールを決めると自信がついてくる。すると、だんだんと周囲の僕への見方が変わってくる。「ゴールを決められる選手」と認識されるようになり、試合中に「もっとボールを持っていいよ」という空気が生まれるようになった。チーム内での信用や信頼が増せば、リスクが多少ある中でもドリブルで突破するなど、色々なチャレンジを許してくれることにもつながった。

僕が避けようと思っていたのは、「最初から無謀なプレーにトライ→失敗して信頼を失う→試合での出番を減らしていく」という負のサイクルにハマることだった。つまり、チャレンジすることが奨励される大学とは、アプローチの方向を逆にしたのだ。プロでは信用と信頼を得てチャレンジできる評価や土壌を得てから、練習やトレーニングマッチで新しいことを試していった。

自分が試したいことがあっても、あえてはじめは強行せず、「どのタイミングで出すべきなのか」を常に自問自答するようにした。

結果、他の選手との信頼による連係プレーと練習でのチャレンジにより実を結んだのが、プロ1年目での「13得点」だったと思っている。浦和レッズを迎えた2020年のリーグ戦ホームラストゲームとなる第33節、山根視来選手（現川崎フロンターレ）のクロスを頭で決めてシーズン13得点を達成した時、「本当にチームメイトのおかげです」と話したのは、このような理由もあり、心からの言葉だった。

僕はプロ1年目で新人最多記録という想像以上の結果を残すことができたが、その結果に自分自身では満足はしなかった。今後のプロ選手生活は、より厳しく対応されることを念頭に置きつつ、2年目以降もさらに成長を続けて活躍することを誓った。

もう一つの武器「得意のアウトサイドパス」はこうして生まれた「ドリブル」と「アシスト」を使い分ける技術

プロ1年目で13ゴールを奪い「得点力」のあるプロ選手へと進化を遂げた三笘だが、学生時代は自他ともに認める「チャンスメイカー」だった。実際、2020年も得点を重ねる一方で、アシスト数も2桁に乗せた。ゴールとアシスト――その違いを三笘はどう捉えているのか。

ゴールを決めることは簡単ではないが、アシストも難しいことだと思う。決定的なチャンスボールを供給してもゴールを決めてもらえなければ記録に残らないアシストは、「他人頼み」な面が強いからだ。ゴール前で、「自分でシュートに持ち込めそう」だが、「味方がフリーになっている」場面があるとする。その場合、ゴールへのかなり確度が高い決定的な良い形でチームメイトにボールを出しても、決めてくれなければアシストにはならない。

ただ、僕は小さい頃から、「アシストが得意」だと思ってプレーしてきたし、アシストの楽しさも知っている。だから、Jリーグ1年目で得点もアシストも2桁に持っていけたのは、すごく嬉しいことだった。ベストイレブンにも選出された。

プロ1年目からアシストをたくさん記録できたのは、大学時代に僕にとってもう一つの武器ともいえる〝得意のアウトサイドパス〟が成長したからだと思っている。この得意のアウトサイドパスとは、僕が利き足のアウトサイドを使い擦り上げるような動作で繰り出すスルーパスのことだ。このスルーパスの精度は、実は大学2年生の時にどんどんと向上した。フロンターレ時代のルヴァンカップ・鹿島アントラーズ戦で生まれた初アシストも、この得意のアウトサイドパスからだった。

この僕のもう一つの武器であるアウトサイドパスができたのは、僕がサッカーを始めた時からの武器であるドリブルを対策され続けてきたことの産物だと思う。僕はドリブルでの仕掛け一辺倒では相手に対策されると考え、2つの選択肢があれば、相手ディフェンダーも迷うとの考えに至り、幼い頃から右足でのアウトサイドでのスルーパスを磨いてきた。

つまりは、ドリブルという武器があるからこそアウトサイドパスが活き、もう一つの武器であるアウトサイドパスができることでドリブルもまた活きる——と相手に脅威を与えることができるのだ。幼い頃からこの右足アウトサイドパスを回数をこなし失敗も多くしてきたが、プロを目指し自分の武器であるドリブルを活かすためにも、何としてもこのスルーパスに磨きをかけたいと練習に励んだ。

アウトサイドパスは読まれにくいプレーで、足首の角度ひとつでスピンをマイナス方向にかけたり、強く蹴って相手ディフェンダーとゴールキーパーの間に流し込めば危険なキラーパスになるため、来る日も来る日も練習をした。そして、このアウトサイドパスが向上したことで、試合ではドリブルで中央にカットインをすると、相手が中を切るので、一つ見せることによって相手は立ち位置を変えてくる。このため、縦のスペースやコースがあきやすくなり、アウトサイドパスやドリブルでアシストをするチャンスに恵まれるように成長していった。

僕はよくアウトサイドでほとんどのドリブルを行い、パスでもアウトサイドを使うことが多い。サッカー経験者なら、アウトサイドで蹴るより、インサイドで丁寧に蹴りなさいと言われたことはあるかもしれない。それは間違いなく、事実だ。狙った場所にゴロ、または浮かして蹴ってくださいと言った時に、アウトサイドを使って蹴る人はいるだろうか、おそらくレアル・マドリードのモドリッチ選手か元ポルトガル代表のクァレスマ選手に当てはまるかどうかぐらいのものだろう。

なぜアウトサイドが使えたほうが良いか。それは選択肢が増えるからである。同じ足元に置いたボールでも、インサイドのパスとアウトサイドのパスを持っている選手は、相手の配置やスペースによって、同じキックモーションから足首の角度を変えるだけでキックを使い分けることができる。サッカーのような1秒で局面が瞬時に変わるスポーツでは、適したタイミングで適したボールを蹴れなければチャンスにならない。アウトサイドを使える選手は、例えば、右足を得意とする選手の場合、インサイドで右から巻いてパスを出すか、アウトサイドで左から巻いてパスを出すか、選択肢ができるのだ。

選手のプレー中の選択肢は、選手のスキルによって変わる。

ロングシュートが得意な選手が、遠い位置からでもキーパーの位置を見ることができるのがいい例かもしれない。さらに、アウトサイドは相手に読まれにくく、キックモーションで次のプレーがバレにくい側面がある。特にクロスのシーンや、横パスでアウトサイドを使う時にはとても有効だ。アウトサイドでドリブルをしている中で、そのタッチのままパスが出せるからだ。自分のアウトサイド側へのパスをノーモーションでできるようになってくると、サッカー観は変わってくる。それは、より相手を引きつけることができ、他の選手をフリーにさせやすいからだ。

インサイドしか使えない選手は、相手と正対した時に、逆のインサイドを使ってでしか、自分のアウ

メソッド アウトサイドパスを磨くことのメリット

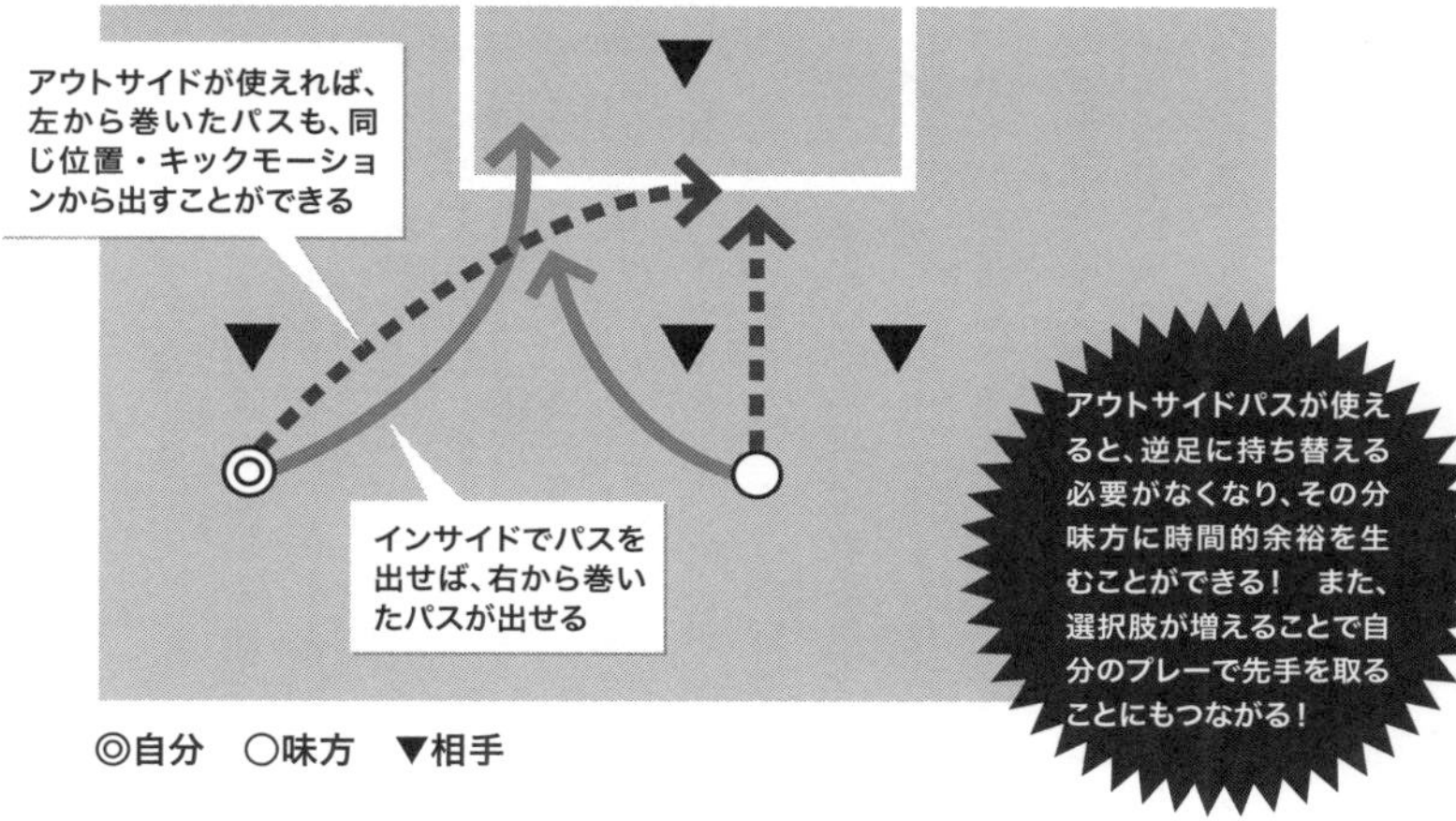
アウトサイドが使えれば、左から巻いたパスも、同じ位置・キックモーションから出すことができる
インサイドでパスを出せば、右から巻いたパスが出せる
アウトサイドパスが使えると、逆足に持ち替える必要がなくなり、その分味方に時間的余裕を生むことができる！ また、選択肢が増えることで自分のプレーで先手を取ることにもつながる！
◎自分 ○味方 ▼相手

トサイド側にはパスを出せない。逆足に切り替えないといけないため、その分ほんの数秒、パスが遅れる。

でも、同じ足で自分のアウトサイドを使い、アウトサイド側にパスを出せれば、相手には分かりにくく、なおかつ味方は時間的余裕ができる。単純なプレーで簡単なようだが、こういう意図を持って、プレーしているのである。だから僕は、あえて相手と正対した状況を作り出してから、アウトサイドで横の味方にパスをすることが多い。

より、相手を引きつけ、より味方がフリーで時間を作れるように——。

僕はこのアウトサイドの技術を持つこと、アウトサイドで強いボールや浮かすボールを蹴れることで選択肢が広がり、余裕が生まれたと感じている。それが利き足にこだわるということの恩恵だったと思う。もちろん、体をすぐに動かし、インサイドやインステップで正確に蹴れるならそのほうが良いと思う。しかし、トップレベルになればなるほど、狭いエリアでのプレーや次のプレーを選択する時間が限られてくる。その意味で、このアウトサイドの選択肢は僕のサッカー選手としての武器になっていることは間違いない。

特に今からプロを目指す子供たちには、同じボールの置き所から、いろんなボールを出せるようになることが大事だと理解してほしい。僕はキックが大して上手くないが、こんな僕でもアウトサイドのキックがあることで、見える範囲が広がり、武器になっているからだ。それはアウトサイドだけではなく、インステップ、インサイド、ボールの種類、強さ、色々な種類があると思う。その種類が増えれば増えるほど、いい選手になるということだと思う。

こうした考えのもと、アウトサイドを成長させていった僕は、プレーの選択肢が広がり、プロの世界でもアシストが増えていった。中でも、２０２０年11月18日のＪ１第30節、前年の２０１９年シーズンに優勝した横浜Ｆ・マリノスとの試合で決めたアシストは、今でも一番強く心に残っている。

１－１で迎えた後半45分、ゴール前でジェジエウ選手（現川崎フロンターレ）がこぼれ球を押し込んで、僕たちが勝ち越した。ここからは時計の針を進めるようにプレーして、安全に勝ちをつかみにいくこともできたと思うが、僕は攻め気を失わなかった。

僕は後半アディショナルタイムに自陣のペナルティエリア手前で味方のクリアボールを拾うと、左サイドへボールを運んで、そのまま一気に加速。速いドリブルで追いすがる相手選手を引き離して敵陣に入り、股抜きでチアゴ・マルティンス選手（現ニューヨーク・シティ＝アメリカ）を抜き去った。ペナルティエリアに入った瞬間、詰めてきた別の相手選手との間を通して小林悠選手（現川崎フロンターレ）にラストパス。小林選手がダメ押しゴールを決めてくれたのだ。

結果的に僕は、ボールを拾ってから約70ｍもの距離をドリブルしたわけだが、後半アディショナルタイムに入ってから5分が経過しようとしていた時間帯だったので、あそこまで独力でボールを運んでのアシストは、自分の中で一定の手応えをつかめた。

一方で、ラストパスを受けたのが小林選手でなかったら、あの試合終了間際の状況で冷静にゴールの右隅を射抜いて決められなかったかもしれない。僕自身、70mスプリントでかなりきつかったので、自分で最後に詰めてきた選手をかわしてそのままシュートして得点するのも難しかったと思う。アシストは「ゴールは味方を信じて任せる」という見方もできるが、一方では「仲間に助けられている」と捉えることもできると思う。

また、このプレーは自分でボールを保持してゴールに迫ったことで、相手ディフェンダーをひきつけ、小林選手の走りこむスペースを作ることができた。そして、最後はアウトサイドパスを小林選手に送った。改めて、アシストをするスルーパスを生むには、「ドリブル力」「キープ力」が重要であることが実証できた。プロに入り、ドリブルとキープがより磨かれたおかげで、ゴールだけでなくアシストも増える結果につながったと思っている。また、このアウトサイドパスはシュートにも大きな好影響を与えたと思う。足元でボールが右足の前にあっても、右から巻くのと左から巻くのと、足首の角度だけで2つのシュートが打てるようになったからだ。

また、プレミアリーグに移籍し、海外からJリーグ時代を振り返ると、アシストやゴール以外にも、僕が思うようにプレーすることができたのは周りの選手のおかげだったと思う。フロンターレの選手たちは、他のJリーグのクラブと比べても技術の高さが際立っていたから、僕がピッチ上で低い位置でボールをつなぐプレーに参加せずとも良い形でボールが回ってきた。そのおかげで、自分をより活かせる高い位置で、自分の武器であるドリブルで仕掛けるなど常にやりたいプレーをすることができたわけだ。僕がプロ1年目に輝けたのは、こうしたチームメイトの「アシスト」のおかげだったといえる。周囲の支えもあり、僕はゴール13得点だけでなく、アシスト数12となる、新人では史上初となるダブル2桁を達成できたのだ。

鬼木達監督から教わった「攻撃と守備の両立」「球際の強さ」

三笘は単なるドリブラーではない——。攻撃的な選手でありドリブルばかりが注目されるが、プレミアリーグでのプレーを見ても分かる通り、守備力も高く、貢献する意識が強い。自分だけの武器を持ったうえでオールラウンダーになることを目指す三笘は、Jリーグで重要な「攻守の両立」を教わった。

僕は大学時代にはサイドハーフとしてプレーすることが多かったのだが、プロ選手となり川崎フロンターレに加入するとウイングで起用されるようになり、新たな勉強が始まった。ディフェンダーが4人並び、中盤に3人、前線に3人が並ぶ4 - 3 - 3のフォーメーションのウイングは、サイドハーフよりも高い位置でポジションを取ることが多くなり、攻撃面でより多くのことを求められるようになる。

一方で、川崎フロンターレに入り、守備でも多くのことを学んだ。ウイングとサイドハーフでは守備の仕方がまるで違うのだ。ウイングで守る時には、相手をチームの守備網に上手く誘導することが求められる。自分でボールを奪いにいく守備、さらにチームとしてスペースを消すように構えて守る守備にも対応しなければならない。また、エリアによって守り方も変化させていく。そういう守備の方法を学ぶことは、僕にとって刺激的だった。今までのサッカー人生ではあまり経験がない守り方だったからだ。

また、戦術的な理解が深まるのも、楽しく感じていた。僕がボールを持っている相手に最初にプレッシャーをかけにいく際、そこでいかに強くいけるか、またタイミングや方向などが、僕の後ろで連動して守る選手たちの配置や勢いに影響する。だからサッカーでは、「最初に守備にいく選手が大事だ」と言われるのだ。

本来ウイングというのは、攻撃の比重が大きいポジションだ。特に4-3-3のフォーメーションでは、自陣など低い位置まで戻ることなく、相手陣地の深い場所に残って攻撃のチャンスをうかがう。これは攻撃的選手にとっては「恩恵」だ。ただし、恩恵を受けるためには高い位置でするべき守備をしっかりこなさなければならない。当時の川崎フロンターレでは、鬼木達監督が選手全員に対して、「攻撃と守備の両立ができないと、試合に出さないぞ」ということをチームに示していた。

大卒選手だから1年目からレギュラーに定着し、即戦力として活躍したいと思っていたが、シーズン開幕以降しばらく交代出場が続いたのも、守備意識の向上を求められていたからだ。もちろん、自分自身でも力不足は理解していたが、同じ左ウイングで試合に出ている長谷川竜也選手や齋藤学選手（現ニューカッスル・ジェッツ＝オーストラリア）を見ても、僕は守備面での働きが足りていないと認識していた。

フロンターレに加入してフォーメーションが4-3-3になると言われた時から、守備が求められることは分かっていたが、鬼木監督にはこう言われた。

「そのスピードをもっと守備にも活かせれば、絶対、武器になるよ」

僕は子供の頃から、指導者やサッカー関係者など色々な人に、「三笘は攻撃は良いけど、守備はできないね」と言われていた。

僕自身はずっと「決してそんなことはない」と思い続けていたので、鬼木監督の指摘は、僕にとってプロ選手として守備の意識を変えるすごく大きなものだった。ただ、やみくもに守備への貢献を求められるのではなく、能動的に努力するように導いてくれる一言でもあり、さらに守備が面白くなったのを覚えている。

鬼木監督からは「戦うこと」も常に求められた。鬼木監督は、高校サッカーファンなら「イチフナ」と言えばすぐ分かる、何度も日本一に輝き多くのプロ選手を輩出した古豪・千葉県船橋市立船橋高校の出身だ。その伝統のチームカラーに違わぬ「強さ」や「戦う意識」を守備にも求めていた。

こういったプレーでの強さや戦う意識もまた、僕にはまだ不足している部分だった。効率性を好む僕は、色々なことを「上手くやろう」とする傾向がある。それも良いことではあると思うが、プレーにおいて体を張るのもとても大事なことだ。

特にボールを競り合う「球際」では、技術やフィジカル能力も必要だが、「戦う意識」という要素が絶対に欠かせない。サッカーではディテールが勝敗を分けるというが、そういう部分にも最後にはメンタルの「強さ」が影響してくるのだと学ぶことができた。

また、鬼木監督からは「タフさ」も求められた。今でも思い出すのが、2020年8月23日の名古屋グランパス戦だ。その当時、8月5日の鹿島アントラーズ戦からリーグ戦3試合連続、公式戦5戦連続ゴール中で好調だった僕は、後半28分に左足首を痛め負傷交代。チームも0‐1で敗戦し、リーグ戦の連勝も10でストップしてしまった。

そうして迎えた8月26日のヴィッセル神戸戦では、中2日というハードスケジュールの中、前の試合でケガをした僕に鬼木監督は「試合に出られるか?」と聞いてきた。今思えば、この言葉に隠された意味は体調不良やケガが多かった僕に、「もっとタフな選手になってほしい」ということだったのだろう。もちろん、心の中ではチームに迷惑をかけるかもしれないという不安はあったが、足首の状態を見て僕は「出られます」と答えた。負傷をおして出た神戸との一戦は引き分けに終わったが、僕自身はケガ明けながら1アシストを記録。自分自身の中でもプロ選手としての一つの大きな転機となり、自信にもつながった。そして、試合に出場し続けるということの意味、つまりそれは〝他の選手にチャンスを与えない〟プロとして必要な素養も同時に理解した気がした。

中村憲剛さんがくれた「ゴール不振」の僕を変えたひと言

ルーキーイヤーにリーグ戦で13得点した三笘は、ルヴァンカップでも3得点している。カップ戦でのゴールと合わせ、公式戦で5試合連続得点を記録するなど活躍したが、好調のきっかけは〝偉大な先輩〟のひと言だった――。

子供でも大人でも、アマチュアでもプロでも、自分自身が不振にあえぐ中でふとしたことがきっかけとなり、自分のプレーが復調し大きく変わることがある。プロ1年目の僕にも、そんな経験があった。

プロ初ゴールを決めた2020年のJ1第7節の湘南ベルマーレ戦に続く、8月1日の第8節ガンバ大阪戦――。僕は後半開始からの出場となった。この試合は湘南戦よりも長くプレーできたが、連続得点はできなかった。

そんな時に思い起こされたのが、僕が小学生の頃から川崎フロンターレで活躍してきた、クラブのレジェンドである中村憲剛さんが、前述の湘南戦の前節、仙台戦の後にかけてくれた言葉だった。

「もっと楽にコースに流し込めばいいんだよ」

そのひと言が、すっと僕の肩の力を抜いてくれた。

面倒見の良い憲剛さんは、練習中によくアドバイスをしてくれた。シュートに関するこのひと言は、試合に臨む僕の心もリラックスさせてくれる効果があった。尊敬する大先輩の言葉なので、より重みがあったのかもしれない。

こうした川崎フロンターレを誰よりも愛するだけでなく、サッカー少年たちへの社会貢献の心や姿勢をいつも間近で見させていただき、僕自身、プロ選手としての在り方をとても勉強させていただいた。そうした偉大な大先輩である憲剛さんの引退となる等々力競技場・本拠地ラストゲーム、浦和レッズ戦で得点ができたことは、僕自身にとって少しは憲剛さんへの恩返しになったのではないかと思っている。

憲剛さんはボランチやトップ下でプレーしてきた選手だ。ピッチの真ん中を働き場所としてきたので、サイドでプレーする僕とは違う感覚があった。

ゴール前の良いところまでドリブルで切り込んで行けるのに最後のシュートだけふかして外してしまう僕を見て、憲剛さんはラストパスのようにシュートをする技術や心得をアドバイスしてくれたのだと思う。今でもその教えは、僕の胸に刻まれている。

サッカー選手全世代、ビジネスパーソンや多くの人にも通ずる「コンディションの正しい見極め方」

順調にプロ1年目を駆け抜けたかに見える三笘だが、数字や見た目には表れないコンディションの調整に腐心していた。調子が良い時ほど慎重に、そして悪い時ほど集中して——。三笘が実践してきたこの独自のリズムの作り方は、サッカー選手全世代、指導者、そしてビジネスパーソンや多くの人にまで応用できるものだ。

大学サッカーからJリーグに戦いの場が変わったことで、僕が最も心がけていたのは「新しい環境に慣れること」だった。

サッカー人生を振り返ってみても、周囲でチームで一番力のある選手を基準にして、肉体的にも、技術的にもハンデがあるな、と感じて劣等感を抱えていた小学生の頃は、新しい環境に慣れるためがむしゃらに自分の武器であるドリブルを磨いた。何度もボールを取られてチームには迷惑をかけたが、プロになるにはドリブルを伸ばすしかないと考えていたので、あえて無茶なプレー選択もしていた。そして、こうした努力もあり、中学生や高校生になるとある程度チームの中心選手になれたが、筑波大学に入ると再び壁にぶつかり、新たなチャレンジをしていった。

このように、新しい世界に入った際は、僕は常に「新しい環境に慣れること」を心がけてきたが、プロの世界に入ったら、チャレンジする猶予を与えてもらうためにも、当然まず求められるのは結果だった。

前にも少しお話ししたが、プロになるとさまざまな点でバランスの取り方が難しくなる。自分の立場を守るために「結果を出す」必要があるのと同時に、「成長するためのチャレンジ」も欠かせない。このため、新しい環境に慣れて公式戦で信用と信頼を得るまでは、リスクを冒さないほうがベターだと考えたのだ。一方で、練習試合などは大学時代のようにチャレンジを続けた。

また、自分のコンディションの「見極め」と「使い分け」にも気を遣った。コンディションなりの「結果」を求めていった。コンディションがすぐれないと感じた時はプレーをシンプルにする。そして、やれそうにないことはやらないというある程度の割り切りも心がけるようになったのだ。

一方、コンディションが良い時にも注意が必要だ。「今日はやれそうだ」という自信が、「過信」につながってしまう恐れがあるからだ。そういう調子の良い時には、現在の自分にはまだ少し手が届かない無謀な独力でのプレーに挑戦したくなるものだ。もちろん成功すればいいのだが、一転して好機を逸し失敗したら負のサイクルに陥ってしまうこともある。このため、僕は調子が良い時ほど慎重に事に臨むようにしている。自分の挑戦すべきラインとタイミングの見極めは、本当に難しいものだ。

コンディションの見極めと使い分けが、自分のプレーをピッチ上で最大化し、勝機を導くリズムの作り方となっている。プロ1年目は突然のコロナ禍でスケジュールがイレギュラーになり、僕自身もケガをして試合のメンバーを外れることがあった。そうした状況でも、活躍したいと焦る気持ちを冷静に抑えつつ、毎試合、心を集中させ「自分にできる最大限」を上手に引き出すことで、周囲の評価を高めていった。

一方、ゴールを重ねるなど好調の状況にある時ほど、冷静さを保つプレーに徹した。少年時代に体が小さくハンデを背負っていたと感じていた僕は、客観的に自分を見つめられる力が養われていたのだと思う。自分の状態を常に見極めることが、周りへのアピールにつながり、最速で自分を成長させてくれる。そして、その時々、その場所で「攻めるのか」それとも「引くのか」自分の出すべき力のラインをギリギリで見極める。こうした習慣が僕をプロに連れて行ってくれたのだと思う。

フロンターレの強さの秘密は「相手のはがし方」と「当てて入る」

三笘が加入した2020年、川崎フロンターレは他チームを圧倒した。2位のガンバ大阪に勝ち点18もの差をつけて、J1リーグを制したのだ。これは名手がそろっていただけではなく、独特のサッカー観にその秘密があるという。

川崎フロンターレには、Jリーグの中でも独特なサッカー観が息づいている。始まりは2012年、今のフロンターレの礎を築いたトップチームに風間八宏監督が就任したことによるものだと思う。当時、僕はU-15のチームに所属する中学3年生だったが、フロンターレの独特の考え方やプレーは風間さんがもたらしたものが大きいと思う。僕が筑波大学の4年間を経ても、その独特の考え方やプレーに変わりはなかった。

そこで、少しフロンターレの特徴的なサッカー観をお話しすると、そのひとつは「相手のはがし方」だ。非常に簡略的な言葉でまとめると、このフロンターレ流の相手のはがし方は自分が動き出す時、まず相手選手の背後に入って視界から消えることで、相手を完全に置き去りにするのだ。

フロンターレのポジショニングの概念は「立ち位置で相手を動かす」というものだった。もちろんこの動きは、フロンターレにしかないというわけではない。ただ、フロンターレほどこの動きを重要視しているチームは他にはないと思う。

もうひとつの特徴的なプレーが、「当てて入る」というプレーだ。僕たちフロンターレの選手たちは「自分を入れろ」とも言っていたが、仲間にボールを出して、さらに自分も数的優位を作るためにそこへ近づいていくことを指す。

フロンターレの「フリーの概念」は、相手から一歩離れることができればボールを受けられるというものだった。例えば、相手ディフェンダー選手を背後に抱えている仲間にパスを出すとする。その瞬間、その仲間は「1対1」の状況にあるが、僕が近づいていくと、「2対1」の数的優位な状況に変わる。

ここですべてを説明するのは難しいが、川崎のプレーを簡単に説明すると、こうした特徴があった。言葉にするだけだと簡単そうに思えるが、これは実際にやってみないと感覚がつかめないものだ。湘南ベルマーレから移籍してきた山根視来選手によると、教えられて実際に実戦でのプレーでやってみても、慣れるまでは感覚が分からなかったそうだ。

これは誤解しないでいただきたいのだが、数的優位を作るために、どんな状況下でも、むやみやたらにボールを持っている味方選手に近づいていくという意味ではない。状況次第では、相手選手から一定の距離を保ったポジショニングをして、仕掛ける動作で味方の周囲の相手選手をけん制したり、自分が相手ディフェンダーを引き付けて味方選手をフリーにしたりすることもある。

この当てて入るプレーは頭を使う個人戦術だが、僕はおそらく世界中のどのトップリーグに行っても通用するプレーだと思っている。特に狭いエリアでの自分を入れるプレーなら、自分が〝当てて入る〟

ことで、周囲に選択肢を提供するという好循環が生まれ、ピッチ上でどんどんボールが回るようになっていく。僕もそうだがフロンターレから他のチームに移籍した選手たちは、今でもこの当てて入る技術を自分のプレーとして活用しているはずだ。

ボールを「止める」「蹴る」フロンターレの「正方形練習法」

川崎フロンターレには「止める」「蹴る」という「名物練習」がある。アカデミーを経験している三笘にはなじみのメニューだが、中には苦労する選手もいるという。この基本練習には、サッカーの重要な原理が隠されていた——。

ボールを「止める」「蹴る」というのはサッカーの基本中の基本だ。川崎フロンターレはその基本を徹底的に大事にしていて、「トラップ＝ボールを完全静止させること」がフロンターレ内でのトラップに対する共通認識だった。特に入団したての頃は、毎日のように「止める」「蹴る」の自主練習を行っていた。

サッカーをしている方なら誰でも分かる通り、ボールをしっかりと止めることは、自分を助けてくれる。しっかりと止まるほど自分が楽になるのだ。もし、トラップした時にボールが少しでも転がってしまったら、ボールを追いかけて移動しなければならない。ボールが相手のいる方向に転がったら、奪い合いになる可能性もある。さらにはボールを取り返しにいくという、余計なアクションを起こす必要に迫られるかもしれない。

逆に完璧にボールを止め切ればこうしたリスクはなくなり、自分にとって次のプレーが有利になる。相手もこぼれ球を奪いにこないので、プレーの選択肢も増えて余裕が持てる。ピタリと足元に収まれば、目視でボールを確認する必要もないので、顔を上げて周囲を見回し状況を把握できるようにもなるはずだ。

つまり、自分の足元に完璧にボールを止められるということは、「プレーの主導権を完全に握れる」ということだ。フロンターレの選手たちは常日頃からこの「止める」「蹴る」の練習をプロ選手であるにもかかわらず、繰り返し繰り返し行っていた。それによって、ボールを「完全静止させるトラップ」が身についたことが、僕が加入した2020年も圧倒的な強さで優勝できた一つの要因だったのではないかと思っている。

高校や大学まで他のチームでサッカーを学んだ選手や他クラブから移籍してきた選手たちには、フロンターレに入ると「止める」「蹴る」の練習の中で、目新しく感じる練習があるようだ。それはマーカーを置いて正方形をつくり、その中に入った選手が周囲から放たれるパスを正方形からこぼれないようにトラップして止める――という練習だ。基本的な動きをするだけだが、これが案外難しい。ボールをほぼ完璧にトラップして止めなければならず、連続して成功させるのはプロ選手といえどもなかなか大変なのだ。

僕はフロンターレのアカデミー時代にこうした「止める」「蹴る」の練習を繰り返してきたので、トップチームに入りプロ選手になってからも特に苦労しなかったが、大人になって他チームから来た選手たちは、このボールを「完全静止させるトラップ」にかなり苦労するようだ。ただ、プロを目指す全世代の選手たちには、このトラップを自分のものにできると普段のプレーがまったく変わり、大きく成長できるということを伝えておきたいと思う。

自分の「プレーを言語化」することの意義

三笘は2020年シーズンからドリブラーとして圧巻の活躍を見せ始めた。それと同時に、試合後にメディアにインタビューを求められることが多くなった。その時、三笘は鮮やかに自分のプレーを分析し論理的に言葉にしたことで、記者をうならせたという。

僕はメディアの取材対応が嫌いだと思われることがあるが、そんなことはない。いつでも、質問されたことには常に正直に真剣に答えるようにしている。もともと考え込みやすい性格なので、核心をえぐってくるような考えさせられる質問を受けると逆に嬉しい時もある。

これには大学時代にレポートを多く書いた経験も活きていると思う。それに、フロンターレのU‐12で髙﨑康嗣監督から徹底的に叩き込まれていたので、自分の「プレーを言語化」する癖がついているともいえる。

2020年の対セレッソ大阪戦。この時に僕が決めた得点は、相手ディフェンダーの股を抜くシュートをニアサイドに通すことで、体重移動している相手ゴールキーパーの逆を巧みにつく技ありのゴールだったのだが、この時のシュートについてインタビューされた時、僕はこう答えた。

「ボールを持った瞬間にファーを狙おうと思いましたが、相手に当たると思ったので、上手く外に開いてゴールキーパーを動かせました。シュートは逆をつけたので相手ゴールキーパーも力強く弾けなかった」

僕の回答に記者の方は満足そうにしてくれた。常に自分のプレーの意味や技術的な側面を「なぜそうなったのか?」と言語化していると頭の中が整理できるし、自ずと自分がしなければならない課題も見えてくる。良かった、悪かったと、ただ漠然とプレーを振り返るよりも、きちんと自らのプレーについて論理的に言語化しておくことを習慣づけたほうが、上達への近道になると思う。

Jリーグと天皇杯優勝の2冠を達成した「強者のメンタリティ」

2020年の川崎フロンターレは、Jリーグ史上〝最強〟と言われるほどの、歴史に残る絶対王者チームになった。三笘は天皇杯との2冠を達成した当時のチームの強さの秘訣は、自分たちが「強者のメンタリティ」を身につけていたからだと考える――。

僕は幸いにも、プロ1年目から、リーグ優勝とガンバ大阪を破って果たした天皇杯優勝の2冠を経験することができたが、今振り返っても、フロンターレは本当に強いチームだったと思う。シーズンを通して鬼木監督が言い続けていたのは、「勝って成長するんだ」ということだった。

リーグ戦34試合を戦って26勝であるため、勝率は実に76%。通算88得点、31失点というのも、ダントツの数字だった。

負けたのはたった3試合。連敗をしなかったということもそうだが、勝った試合の後にも全員が課題を考えるようなロジカル的な思考を持ったチームだった。

「まだまだ向上するんだ」という気持ちが、常にチームにはあふれていた。負けた試合だけでなく、勝った試合でさえ、すぐに気持ちを切り替えて次の試合を見据えていた。本当に、優勝すべき「強者のメンタリティ」を持っていたと思う。

僕たちのチームが高い向上心を持つ原動力のひとつになったのが、国内だけではなく世界に目を向ける選手たちの存在だった。僕もそうだったが、特に若い選手たちは国内で良いプレーができたことでは満足せず、成長に貪欲だった。そうした選手同士が互いに刺激しあうことで、さらに上昇意識が高くなっていった。

その結果、チームは常に勝つことが当たり前と考えるようになり、引き分けただけでも負けてしまったような気持ちになった。一人ひとりの向上心が太い幹になり、どんどん「結束力」が増していったのだ。

年齢の近い選手たちからも、大いに刺激を受けた。同期には旗手怜央選手ら僕と同じ大卒の選手が多くいたし、年下でも田中碧選手や宮代大聖選手（現川崎フロンターレ）というフロンターレのアカデミーの優秀な後輩たちもいた。他チームと対戦するよりも、チーム内のポジション争いで勝つほうが難しい——と思うほどだった。

アップデートを続けるピッチ外の習慣「食事へのこだわり」と「アイスバス」

プロの世界に入っても、三笘はピッチ外でも自分の体作りのアップデートを続けた。すでに身についている日々の生活のリズムの中でも、さらに良いものを取り入れようと努力していった。食事や体のケアと、三笘は着実に選手としての階段を上っていった。

大学生活で一気に高まった食事へのこだわりは、プロになっても続いた。

大学を出て1年目は、クラブの寮に入った。普段の生活で色々なことに気を遣うよりも、できるだけサッカーのことだけに集中したいという思いがあったからだ。

食事は寮母さんが作ってくれて、朝晩の食事はもちろん、試合前にはすぐにエネルギーにつながるような自分が食べたいものをリクエストして調理していただくこともあった。選手の体作りやコンディショニングにとても協力的な方だったので、わがままを言って、自分で買ってきたオーガニック野菜を食材として使ってもらうこともあった。

特に「オーガニックじゃなければダメだ」という強いこだわりがあったわけではないが、少しでも良いものを摂りたいという思いがあったからだ。このオーガニック野菜を調理してもらい、温野菜としてよく食べていた。

当時は色々な検査を受けて自分の体のことを知り、自分の体調にあった食事を模索していた。また試合の前後のケアにも、さらに気を遣うようになった。

一度、試合の前に湯船のような大きな容器に氷水を入れた「アイスバス」に浸かってみたことがある。トレーニングや試合をした後に、血流を促して筋肉を回復する効果があると言われているが、試合前に試してみたところ動きが良くなったと感じた。

試合を前にして少し興奮している状態から、まさに一度、心身ともに「冷ます」ことになり、それが僕にとっては良いバランスに感じられたのだ。

最近は以前ほどアイスバスはやっていないが、僕はそうやってたくさんのルーティンを作っては、今でもアップデートを繰り返している。もはや自分のことを「ルーティン人間ではないか」と思うほどだ。

ただし、僕がやっている独自のルーティンは、誰にでも当てはまるということではないと思う。それよりも、自分でルーティンを作るのであれば、自分で情報を得て効能を確かめ、良いものであれば継続して取り入れていくことが選手として重要だと思う。

フロンターレ入団と同時に「海外移籍」を希望した理由

三笘はプロ選手になった後、1年半で川崎フロンターレを離れた。世界的な選手になることを目標に欧州リーグに挑戦するためだ。幼少期より海外での活躍を選手キャリア設定の目標に据えてきた三笘としては、当然の結果だったのかもしれない。

筑波大学を卒業した後には、プロになるならフロンターレしかない、と考えていた。アカデミーから育ててもらったことや、大学入学後もずっと見守ってもらった恩返しをしたかったからだ。それでも、クラブには入団前から「できるだけ早く海外に挑戦したい」という願望を伝えてあった。

前述したように、フロンターレには世界で勝負してみたいと思う野心を持った選手がたくさんいた。常に勝利し続け、視線を上に向けているのだから、当然のことだ。

小学生の頃や大学入学時に目標シートに書いたが、プロ入り前にキャリアを考えた時には、「Jリーグで1年プレーしたら、海外に移籍する」――それが長期的な視点に立った理想的なキャリアプランだと思っていた。

僕は高校からすぐにトップチームに進まなかった大卒選手であるため、海外挑戦するにはギリギリの年齢だということは分かっていた。

プロ2年目には24歳になるが、これはヨーロッパならばビッグクラブで主役になっていてもおかしくない年齢だ。

プロ1年目のオフに声がかかったら挑戦してみる――その心構えで、僕は日々を過ごしていた。冬はヨーロッパのシーズンの半ばなので、「欧州リーグ新シーズン開幕に合わせて、フロンターレでの2年目の夏、遅くともプロ2年目が終わるまでが海外移籍の勝負だ」と考えていた。

イギリスのプレミアリーグに所属するブライトン・アンド・ホーヴ・アルビオンFCが初めて僕に興味を示してくれたのは、2020年の10月か11月くらいだったと記憶している。当時はこのブライトンからのオファーを受け、「Jリーグでしっかりと結果を出すプレーをしていれば、プレミアリーグのクラブもしっかり見てくれるものなんだな」と感じた。

今思えば、スカウトなどクラブの強化部の方にしてみれば、入団前から「海外に行きたい」と言われるのは複雑な気持ちだったと思う。

もちろん、僕は決してフロンターレを軽んじていたわけではない。レベルの高い素晴らしいチームだったが、僕は幼少の頃から海外に行く「覚悟」を持って努力し、課題解決することを怠らず毎日自分を高めることにすべて集中してきた。

僕は昔からサッカーに多くの時間を費やし、一度「目標」を決めたことは最後までやり通す性格だ。フロンターレで試合に出られていない時も、「能力だけは海外の基準に合わせ続けよう」とブレずに意識を高く保ち続けていた。

大学卒業直後にJリーグで1年目からバリバリやろうと思っていたように、海外チームに移籍したらすぐにレギュラーとして活躍するんだという意識も、常に持っていた。それらは決してブレることはなかったと思う。

第4章「メソッド」のまとめ

◆得点力を伸ばす「コンビネーションの考え」……練習から他の選手との組織プレーや、いい連係からゴールを決めることで、自信とともに、他の選手から「ゴールを決められる選手」として認識されるようになり、ドリブル突破などのチャレンジもできるようになり、パスももらえるようになる。

◆「相手のはがし方」と「当てて入る」……自分が動き出す時に、相手選手の背後に入り視界から消えることで、相手を完全に置き去りにする。
「当てて入る」は「自分を入れる」と同義。仲間にボールを出したタイミングで、自分もその相手に近づくことで数的優位を作り出すこと。

◆「コンディション」を見極めるのに必要な3つのこと
・常に「新しい環境に慣れること」を心掛ける。
・調子がいい時ほど慎重に事に臨む。
・焦る気持ちを冷静に抑え、「自分にできる最大限」を引き出す。

第5章——日本代表

〜「ワールドカップ激闘の裏」と「個のボールを握るサッカー」、
三笘の1ミリを生んだ「ゲームを読む力」、
多くの人に伝えたい「あきらめない力」〜

〝サムライブルー〟日本代表への「憧れ」と「魂と誇り」

2002年のワールドカップ・日韓大会を機に、三笘は日本代表に対する憧れを大きくしていった。一歩ずつ夢へ近づき、ユニバーシアード代表や年代別の日本代表に選出されるようになったが、A代表の重圧や責任感は異次元のものだった――。

僕の日本代表の最初の記憶は、2002年のワールドカップ・日韓大会。当時5歳だった僕は、3歳年上の兄と一緒にテレビにかじりつくようにして、日本代表を応援していたことを覚えている。日本にとって初の自国開催となったワールドカップで、ベルギー代表との初戦は特に印象的だった。2-2で引き分け、日本代表がワールドカップで初めての勝ち点を手にした試合だ。後半に先制されてしまったが、その直後に鈴木隆行さん（現サッカー解説者）がつま先で押し込んだゴールをよく覚えている。さらに、先にも少し述べたが、中盤からドリブルで突破して、そのまま思い切りシュートを決めた稲本潤一選手の活躍も忘れられない。

自分でサッカーをするようになってからは、世界的名手であったジーコ氏が監督を務めた2006年のワールドカップ・ドイツ大会などに出場し〝黄金世代〟と呼ばれた中村俊輔さん（現横浜FCコーチ）たちの日本代表が印象に強く残っている。小野伸二選手（現北海道コンサドーレ札幌）など、海外のクラブチームで活躍するテクニックのある選手たちが多くいて、世界の強豪国と渡り合うほど強く、プレーもとても華麗で見ていて楽しかった。

そんな代表選手たちを見て「日本代表というのはキラキラした世界にいる人たちなんだ」とずっと思っていた。しかし、僕がアカデミーに所属していた川崎フロンターレから、中村憲剛さんや川島永嗣選手（現ストラスブール＝フランス）といった選手が招集されるようになると、少しだけ日本代表を身近に感じるようになった。

「フロンターレで活躍すれば日本代表につながる」という思いが芽生え、サッカーに取り組む大きなモチベーションを得たのだ。２人が出場しベスト16と躍進した２０１０年のワールドカップ・南アフリカ大会の代表選手たちを見て「僕にも日本代表になるチャンスがあるかもしれない」とリアルに将来の夢を思い描いたのを今でも覚えている。

その後、夢が叶い日本代表のサムライブルーのユニフォームを着ることができた僕だが、実際に一員になってみると「代表の重み」をひしひしと感じた。クラブではファンやサポーターのために、さらに言えばキャリアアップを目指す「自分のために」戦っている。

しかし、日本代表の試合では、「自分のために」という思いがあまり湧いてこない。おそらく他の選手も同じだと思うのだが、僕たちを突き動かすのは「日本代表のために」「日本のために」という思いだけなのだ。同時に、経験したことのない責任感も重くのしかかってくる。これが森保一監督の言う、日本代表の「魂」「誇り」の重みなのだろう。

同じサッカーという競技の試合だが、日本代表戦での集中力や気合いの高まりは、僕にとって「これ以上ない」と感じるものだ。日本代表のメンバーの一員として、初めて試合に出場したオマーン代表戦から、その感覚には変わりがない。

日本代表デビュー戦「初アシスト」と「人生の分岐点」

三笘がフル代表に初選出されたのは、東京オリンピック後の2021年11月のことだった。ワールドカップ最終予選という緊張感の高まる試合でのデビューだったが、「覚悟」が三笘の未来を切り開いた――。

いつも目の前の試合に集中し、一試合一試合全力を尽くすことを繰り返しているが、中には転機となる特別な試合もある。川崎フロンターレに正式入団した2020年のデビュー戦や、東京オリンピックでメダル獲得が懸かったU‐24（24歳以下）メキシコ代表との3位決定戦などだ。フル代表の初陣となったオマーン戦も緊張感が伴うものだった。

東京オリンピックには出場できたものの、「オリンピック世代の年代別の代表とA代表の間には、相当大きな差があるんだろうな」と考えていた。A代表にいるのは、すでにワールドカップ本大会に2回の出場を果たしていた吉田麻也選手（現シャルケ04＝ドイツ）や長年日本代表のフォワード陣を牽引してきた大迫勇也選手（現ヴィッセル神戸）など、日本を代表する名選手ばかりだったため、「いつになったら追いつけるのか」と具体的にイメージしながら、自分を成長させることに集中していた。

そうした中、チャンスは東京オリンピック終了の3か月後にやって来た。僕は2022年11月に行われるワールドカップ・カタール大会・アジア最終予選に向け、日本代表に初選出されたのだ。最初の試合はベトナム代表に1‐0で勝つことができたが、僕に出場機会はなかった。

もちろん、代表に選ばれたからには試合に出たいと強く思っていたため、「招集されただけで終わってしまうのか……」と不安を抱えながら、次の試合会場であるオマーンへと向かった。オマーン代表は2021年9月に始まった最終予選の初戦で、日本代表がホームで0‐1でまさかの敗戦を喫した相手。そのリベンジの意味合いだけでなく、10月のサウジアラビア代表とのアウェーゲームに負けてすでに2敗を喫していた日本としては、ワールドカップ本大会に出場するために絶対に勝たなければいけない相手だった。僕自身も「ここしかない大一番」だと、この一戦に懸けていた。

「薫、後半から行くぞ」

フィジカルコーチにそう声をかけられたのは、0‐0で迎えたハーフタイムのことだった。ただでさえ緊迫した状況だったことに加え、絶対に負けられない試合だという意識が、僕の緊張感をさらに強くした。だが、「ここが人生の大きな分岐点だ」「ここで結果を出せば人生が変わる」と自分に言い聞かせ覚悟を決め、後半の頭から僕は初めて日本代表戦のピッチに立った。

左サイドハーフのポジションに入った僕は、流れを持っていきやすい最初のプレーが大事だと考え、すぐにドリブルでファウルを誘ってフリーキックを獲得するなど良い形で試合に入ることができた。試合が動いたのは、相手ペナルティエリアの左で中山雄太選手（現ハダースフィールド・タウンFC＝イングランド）がボールを奪ったプレーからだった。僕はすぐさま前に向かいボックス内でボールを受け取ると、その瞬間に空いていた前方のスペースにめがけて、スピードを上げた。

「何かが起こるんじゃないか……」

期待を込めてクロスを送ると、伊東純也選手（現スタッド・ランス＝フランス）が押し込みゴール。日本代表で初めてのアシストを決めることができ、しかもそのゴールが決勝点になったため、試合後は

「これ以上ないデビュー戦になった」と喜びが湧いてきた。この試合、何度もドリブルで仕掛けてチャンスを作り出すことができたのも、よかったと思う。

しかし同時に、後半から出ただけとは思えないほどの疲労も感じた。日本代表の試合は、実際にやってみないと分からない難しさがあった。試合を終えて、重圧がかかる中で高いパフォーマンスを発揮する代表選手たちへのリスペクトの思いがさらに増したことを覚えている。

ワールドカップ・アジア最終予選・オーストラリア代表戦「奇跡の2得点」と「100%に整える力」

7大会連続のワールドカップ出場が懸かったオーストラリア代表戦の土壇場で、三笘は奇跡ともいえる2ゴールを決めたが、その裏には人知れぬ苦労と努力があった──。

オマーン代表戦は「人生の分岐点」になると感じた試合だが、「これまでの人生で一番大きな試合になる」──と感じたのは、ワールドカップ・カタール大会出場権が懸かった2022年3月のアウェー・シドニーでのオーストラリア代表戦だった。ワールドカップ最終予選も残り2試合を残すのみとなっていた。グループBでサウジアラビア代表に次ぐ2位につけていた日本は、このオーストラリア代表戦でワールドカップ出場が決まる2位以内を確定する可能性があったが、負ければどうなるか分からないという難しい状況での一戦だった。

オマーン代表戦と同様、スコアが動かないまま時間が進んでいった。「僕を早く出してくれ」――そう願いながら、短い時間で結果を出せるようにウォーミングアップを入念に行った。声がかかったのは試合時間が残り5分を切ろうとする後半39分だった。

0‐0だったためカウンターを受けないように気をつけつつ、果敢に得点を狙っていった。後半44分、川崎フロンターレでチームメイトだった山根視来選手がボールを持ったのを見た瞬間、長年一緒にプレーしてきた阿吽の呼吸でゴール前に入っていた僕にパスが来るような気がした。

ゴール右で、山根選手はフロンターレで身につけた、2対1の数的優位を作り出す「当てて入る」動きを見せた。この時同時に、フロンターレの同僚だった守田英正選手からリターンパスを受けた山根選手を見て、僕はゴール正面に走り出した。ワールドカップ出場を占う天王山ともいえる緊迫した土壇場の状況だったが、僕は平常心を保ち、いつも以上にしっかりと周囲の状況が見えていた。

アシストとなった山根選手からのパスは少しバウンドしていた。シュートをふかさないようにすること。あとは、何人かいた相手選手の足に当てないこと。その2つだけを意識して、僕は右足を振り抜いた。これは入る――打った瞬間に確信したシュートは、しっかりと左隅のゴールネットを揺らした。

その5分後のアディショナルタイムには、ダメ押しの2点目となる追加点を奪うことができた。筑波大学で、山川哲史選手と数えきれないほど繰り返した1対1の練習で磨いてきた、ペナルティエリア付近から相手ディフェンダーを縦突破でかわし、カットインして切り込み右足でシュート。僕の体に染みついていたさらなる一撃で、ワールドカップ出場権を手繰り寄せることができた。

この5分で人生が変わると思ったし、自分の人生の中でも大きな1点を決められたと強く感じた。結果的には最高の形で試合を終えることができたが、実は直前まで、そのピッチに立てるかさえも分からなかった。

代表デビューを果たしたオマーン代表戦の後、2022年年明け1、2月の日本代表戦に僕は招集されなかった。その理由は1月上旬、ベルギーのロイヤル・ユニオン・サン＝ジロワーズの一員として臨んでいたシーズン中断期間中のキャンプで、足首を負傷してしまっていたためだ。なかなかの重傷で1月の日本代表招集は見送られ、僕の中には焦りと危機感が広がっていた。

ケガをした時点で、海外に移籍してから僕のサポートをしてくれていたフィジカルトレーナーと栄養士と相談した。症状と僕の体の質から計算すると、プレーできるのは3月のオーストラリア代表戦の直前くらいになるという見立てだった。

そこから、復帰への「逆算」が始まった。「オーストラリア代表戦のメンバーに選ばれるかどうかで未来が決まる」——強い気持ちを持ちながら、その試合までにいかに100％の状態にコンディションを整え活躍するかを考えた。

一人で筋トレに励み、ジムで室内バイクを漕いでいる時にも、「あと3秒頑張ったら、オーストラリア代表戦で点を決められる」などと頭にイメージを膨らませながら、より厳しくコンディションを取り戻す努力を続けた。

この間、招集も見送られたり厳しいトレーニングにも耐えたりと苦しい時間だったが、「日本代表の中心選手として活躍するために」という目標があったからこそ、頑張ることができた。復帰への逆算した計画性とあきらめない気持ちが、オーストラリア戦での「あの5分間の2ゴール」につながったのだと思う。

3位決定戦・メキシコ代表戦「未来への1ゴール」

コロナの影響もあり、1年間の延期を経て開催された東京オリンピックの直前に負傷し、三笘はかつてないほどに精神的に追い込まれていた。コンディションが上がらないまま、オリンピック代表選手として孤独な戦いを強いられた三笘が考えていたこととは——。

僕は昔から大きな大会になるとコンディションを崩すことが多くあった。話が前後してしまうが、2021年夏のオリンピック前にもその予兆があり、東京オリンピック期間中もコンディションは思わしくなかったのだ。

大会を直前に控えた6月下旬、僕はウズベキスタンにいた。川崎フロンターレの一員として、クラブチームのアジアナンバーワンを決める大会であるAFCチャンピオンズリーグ（ACL）に出場するためだ。その遠征中に、東京オリンピックに臨むU‐24日本代表のメンバーが発表された。代表に選ばれたことを伝えられた僕は、オリンピックにすべてをつぎ込もうと決意した。

ウズベキスタンで行われたACLは、中2～3日で6連戦するというハードスケジュールだった。その過酷な環境においてもオリンピックを見据えていた僕は、同じ大卒選手で同期のイサカ・ゼイン選手（現モンテディオ山形）らと一緒にコンディションを上げることを主眼に置き、走り込みを繰り返していた。

ところがウズベキスタン国内での最後の試合の前日、僕はアクシデントに見舞われた。練習中にシュートを打った瞬間、右足に違和感があったのだ。それでも翌日の試合では会場に入り、トレーニングウェアに着替えたのだが、ウォーミングアップでボールを蹴った瞬間、「これはやっぱりだめだ、肉離れをしている……」と気がついた。

東京オリンピック後にヨーロッパに移籍することが決まっていたため、僕にはこのACLがフロンターレでの最後の試合になると分かっていた。有終の美を飾りたかったが、残念ながらベンチでラストゲームを終えることになった。チームがこの6連戦のグループステージを突破してくれたことだけが救いだった。

帰国してからは、時間との勝負だった。オリンピックに出る他のメンバーは国内キャンプに入っていて、順調にコンディションを上げていた。しかし僕は、まずは治療に専念しなければならないため、出遅れた感は否めなかった。案の定、ケガが治る前に東京オリンピックが開幕してしまい、7月22日の南アフリカ代表との初戦には間に合わず、スタンドから1-0で白星発進する仲間を見守った。肉離れの負傷から2週間ほど経った第2戦のメキシコ代表戦になんとか間に合ったが、完調には程遠く交代出場からの10分間ほどの短時間のうちに、失点に絡んでしまった。このためか、グループステージ最終戦のフランス代表戦では、試合に出ることはなかった。

続く準々決勝でも、コンディションは悪いまま。チームもニュージーランド代表相手に90分間で決着をつけられず、僕自身は延長戦から出場したのだが、思うような結果は出せず、チームはPK戦の末にギリギリで辛くも勝利した。勝てば1968年メキシコ大会以来のオリンピックでのメダル獲得が決まる準決勝のスペイン代表戦で、僕はベンチメンバーからも外れた。徐々にコンディションが上がってきており相当気合いも入っていたのだが、正直に言えば大事な一戦に臨む状態にはなかった。

実は試合前日、ベッドに入ってもなかなか眠りにつくことができなかった。プロ選手ならそこは調整して当たり前だと言われるかもしれないが、緊張や考えが頭を巡り、大事な試合だと思うほど眠れない。意識しないようにすればするほど眠れない状態に陥っていた。気づいたら何時間も経ち、そして睡眠薬をもらいやっと寝ることができたが、万全ではなかった。スタッフに相談し、当日は試合時間まで準備をしていた。そして試合前に監督からベンチ外だと言われた。その理由がそのコンディションの問題なのか試合でのプレーなのかは分からないが、「自分はなんて弱いんだ」「何のためにオリンピックを目指してきたのか」という自分に対する不甲斐なさと罪悪感、応援してくれている人に対する申し訳なさで一杯だった。あの当時の状況には今でも戻りたくないし、メンタルは相当苦しかったのを覚えている。

日本のオリンピック代表チームはスペイン代表に0-1と惜敗。

そして、なんとか頭を切り替えて挑んだメキシコ代表との3位決定戦――。僕の中にあったのは、どうにかしてメダルを取りたいという思いだけだった。メキシコ代表の伝統的な手堅いサッカーの前に、後半半ばまでに3点のリードを許してしまったが、後半17分にピッチに送り出された時には、「残り30分間ですべてを出し切ろう」とだけ考えていた。

結局、オリンピック日本代表はメダルを得ることはできなかった。だが、久保建英選手（現レアル・ソシエダ＝スペイン）からパスを受け、相手ディフェンダー2人をドリブルで置き去りにして決めた僕のゴールでメキシコに一矢報い、1点を返すことができた。メンタル的に相当きつかった数週間の最後に残せた結果だった。抱えていた苦しさを少し吐き出せたというか、「なんとか自分のサッカー人生がつながった」という気持ちで、オリンピックは不完全燃焼で終えたのだった。

多くのケガから学んだ「自分の弱点の見つけ方」と「飛躍の仕方」

三笘はこれまで、大事な大会や大きな大会の試合前に何度もケガをしている。そのたびに悔しい思いをしているが、その一方で三笘はケガをした後に飛躍を遂げている。その理由とは——。

僕はこれまで大事な大会や試合の前でケガをして何度も悔しい思いをしたり、自分が情けないと思った経験が多くある。ケガはサッカー選手である以上、なるべく避けたほうが良いもので、それによって人生が左右されると言っても過言ではない。しかし、僕は「ケガ=悪ではない」とも思っている。

なぜなら、僕のサッカー人生を振り返ると、ケガをした後に飛躍している実感があるためだ。ケガをして何もできなくなった状態になると、それを防ぐために何をすればよいのか、なぜケガをしたのかというのを嫌でも考えさせられる。それを考えなければ、何度も同じケガの繰り返しだ。

僕は、僕をサポートしてくださっているトレーナーの方をはじめ、色々な人のアドバイスや恩恵を受けたことで、自分自身の体と向き合うことができ、同じケガを繰り返さずに今の体を作り上げることができたと思っている。

特に東京オリンピックの時には、メンタル的にもなぜこのタイミングでケガをしてしまうのか、今まで準備してきたことがこんな形で終わってしまうのか、1試合目の南アフリカ代表戦から懸命に戦っている仲間を見ながら、自分に対して焦りと怒りと不甲斐なさでいっぱいだったのを覚えている。

しかし、幸運なことに、そこでも体の色々な弱点やケガの理由を見つけることができ、やるべきことを発見することができた。やるべきことを見つければ、あとは実行するだけである。その積み重ねが、自分の体に対する気づきやケガの防止につながっていると感じる。

ケガを良いものとするか、悪いものとするかは自分次第——。もちろん、ケガをしないに越したことはないが、ケガをしないと学べないことも少なくない。「若い時にケガを経験することは良いこと」と大学時代に耳にしたことがあるが、そういう視点を持つことも面白いし、何事も経験しないと分からない、ケガをしたことでより成長できていると僕は思う。サッカー以外でも失敗をただただ恐れるのではなく、自分の失敗から自分の弱点や短所を見つけ成長できるのではないかと思う。

ブラジル代表との親善試合で目撃したネイマール選手「変幻自在のドリブル技術」

日本代表は2022年6月、ブラジル代表と国立競技場で対戦した。ワールドカップ・カタール大会前のこれ以上ない相手との親善試合にファンは沸き立ったが、三笘にとっても学びの多い一戦となった。

オーストラリア代表戦に勝利したことで、日本代表は7大会連続でのワールドカップ出場を決めた。僕自身もこのオーストラリア代表戦で2点決めることができた。しかし、喜んでいる暇など少しもなく、すぐに次の目標に向かう必要があった。11月の本大会までの数少ないチャンスにインパクトを残すことが、ワールドカップ本戦に代表メンバーとして選出されるために重要なことだと分かっていたからだ。

6月には4つの親善試合が組まれていた。親善試合の2試合目はワールドカップ5度の優勝を誇る強豪国・ブラジル代表との対戦だった。ブラジル代表は比類なきサッカー大国。親善試合といえどもなかなか試合ができるチームではないし、しかも新しくできた国立競技場で対戦できる大きなチャンスだと思っていた。

川崎フロンターレの先輩でもあった守田選手には、「ブラジル代表との試合なんてめったにないことなんだから、ボールを持ったら毎回勝負を仕掛けろよ」とけしかけられた。僕も「その通りですね。間違いないです」と冗談のように返事をしていたのだが、内心は本気だった。

実際に、ボールを持ったら毎回1対1の勝負を仕掛けた。結果的にはミスも出たし、マッチアップしたブラジル代表のエデル・ミリトン選手（現レアル・マドリード＝スペイン）をドリブルで抜き去ることはできなかったが、すべての場面で仕掛けたからこそ分かることもあった。ミリトン選手は僕の1本目の仕掛け方を見て、2本目以降に早い対応力で立ち位置や体の向きを変えてきたのだ。

このため、ワールドカップを前に大きなヒントを得ることができた。それは、こういったワールドクラスのディフェンダーの早い対応に対して自ら早く反応し、ドリブルで仕掛けるところとパスするところの判断を上手く使い分けるということだ。

後半途中からの出場でプレー時間は20分しかなかったため、できるだけ多くのことを体験するチャレンジの場という気持ちで臨んでいた。だからこそ1対1の勝負を仕掛け続けたのだが、ブラジル代表の10番を背負うエース・ネイマール選手（現パリ・サン＝ジェルマン＝フランス）にPKを決められて0-1で敗れた試合結果に加え、「三笘は1対1でミリトン選手に負け続けた」と僕個人に関するネガティブな報道も多く見られた。

左サイドハーフに入った僕が対峙する相手は、名門中の名門であるスペインのレアル・マドリードで主力を張るミリトン選手。守備にも攻撃にも力があり、世界の超一流選手を肌で感じることができた。同時に、世界最高峰に君臨するネイマール選手のドリブルを同じピッチに立って目にすることもできた。彼のプレーを間近に見ると、豊かな創造性を活かしたドリブルのバリエーションも多く、「そんな抜き方もあるのか」と、ドリブルの創造性と多様性の楽しさを教えてもらった。

ネイマール選手の変幻自在のドリブル技術は、僕にとってとても学びが大きかった。僕が10代の頃に見たネイマール選手とは違い、さすがにフィジカルは多少落ちていたが、30歳を過ぎてもあのスピードと持久力で走り続けられるのには驚いた。加えて、あの余裕ぶり。自宅の庭で遊んでいるかのようにプロの舞台で試合をする余裕は、他の選手には見られない圧巻のものだった。

昔からの憧れのスーパースター・ネイマール選手や、ミリトン選手をはじめとする世界最高峰のブラジル代表選手たちとの出会いは、常に大きな刺激を与えてくれるものだと思う。

チュニジア代表戦後の「チームの決まり事」「発言の深層」

ワールドカップ本戦を5か月後に控えた2022年6月チュニジア代表との対戦後、三笘の発言が思わぬ形で波紋を呼んだ。「どのように攻めるのか、という意識の共有とバリエーションが不足している」と語り、チームの危機感について言及したからだ。誰よりも責任感が強くチームのことを思ってのものだったが、この発言は三笘の成長を促すことになる——。

ワールドカップ・カタール大会への準備である6月の強化試合4試合は、2勝2敗という結果で終わった。試合ごとにメンバーを大幅に入れ替えるターンオーバー制で戦い、僕が先発したパラグアイ代表戦とガーナ代表戦の2試合には勝利したが、ブラジル代表戦に続き、連係ミスやパスミスも影響し、チュニジア代表にも0‐3で敗れてしまった。

森保監督がこの時期にターンオーバー制にトライしたのは、コーチとして参加した前回大会・ロシア大会の決勝トーナメント1回戦で2‐0からベルギー代表にまさかの2‐3の逆転負けを喫したことも影響しているのかもしれない。ワールドカップでベスト8以上に行くためには、ターンオーバー制ができるほどの2チーム分の戦力が必要だと感じているともインタビューで報じられていた。

チュニジア代表戦後の取材で、僕は「チームとしてボールを持った時にどのように攻めるのか、という意識の共有とバリエーションが不足している」「今日のような流れになって相手のカウンター攻撃を受けて、というのはワールドカップでは絶対にあってはならないこと。チームとして決まり事のようなものを持たないといけないと思っています」と、少し踏み込んだ発言をした。

それまでの代表での活動を通して、ワールドカップを前にチームの決まり事がまだあまり明確になっておらず、特に攻撃面について共有している点が不足している気がしていた。そのため、単独で仕掛けても最後のクロスが味方に合わず、ボールを失えば次の瞬間にカウンターが待っていると思った。選手全員の意思統一が早くされ、ワールドカップでチームの力を100%引き出して戦うようにしないといけないと感じた。ただこの発言は言葉が独り歩きしてしまって僕の真意が伝わらなかったため、この機会に少し説明をさせてもらうが、6月シリーズの後はワールドカップ直前までしばらく代表としての活動ができない。そのため、攻撃も守備も先手先手で動くことが大事だと考え、ワールドカップ本戦に向け良い準備をしたいという趣旨での発言だった。しかし、話をした後しばらくして我に返り「こんなことを言っているようでは、選手として全然ダメだ」と気づいた。

もちろん、僕の発言は、カタール大会までの少ない機会でどう準備すればよいのか、皆が考えるきっかけにはなったのかもしれない。そういう意味では、チームにとってプラスに働いた面もあるとは思う。

しかし、戦術を考えるのは監督である森保監督の仕事だ。僕は自分のことを日本代表に見出してくれた、森保監督に全幅の信頼を寄せている。僕の役目は選手として左サイドで1対1の勝負を仕掛け、チームのためにチャンスを作ることなのだ。監督が考えるべき戦術に言及するよりも、僕は自分に与えられた課題をピッチ上で果たすことに集中すべきだったと今では思っている。自分の仕事を果たせていないのに、自分のことを棚に上げてチームの問題点を口にしている自分にとても腹が立った。

チュニジア代表戦後の僕の発言は、監督やチーム批判の意図や気持ちはまったくなく、チームのことを考えてのもので、ワールドカップ本戦を意識したものだったが、深く反省させられるものになった。

日本代表「ドイツ・デュッセルドルフ代表合宿」で芽生えた自信 川崎フロンターレ出身7選手が「日本代表」にもたらしたもの

代表チームには国内外のさまざまなクラブから優れた選手が招集されるが、合同で練習できる時間が限られている。代表で力を発揮するには、自分のペースやリズムを崩さないことと、時間のない中で仲間との連係を両立しなければならない。

大学時代に山川哲史選手と4年間続けた1対1のドリブル練習は、プロになってからも僕のルーティンになっていた。これは日本代表の練習でも変わらなかった。

ワールドカップ・カタール大会の2か月前、ドイツ遠征で行ったデュッセルドルフでも、1対1のドリブル練習はコンディションを上げるのに役立った。相手をしてくれたのは、川崎フロンターレでチームメイトだった山根視来選手。プロ1年目から1対1のドリブルをやった仲で、最初の頃は止められるほうが多かったと記憶している。

その山根選手と日本代表で再会すると、僕が抜く確率が上がっていた。ベルギーで1年間ヨーロッパのサッカーを経験し、プレミアリーグでプレーするようになって数か月。短い時間ではあるが、自分の成長を少し実感することができた。

デュッセルドルフでは、すでにワールドカップに出場された経験がある酒井宏樹選手（現浦和レッズ）とチームの練習の中で1対1となる場面もあった。酒井選手は東京オリンピックではオーバーエイジ枠で本大会のメンバーに入られたため、当時も練習中などに対峙していた。そこからわずか1年だが、酒井選手と1対1のドリブル練習をしてみて僕のプレー感覚が少し変わったことに気がついた。

ドイツとフランスで10年近くもプレーしてきた、ヨーロッパのサッカーの要素がプレーに染みついている酒井選手との対戦だからこそ、感じられたことかもしれない。山根選手や酒井選手との1対1のドリブル練習で自らの成長を実感できたことは、ワールドカップを前に大きな自信にもなった。

日本代表に初招集された時には、懐かしさのようなものもあった。なぜなら、先に述べた山根選手や守田選手に加え、谷口彰悟選手（現アル・ラーヤンSC＝カタール）や田中碧選手、板倉滉選手といった川崎フロンターレで一緒にプレーした選手たちがいたからだ。ともにプレーしたことはなかったが、川島選手もフロンターレ出身の選手だった。

僕が初めて代表チームに招集された時には、すでに守田選手や田中選手たちがスタメンで試合に出るようになっていた。昔のチームメイトが代表チームでも中盤の底のポジションであるボランチにいると、考えていることや感覚を共有できるのでありがたいことだった。

中盤の底で守田選手と田中選手が組むこともあれば、右サイドで右サイドバックの山根選手と田中選手が連係するなど、ユニットとして機能しているのも感じられた。そのユニットに僕が加わっても、僕がしたいプレーを当時のフロンターレ時代のように何も言わなくても理解してくれている感覚があった。

例えば、ワールドカップ最終予選のアウェーでのオーストラリア代表戦の1得点目のゴールシーン。山根選手が守田選手とワンツーパスを決めゴールライン近くまで入り込んだ時、僕は「ここにクロスを入れてきそうだ」と、ボールが来る場所やタイミングがなんとなく分かっていた。だから、余裕を持ってシュートを冷静に決めることができたのだ。

代表チームは活動時間が限られているし、ヨーロッパから合流してくる選手はさらに一緒にいられる時間が短い。お互いのプレーを理解することがチームプレーの向上につながるため、以前から知っている選手の存在は、チーム内の連係力アップに大きく役立つと思う。

２０１４年ブラジル大会では、ドイツ代表がバイエルン・ミュンヘンの選手たちを中心に優勝した。これも、チームの中心にゴールキーパーのマヌエル・ノイアー選手（現バイエルン＝ドイツ）、ミッドフィールダーのフィリップ・ラーム選手、トニ・クロース選手（現レアル・マドリード＝スペイン）やマリオ・ゲッツェ選手（現フランクフルト＝ドイツ）と、バイエルンの同僚選手たちがいたことが大きかったのではないだろうか。

そういう意味では、チャンピオンズリーグにも出場した守田選手をはじめ、フロンターレ出身選手たちが日本代表に多くいるのは心強いことだ。彼らは、僕たちの共通認識である「当てて入る」といったフロンターレで体得した技術をヨーロッパでも活用し、さらに強度を上げている。そうして一緒にフロンターレ時代に磨いた技術が、日本代表の勝利に貢献していることを僕は嬉しく思う。

チームを支えた吉田麻也選手と長友佑都選手、川島永嗣選手
僕の考える理想の「リーダー論」

三笘はワールドカップを通じ、日本代表選手のリーダーシップを目の当たりにする。先輩選手たちのリーダーシップを見て、三笘はいったいどんなリーダー像を思い描いているのか――。

ワールドカップでの躍進には、ベテランの存在が不可欠だった。キャプテンとして先頭に立って引っ張ってくれた吉田選手、明るいキャラクターでチームを盛り上げてくれた長友佑都選手（現ＦＣ東京）、ワールドカップでの経験も海外での経験も豊富な川島永嗣選手がいなければ、ドイツとスペインという優勝経験国を相手にグループステージを突破することはできなかったかもしれない。

タイプは違うが、３人とも間違いなく先頭に立って世代の違う選手たちを引っ張ることのできる、リーダーシップを備えた日本を代表する選手たちだ。

吉田選手は色々な選手に気遣いをし、よく声をかけてくれる。どの選手にも絶妙なタイミングを見計

らって、優しいだけでも厳しいだけでもない素晴らしいバランスで接してくれるのだ。

長友選手もベテランだが、若手のようにエネルギッシュに行動し常に先頭に立って声を出していた。金色や赤に髪の毛を染めたのも、チームを鼓舞し明るい雰囲気にするために考えてのことだと思う。そういう、ちょっとしたことでチームの士気は上がるものだ。

長友選手もチーム全体をよく観察し、ワールドカップでは僕をはじめ19人の初出場メンバーが緊張しないように、自分の役割を認識したうえで行動してくれていた。

吉田選手や長友選手など「リーダー」とひと言で言っても、色々なタイプの方がいるが、僕は求められる理想の「リーダー力」はただひとつ、〝組織の血液〟をうまく循環させられるかだと思っている。もちろん、僕は吉田選手や長友選手のようなリーダーにはなれないが、多くを語るのではなくピッチ上のプレーで見せる僕らしいやり方で、日本代表をさらなる高みに引っ張っていきたいと思う。

森保監督が求めた「型」＝「現実的な球際サッカー」

三笘は森保監督の理想とするサッカーを「現実主義的なものだった」と振り返る。ただそれは、選手の個性を軽んじたり、一挙一動を細かく指示されるような「組織絶対的な管理サッカー」ではなかったと総括している――。

森保監督が目指すサッカーをひと言でまとめるのは難しいが、あえて言うなら「現実主義的なサッカー」だと思う。それは「たとえ負けても、攻撃的で素晴らしいサッカーをすればいい」という考え方でないことは確かである。世界の強度の高い強豪国と戦うために、「球際で負けるな」と〝球際の強さ〟を第一に指導してくださっていた。やはり、世界の強度の高い選手たちに試合で勝つには、局面の奪い合いで勝つ身体能力の強さが必須になってくる。

森保監督は端的には勝利のための最適解を導き出して、そこに至るために選手同士が正しい距離を保ち、3ラインで全体をコンパクトに維持し、ハイプレスショートカウンターでの「良い守備から良い攻撃に移る」ことを求める。「球際で負けないこと」や「選手同士の距離感」「組織としてのコンパクトさ」といった個人の責任を果たしてチームのベースができたら、「それぞれの色を出していけばいい」というスタンスで、「ボールを持ったら、こう動け」とか「このタイミングで、ここに走り込め」という細かい指示を出すことはなく、選手の創造力を尊重してくれる監督なのだ。

監督自身も守備的な選手だったため、サッカーにおける守備の重要性をよくご存じなのだと思う。僕自身も森保監督の下でワールドカップを経験し、森保監督のサッカーは守備を構築することで勝利することを第一に考えるサッカーだと理解している。

ワールドカップ本戦では先発出場できず「途中出場の切り札」だったことへの本音

―ワールドカップ・カタール大会での三笘の活躍ぶりは目覚ましかった。日本代表の〝ジョーカー〟

となった三笘の先発起用を求める声が日増しに高まっていったが、彼は最後までベンチスタートだった。日本中の注目を集めた三笘は、大会中に何を思っていたのか――。

森保監督はサンフレッチェ広島でJ1リーグを3度制した方で、これまでの代表監督としての勝率64％（64試合中41試合で勝利＝2023年5月末現在）を見ても、これだけの数字を出せる監督などそうはいないと思う。つまりは、強豪国やどんなスタイルのチームがきても勝利することができ、〝結果を出せる監督〟だということである。

また、僕が選手だからこそ分かるのだが、チーム全体のみならず、個々の選手を見る目も本当に長けている方だと感じた。ワールドカップの4試合でも個々の選手の状態や考えを把握して、その選手が活きるように適切なタイミングや時間帯で采配・起用してくださっていたと思う。

背番号は「9番」となり、小学校の時に日本代表の9番を描いた貯金箱を作った思い出があるが、それが現実のものとなった。途中出場だったため、僕が力を最大限に出し切れていないんじゃないかという声もあったようだが、決してそんなことはなかった。

東京オリンピックでもそうだったのだが、僕はなぜか大きなイベントで自分の状態を100％に持っていけないことが、昔から多々あった。残念ながら初めてのワールドカップでも、完全には本調子ではなかったのだ。足首は完治しておらず、体調を直前で崩していた。コンディションを100％に持っていけなかったことは完全に僕のミスだと思っている。

こうした僕の状況を森保監督も理解していたと思う。その結果として、カタール大会ではすべて交代出場となったが、僕自身は「ああいうタイミングで、出してくれたからこそ結果を出せた」と感じている。監督とは最初から話をしており、この大会で僕が後半から出場し、相手が疲れている中で、縦へのドリブル突破でどのような決定的な仕事をするのかなど、自分の役割が切り札的にどういうものになるかを認識していたからだ。

森保監督「26人全選手レギュラー」と「3バック」システム変更の采配術

コロナ禍の中で開催されたワールドカップ・カタール大会では、登録メンバーが1チーム23人から26人となり、交代枠も5人に拡大された。森保一監督は、三笘の起用を含めこの変化を最大限に利用して采配を振るった――。

ワールドカップ・カタール大会が開幕する前、森保監督は「この大会は総力戦になる」と話されていた。総力戦で臨むという意図は26人のメンバー最終選考の段階からあったと思うし、実際にそうなった。森保監督は常々、「26人誰が出ても同じくらいの力を維持できるようにしたい」と言っていた。誰が出ても同じサッカーをするという意味ではなく、ベンチを含めた全選手がチームとしてすべきことを理解して、勝利するために体現できるようにするという意味だ。

ワールドカップで勝利するために、ブレることなくチームとしての土台を作って、そこに各自の色を出してほしいというのが、森保監督の考えだったのだと思う。自分がやりたいサッカーをするために選手を当てはめるのではなく、選手の色を活かしながらチームに当てはめていくというやり方だと感じていた。ワールドカップという準備時間がない中でチーム作りをするのは大変な作業である。

特に今回のワールドカップ・カタール大会は史上初のヨーロッパのリーグがシーズン中の開催ということもあり、各クラブの事情によりコンディションがまちまちの選手たちを招集し、一つのチームにまとめあげるのは大きな仕事だったと思う。僕自身も大会前、ギリギリでカタール大会が開催されるドーハに到着しチームに合流した。

森保監督の采配も絶妙だった。逆転勝利した初戦の強豪国・ドイツ代表戦から日本代表の歴史的快挙となる躍進は始まったが、ドイツ代表戦では1点ビハインドで迎えたハーフタイムが転機となった。

僕は交代出場に備えてウォーミングアップをしていたため、ハーフタイムでの細かい指示は直接聞いていない。ただ、システムをそれまでの「4バック」から「3バック」に変更するということは伝えられていた。

前半の45分間は、フィジカル面で相手が断然優位に立っていたため、日本代表はボールをつなぐことができない状態が続いていた。ドイツ代表のポゼッション率（ボールを支配する割合）は70％を超えていたため、相手の勢いを受けるのではなく、自分たちから前に出て高い位置から圧力をかけるようにしないと、この流れは変えられそうもないと感じていた。

そこで用いられたのが、フォーメーションの変更だった。ディフェンダーを4人から3人に減らして、引いて守らなければならない時は左右のウイングバックも下がって5バックのようになるものの、ボールを持った相手に前からプレッシャーをかける守備に切り替えたのだ。システム変更なら、3バックではめてボールの供給源である後ろでボールを上手く回して攻撃的に行けると思った。

他の選手や僕が感じていたフォーメーション変更の必要性を森保監督はピッチ上に反映してくれた。

負ければグループリーグ敗退の可能性が高まるワールドカップ初戦の試合後半に、チーム結成以来、実戦で長い時間プレーしたことがなかったフォーメーションに変更したのだ。

この森保監督の采配により、日本代表は攻めの意識も高まり、リズムも良くなって後半になって流れはガラリと変わった。

ドイツ代表戦の逆転を呼んだ「高いポジショニング」と「立ち位置」

ワールドカップ・カタール大会の組み合わせが決まると、日本には悲観論があふれた。ドイツ代表とスペイン代表という、優勝経験国と同じグループEに入ったからだ。ドイツ代表との初戦では早々に先制を許したが、日本代表は歴史的な逆転劇を演じる――。

前半の戦いぶりをベンチから見ていて、「ドイツはすごく強いな」と思っていたが、得点を許さなければチャンスはあると感じていた。前半33分にPKでキッカーのギュンドアン選手（現マンチェスター・シティ＝イングランド）に1点を決められたが、2点目を与えなければ流れは変えられると考えていた。

ついに後半12分、僕の出番がやってきた。長友選手と交代し、5人で形成する中盤の左サイド、左ウイングバックのポジションに入った。Jリーグまでは経験がなかったが、ヨーロッパに渡り、ベルギーでは左ウイングバックとして起用されていたため不安はなかった。メンタル面のコントロールもしっかりとできていた。

1点返せば十分に勝機はあると思っていたが、逆にドイツ代表に2点目を取られたらそこで試合は終わってしまう――とも感じていた。そこで「試合への入り方だけは慎重にしよう」と、まずは前からのプレスも大事にし、攻守のバランスを誤らないようにした。実際には、点を取ること以上に失点しないことを考えていた。

そのため、90分間を通してゴールキーパーの権田修一選手が好セーブを続けてくれたことは大きかったと思う。守備陣が奮闘して、2点目を献上しなかったことが、逆転の土台になったことを忘れてはいけない。

「相手にボールを持たれる時間が長くなることは仕方ない」と、チームでは認識を共有していた。そのプランに沿って我慢できて、先制されても慌てなかったのは、吉田選手や長友選手、権田選手といったベテランの経験や統率力のおかげだったと思う。

そうした守備陣の支援に加え、高い位置からの「ハイプレスや守備」も必要だった。ベンチから見ていて、前半は特に3ラインの幅も広くなり、相手選手に個人でプレッシャーをかけるということができていなかった。日本のボール支配率が28%だったという点からも明らかなように、前半はドイツ代表にボールを完全に握られる展開が続いていた。

この試合を通じて、日本のパスの総数は261本とかなり少ないものだった。しかし、後半は「3バック」にシステムが変わったことも影響し、何よりも気持ちを切り替えて、球際に強く行くことで、それぞれが「ボールを持った相手に強くプレッシャーをかけにいく」ことができるようになった。

交代出場した僕も、左サイドで対峙する目の前の相手だけではなく、3バックの一角に入っていたニクラス・ズーレ選手（現ボルシア・ドルトムント＝ドイツ）にまでプレッシャーをかけにいった。高い位置からプレッシャーをかけ、さらに僕と同時に投入された浅野拓磨選手（現ボーフム＝ドイツ）や堂安律選手（現フライブルク＝ドイツ）といったスピード、勢いのある選手が次々と交代出場することで、ドイツ代表はボールをつなぐのではなく、日本の陣地である前線にロングボールを大きく蹴り出すようになった。そうなれば、僕たち日本代表としては攻撃に移りやすくなる。後半からは森保監督が言う「良い守備から良い攻撃につなげる」ことが実現できたと思う。

自分たちに流れがきていると感じた僕たちは、ボールを持った時には「高いポジション」を取って、僕は左サイドでウイング的に高い位置を取ることで「立ち位置」を利用して相手を押し下げ、他の選手たちに後ろのスペースを作ろうと考えていた。

こうして僕たちは徐々に押し込む時間が増えていき、後半30分に僕が左サイドからゴールエリア近くまでドリブルで切り込んで縦へのスルーパスをすると、それを受けた南野拓実選手（現モナコFC＝フランス）がシュート。ドイツ代表の守護神・ノイアー選手に一度は弾かれたものの、こぼれたボールを今度は堂安選手がゴール中央に左足で蹴り込んで同点に追いついた。

その瞬間、僕を含めて5人の日本選手がペナルティエリア内に入っていた。自分たちでボールをしっかりと保持し、少ないパス数でつなぐ速い攻撃からの日本の理想といえる得点シーンだったと思う。

後半38分にディフェンダーの板倉選手からのロングパスを受けた浅野選手が巧みなトラップで相手ディフェンダーと入れ替わり、ノイアー選手のニアサイドを抜く右足シュートでゴールし逆転できた。ワールドカップ優勝4回のドイツ代表相手に歴史的な逆転勝利をしたあの試合は、僕にとって生涯忘れられない一戦になると思っている。

鬼門となったコスタリカ代表戦……チーム内で起こっていたこと

ワールドカップ優勝経験国であるドイツ代表に歴史的な逆転勝利をしたことで、日本国内に広がっていた悲観論は吹き飛んだ。しかし、今度は第2戦のコスタリカ代表戦に向け、異様と言えるほどの楽観論が広がったのだ。もちろん、日本代表選手たちの思いにブレはなかったが、三笘はワールドカップの難しさを痛感させられる——。

ワールドカップ・カタール大会では、チーム内では試合の2日前に先発メンバーが発表されていた。第2戦のコスタリカ代表戦の先発メンバーは、ドイツ代表戦の2日後に発表され、初戦から5人が入れ替わるという積極的な「ターンオーバー制」が行われることになった。

森保監督は、当初から僕たち選手に話をしてくれていた通り、ワールドカップメンバーに選出された26人の選手全員に大きな信頼を寄せる方である。選手が入れ替わっても日本代表として高いレベルを保持し変わらぬ戦い方ができることは分かっていたため、全員自信はあった。

「僕にもスタメンの可能性はある」と思っていた。ただ、第2戦もベンチスタートになったことで、この大会での僕の役割を認識した。

僕ら日本代表が初戦でワールドカップ優勝経験国のドイツ代表に勝てたことは、〝死の組〟といわれるグループEを勝ち抜くためにはとても大きかった。だがその一方で、第2戦・コスタリカ代表戦への見えないプレッシャーや心理的な影響はあった。

もちろん、「第2戦で勝ってグループステージ突破を決めたい」と思っていた。ショートカウンターを得意とするコスタリカ代表との試合が始まると、僕たちがボールを保持する時間が長くなったため、「勝てる」という思いはさらに強くなっていった。ドイツ代表戦と打って変わり、この試合の日本のボール支配率は48％もあったそうだ。パス総数も575本に増えていた。

そんなドイツ代表戦とは正反対の展開に対し、僕らには、コスタリカ代表の引いて守る戦い方に対して「どこを狙って攻めていくのか」という共通理解が少し欠けていたのかもしれない。前半の途中から、ドイツ代表戦の後半から採用した3バックに布陣を変更したが、相手の守備をこじ開けるには至らなかった。

僕も後半17分に、山根選手との交代で出場。ポジションは、ドイツ代表戦と同じく左サイドのウイングバックだった。ピッチに立ってみると、結構気温が高いことが気になった。前半の試合開始から出場している選手は体力的にきつそうで、日本で応援観戦している方々にはなかなか伝わらない、疲労感がピッチ内にはあったのだ。

それでも全員、後半試合残り時間の間に「ここで1点取れれば楽になる」という思いは持っていた。僕もドリブル突破を複数回仕掛けたが、なかなか上手くいかなかった。

0－0のまま試合は進み、残り10分を切った頃に僕が相手に球際で負けたところからカウンターを受けて、自陣での不用意なパスミスから相手ディフェンダーのケイシェル・フジェル選手（現エレディアーノ＝コスタリカ）に献上した1点で、僕たちは敗れた。得点が欲しいという気持ちが強くなる分、チーム全体が前がかりになった裏を突かれたのだ。

「引き分けでOK」なのか「しっかり勝ちたい」のか、同点のまま時間が経つにつれて、チーム全体での意思統一が取れておらず、それぞれの選手の思いの違いがプレーに影響していった面もあると思う。ワールドカップの難しさを改めて知る一戦になった。

第2戦でコスタリカ代表に敗れたことで、グループステージ突破のシナリオは複雑になった。最終戦であるスペイン代表戦では僕たちの試合結果だけではなく、同時刻に行われる他会場の試合の行方も絡んでくるためだ。しかし、頭の中はすっきりしていた。

「こうなったら、やるしかない。ドイツ代表に勝てたのだから、スペイン代表にも必ず勝てるはずだ」「4年に一度のワールドカップで結果を出さないと日本のサッカーは変わらない」「結果で示さないといけない」と気持ちを切り替えられていたためだ。

コスタリカ代表戦は不甲斐ない結果に終わった。敗戦直後はチームも僕自身もメンタル的に落ち込んだが、次の日には「スペイン相手だろうと、勝つしかない」とポジティブ思考で前を向いて最終戦に目を向けた。選手同士でのミーティングも、何度も細かく行った。

食事会場でも録画されたスペイン代表の試合が常に流されていた。同じ5バックでも、フォーメーションは5‐4‐1がいいのか、5‐3‐2がいいのかなど、バルセロナの監督も務めた名将・ルイス・エンリケ監督率いる強敵のスペイン代表に勝つため、たくさん議論を重ねたのだ。

運命のスペイン代表戦「三笘の1ミリ」を生んだ「ゲームを読む力」

ワールドカップが始まると、日本中が日本代表一色に染まっていった。コスタリカ代表との痛恨の敗戦により、グループステージ突破が懸かる世紀の大一番・無敵艦隊スペイン代表との運命の一戦に誰もが固唾をのんだ。この試合で、世界が驚愕した「三笘の1ミリ」が生まれる——。

今思えば、スペイン代表戦を前に入念な準備をできたことが逆転勝利につながり、僕自身も日本サッカー史に残る歴史的なゴールに絡むことができたのだと思っている。

試合は開始早々に案の定、東京オリンピックでも苦しめられたエース・ペドリ選手（現バルセロナ＝スペイン）擁する世界トップクラスの強豪であるスペイン代表に、伝統的な細かいパスサッカーで押し込まれる展開となった。そして、保持率80％以上のボール支配をされ、前半11分にアルバロ・モラタ選手（現アトレティコ・マドリード＝スペイン）にヘディングで先制点を奪われることになった。それでも、森保監督が掲げる「良い守備から良い攻撃に移る」という僕たちの戦い方がブレることはなかった。

森保監督は前半をしっかりと守って0‐0の同点か、0‐1の1点差で折り返し、後半に勝負するゲームプランを考えていた。反撃を開始した後半3分に堂安律選手の左足の豪快なミドルシュートで同点に追いつくことができた。

その後の後半6分、ゴールキーパーの権田選手がフリーキックを蹴った時、僕は左サイドに高い位置を取っていた。僕がいるのとは逆の右サイドへと速いボールが展開されていったが、「右サイドでボールを失ったら、すぐに切り替えて自陣に戻って守備をしよう」と、自分がすべきことを考え続けていた。

守りも気にする一方で、「右サイドでボールが上手くつながったら、ゴール前に入っていこう」とゴールも意識しながら、自分が取るべきポジションを考えた。そして、右サイドで堂安選手にボールが入った瞬間、僕は動き始めた。

ボールがあるのとは反対側の左サイドにいた僕には、マークがついていなかった。走りながら、フリーのままでゴール前に入っていけば決められる――と、自分でゴールすることをイメージしていた。

僕と同じように1トップの前田大然選手がエリア内に侵入しており、僕よりもゴールに近い位置に入っていた。「これは触れそうもないな」――。しっかりと冷静にピッチ全体が俯瞰的視野で把握できていたため、堂安選手がクロスを入れた瞬間、前田選手がボールに触るのは無理だと判断。同時に、「このボールに触れるのは、僕しかいない」と直感した。

思ったよりも球足が速かったため、少しだけ走るコースを変更し、ボールに触れられる最短距離を走った。クロスを入れるための足の振りが大きくなると、そのわずかな時間でゴールラインを割ってしまう。そう考えた僕は、足を伸ばすにも最短距離を選択。視界はクリアだった。ゴール前にはまだ誰も入っていなかったが、相手ゴールキーパーのウナイ・シモン選手（現ビルバオ＝スペイン）が体を倒してコースを消そうとしているのと、前田選手のスライディングが届かないことが分かった。

「折り返せば何か起こる――」

あれほど上手くボールが弾むとは思っていなかった。ピッチが少し滑りやすくて、上手く回転がかかったせいかもしれない。

ゴール前に走り込み詰めていた田中碧選手が、僕の折り返しを体で押し込むように右足で合わせた。

際どいプレーだったため、すぐに映像判定のＶＡＲ（ビデオ・アシスタント・レフェリー）が用いられて、しばらく試合がストップした。ただ、僕には「出ていない」という自信があったため、森保監督にもそう告げたのだが試合後に見直すとかなりギリギリだったことが分かった。

あのラストパスは「三笘の１ミリ」などと言われて、ボールを蹴った瞬間ばかりに焦点が当てられているが、僕が考える成功のポイントは違うところにある。

川崎フロンターレでは僕は左ウイングとして起用されていた。Ｊリーグ時代の僕を見ていた方は左サイドに張ってドリブルをしていたという印象が強いと思うが、鬼木達監督からは「右サイドからクロスが入る時には、必ずゴール前に入っていくこと」と、念を押されていた。そのため、「１ミリ」の場面で堂安選手がボールを持った瞬間、自然と「ゴール前に入らなきゃ」と直感的に予知して考えた。フロンターレ時代からの積み重ねの賜物だった。

僕は常々、練習でできないことは試合ではできないと考え練習をしてきた。このゴールライン際でのセンタリングをするプレーが無意識のうちに習慣化されたことが、大一番のスペイン戦での〝三笘の１ミリ〟のプレーにつながったのだと思う。

スペイン代表戦でのポジションは左ウイングバックで、左ウイングよりも低い位置を取っていた。そのため、ゴール前に入るには、左ウイングよりも早く判断して、動き出さなければならない。その「プレーを予測する力」「ゲームを読む力」があったから、ほんの１秒だけだが、早い動き出しにつながったのだと思う。自分のプレーを完遂するまで、頭の回転は途切れなかった。プレーの流れやゲーム全体の動きを読んで予測する力が、改めてサッカーでは大きな違いを生むのだと思えた瞬間だった。

「三笘の1ミリ」で日本の多くの方々に伝えたい本当のこと「あきらめないメンタル力」と「ボールを運ぶ力」

世界中で報道された「三笘の1ミリ」の影響力は大きかった。多くのメディアがこのプレーを大きく取り上げ、日本中の人々がその神業に酔いしれた。だが、三笘は「単なるワンプレー」と意に介さない。本当に重要なものは別のところにあるからだ——。

「三笘の1ミリ」は日本のみならず、世界中で大きな話題になった。この僕のプレーを通じて、子供たちへのサッカー指導の現場では、ボールがゴールラインを割るまで、最後の最後までボールを粘り強く追いかけるよう「あきらめない気持ち」が強調されるようになったと聞いた。

それほどの影響を及ぼすとは僕自身想像もしなかったが、たったひとつのプレーで子供たちや多くの人の考え方を変えられるのがワールドカップなのだと思う。僕も「日本代表の選手としてプレーする覚悟を持ち続けなければいけない」と、気持ちを新たに引き締めた。

ただ、サッカーを学んでいる子供たちには「あきらめない気持ち」はもちろんだが、将来ワールドカップに出て活躍するような選手になるために、前述した選手個々人の「プレーを予測する力」や「ゲームを読む力」、そしてこの2つの力だけでなく、サッカーではポジショニングと呼ばれる「立ち位置」の重要性、チーム全体での「ボールの運び方」にも目を向けてほしいと思う。

スペイン戦の2点目は、本来ならばあそこで足を伸ばさなくてもいい状況を作り出すことが大事なのである。さらにさかのぼって考えれば、伊東選手—田中選手—堂安選手とつなぎ、堂安選手がセンタリングをし、僕よりゴールに近い位置にいた前田選手の足がボールに先に触れれば良かったわけだし、僕がもっと早くゴール前に入って左足インサイドで正確に流し込めれば、ゴールが決まる可能性はより高まったはずだ。どんな場面でも大事なのは、「サッカーをトータルとして考えること」「プレーが成功する確率を上げていくこと」だと思う。

あきらめずに頑張ったけれどダメだった——ということになっては成長は望めない。「1ミリ」のインパクトが強いことは理解できるが、僕はこのプレーを通じてサッカーという競技の本質を理解してもらうほうが重要だと思う。ただ、あのプレーが日本のサッカー関係者の方々だけでなく、サッカーをやらない子供たちや若者たちなど多くの人たちに勇気を与えたのならば本望だし、僕は人生は誰でもあきらめない力で変えられると思っている。僕自身、これからも1ミリでもチャンスがあればサッカー選手としても、また一人の人間としてもあきらめない努力を続けたいと思う。

惜敗した決勝トーナメント・クロアチア代表戦

ワールドカップ・カタール大会で、日本代表は目標としていた「ベスト8以上」に、あと一歩まで迫った。4年前に行われたワールドカップ・ロシア大会で準優勝したクロアチア代表が相手の決勝トーナメント1回戦で、僅差で敗れた三笘は大きな課題を感じていた。

日本代表は史上初となる2大会連続での決勝トーナメント進出を決めたものの、クロアチア代表戦の結果は、残念なものになった。僕自身、グループステージ3試合を戦い、高強度の連続でスペイン代表戦ほどにはなかなか動けず、もっとうまくコンディションを上げられたのではと悔しく思っている。この試合でも切り札として期待されたにもかかわらず、自分の力で流れを呼び込めず交代選手としての役割を果たせなかったと感じた。前半43分に前田選手が先制点を挙げたものの、後半10分にペリシッチ選手（現トッテナム＝イングランド）にヘディングシュートで1点を返されてしまったタイミングの後半19分に投入されたため、「失点してはいけない」という考えが強くなりすぎていたのかもしれない。

高い位置でボールを受ける機会も少なく、ウイングバックとしてはポジションが少し下がりすぎていたため、リスクを冒した大胆な攻撃ができなかった。

延長戦前半終了間際の15分には、自陣からドリブルでボールを運び、相手のゴール前まで切り込んでいき、シュートを打つことはできた。選択肢を考えながらボールを運んでいたのだが、意外にもプレッシャーをあまりかけられなかったため、そのままドリブルで突進した。

ペナルティエリアの手前では浅野選手が斜めに走って相手を引きつけてくれたため、空いたスペースを活用して右足でシュートを打った。相手ゴールキーパーのリヴァコヴィッチ選手（現NKディナモ・ザグレブ＝クロアチア）に弾き出されたが、長い距離を走った後であったため、際どいコースを狙うほどの余裕は自分にはなかった。この試合での日本代表の枠内シュート数は4本に止まることになった。

他にも、「フィジカルの能力」や「大舞台での経験」が足りなかった。前述した通り、ワールドカップの試合は強度が高く、出場してみないと分からない疲労感がある。日本代表として本気でベスト8以上を狙うなら、4戦目以降にギアをもう1つ上げられるようにならなければいけないと学んだ。

ＰＫ失敗……森保監督と「涙の抱擁」で語り合ったこと

クロアチア代表との決勝トーナメントでの日本代表のＰＫ戦負けは、議論を呼んだ。ＰＫのキッカーを監督である森保監督が選ぶのではなく、選手間の立候補制にしたからだ。２人目のキッカーに名乗り出た三笘のキックは、惜しくもゴールキーパーに防がれた。敗戦に涙を流す三笘の胸中には、さまざまな思いが交錯していた――。

ＰＫ戦では、自分でキッカーに立候補した。途中出場だったため、他の選手よりもフレッシュな状態だったし、試合前日にもＰＫを練習して決めていたため、良いフィーリングはあった。相手のキーパー・リヴァコヴィッチ選手に目を向けず、とにかく思い切りゴール左目がけて蹴った。

しかし、ＰＫはゴールキーパーに弾かれ、チームは敗退。ワールドカップが終わってしばらくは、このシーンばかりを寝る前に思い出すようになった。あの悪夢のＰＫ失敗場面を思い出して寝られない時期もあった。試合のハイライトでもＰＫ失敗の場面を映し出されることが多く、僕の意識からもなかなか消えてくれなかった。森保監督は試合後のインタビューで「ＰＫにももっとディテールが必要だった」と語っていた。

敗退が決まった直後、ピッチで森保監督に声をかけられ抱擁された。後から振り返って「泣きすぎたな」と思うほど号泣していたので全部覚えているわけではない。だが、「この経験を無駄にしてはいけない」という言葉を記憶している。

森保監督は東京オリンピックに臨むチームも兼任で率いていたため、僕は大学生の頃から見てもらっていた。筑波大学時代にＵ‐21代表に呼んでもらい、初めて日本代表のユニフォームに袖を通したのも森保監督が呼んでくれたためだ。森保監督がいたからこそ、ワールドカップで戦うことができたと思う。僕がプロになってからも、信頼を寄せ続けてくださり、感謝の思いしかない。

もし僕がＰＫを蹴らずにチームが負けていたら、また違う悔しさがあったと思う。クロアチア代表戦でＰＫを蹴った経験が僕にとって良かったのかどうかは、今はまだ大きな責任とチームに迷惑をかけたとの思いがあり、分からない。ただ、「良い経験だった」と振り返れる日が来るように、このまま終わるのではなく、今後の糧にしていかなければならないと思う。

日の丸を背負い共に戦う仲間の大切さ

三笘は小学校時代から川崎フロンターレU‐18まで、田中碧選手とずっと同じチームでプレーしてきた。同じさぎぬまSC出身ということもあり〝鷺沼兄弟〟とも呼ばれた、幼なじみと戦ったワールドカップの胸中とは――。

スペイン代表戦で決勝点が決まった後、田中選手はすごく喜んでベンチに走っていった。僕もそうしようかなと思ったのだが、「次のプレーに頭を切り替えなきゃ」と思い自重した。小学校に入ったばかりの頃から地元のさぎぬまＳＣで一緒だった僕たちだが、キャラクターは随分違うものだなと、昔を懐かしく思い出した。

田中選手は昔から明るくひょうきんな性格で、一方の僕は強豪のスペイン代表相手にアシストを決めても「まだ2‐1だぞ」と、気を緩めることなく冷静に考えるタイプ。大人になっても、お互いに子供の頃から変わらない一面が見えたと思う。

ただ、クロアチア代表戦でPKを外した後、僕に歩み寄りずっと僕の肩に手を回して隣にいてくれたのが田中選手だった。僕は日本代表の勝利を信じ、ただただ祈るばかりだったが、田中選手はあえて何も言わずただただそばにいてくれた。そういう気配りができるのも彼の素晴らしいところだと思う。

田中選手とは川崎フロンターレのU‐18を卒業するまで、ずっと同じチームでプレーしていた。僕は筑波大学に進学し、1年後輩の田中選手はそのままトップチームに昇格。大学で自分を磨いている間も、「碧には負けられない」と、プロの世界で活躍する彼の姿を成長の刺激に変えてきた。そんな田中選手と一緒にワールドカップの舞台に立てたのは、本当に嬉しく思う。

ワールドカップ「ベスト8以上」実現のために必要なのは「ボールを握るサッカー」と「個の力」

ワールドカップで、笑顔で大会を去ることができるのは優勝したチームだけである。三笘も最後は涙を流したが、すでに視線は前を向いている。新たな一歩を踏み出すためのビジョンが、三笘の中には見えていた――。

ワールドカップを経験して、強豪と呼ばれる国と同じようなボール保持率を高める戦い方をしなければ、ベスト16を超えてベスト8以上へと勝ち上がっていくことはできないと感じた。

端的には、自分たちでボールと主導権を握るサッカーをする必要があると思う。森保監督も大会後にインタビューで、「さらに上に行くためには戦術でもっと多くのプランを持つべきだ」と語っていた。

今まで日本代表はワールドカップ7大会で25試合を戦い、パス総数350本以下の守りを重視したカウンターサッカーでは5勝2分。それに対し、350本以上のボールを握るサッカーでは2勝6分10敗となっているそうだ。いかに強豪国相手のワールドカップで、日本代表がボールを握るサッカーで勝利することが難しいかが分かると思う。しかし、このままではいけない。さらに高みに行くために、日本にしかできない「ボールを握るサッカー」を確立しなければならないと思う。

サッカー界でよく言う「ボールを握るサッカー」は、相手ゴールから一番遠いところにいるゴールキーパーから始まる。このボールを握るサッカーでは、ボールを動かしてプレーを組み立てるビルドアップ能力が、フィールドプレーヤーだけではなくゴールキーパーにも必要になってくる。後方で数的優位の状況を作っていくことで、中盤の選手やフォワードの選手など、前線でフリーの状態でボールを受けられる選手が出てくるためだ。

僕自身、現在はブライトンという非常に戦術的なチームで、いかにして「ボールを握るサッカー」を実現するかを学んでいる。本当に細かなこと、ボールの受け方や体の向き、ボールを持っていない時の立ち位置ひとつで、サッカーは大きく変わってくる。僕自身最近、特に立ち位置によってサッカーが変わるなと、その重要さを認識し始めた。そういう知識とそれを体現する技術を持った選手が、一人ひとりの動きのバリエーションを共有できれば、「ボールを握れるチーム」ができ上がっていくはずである。

僕個人の能力は、世界中から名手が集まるイングランドのプレミアリーグではまだ真ん中にも届かないと思う。僕も、このリーグでチャレンジを重ね、ドリブルだけでなくパスやシュートなどあらゆる能力を伸ばしていかなければいけないと感じている。

ただ、高い技術を持った選手は突然現れるわけではない。各国の幼少期からの育成の成否が、その国のトップチームである代表選手の力として表現されているのだと思う。次の2026年ワールドカップ・北中米大会には、日本代表でも東京オリンピック世代よりも若い選手たちが出てくるだろう。長い時間をかけて育んできた日本サッカーの力が、4年後のワールドカップの舞台で試されるのだ。その積み重ねこそが、日本代表をさらなる景色や高みに押し上げてくれると信じている。僕も歴史を作れるように努力していきたい。

ワールドカップ決勝で対峙した〝2人の天才〟に学ぶこと
メッシ選手の「重心を崩すドリブル技術」とエムバペ選手の「体の使い方」

ワールドカップ・カタール大会の決勝は、サッカー界の新旧2大エースの直接対決ということもあり、視聴者数15億人と世界中で注目が集まった。アルゼンチン代表のリオネル・メッシ選手と、フランス代表キリアン・エムバペ選手は世界中のサッカーファンを魅了した。〝2人の天才〟から三笘が学び取ったものとは——。

僕たち日本代表は決勝トーナメントの1回戦、ラウンド16でクロアチア代表に敗れ、敗退してしまったが、僕はワールドカップ・カタール大会を見続けた。

ワールドカップ2度の優勝を誇るアルゼンチン代表と、同じくワールドカップ2度の優勝を誇るフランス代表による決勝は、試合前からどちらが勝ってもおかしくないと言われ、両エースであるリオネル・メッシ選手とキリアン・エムバペ選手（現パリ・サン＝ジェルマン＝フランス）がそれぞれ2得点とハットトリックを決めるなど、延長戦でも決着がつかずPK戦までもつれ込んだ。そして、このPK戦を4-2でアルゼンチンが制し、見事優勝を果たした。

このアルゼンチン代表を36年ぶり3度目となるワールドカップ優勝に導き、大会MVPに選ばれたメッシ選手は、最後にはしっかりと冷静にPKを決め、相手ゴールキーパーのウーゴ・ロリス選手（現トッテナム＝イングランド）とのマインドゲームを制したが、カタール大会でのポーランド代表戦とのPKは外している。グループステージでのポーランド代表戦で失敗したわけだが、メッシ選手はその時は思い切り蹴って、ゴールキーパーに弾き出されていた。クロアチア代表戦での僕と同じである。

それでも、メッシ選手は自らの代表選手としてのキャリアにピリオドを打つかもしれない決勝トーナメントの大舞台でPKを蹴り続けた。ただ、ポーランド代表戦での失敗以降は相手のキーパーをよく見る蹴り方に修正し、決勝戦を含めてすべてのPKを成功させていた。

メッシ選手は5大会連続でワールドカップに出続けている。大会期間中にPKの蹴り方を変えられる能力だけでも、「大舞台への慣れ」が全然違うと感じた。僕はクロアチア代表戦の前日から、「PKになったら左に強く蹴ろう」と決めていた。言わば決め打ちだったが、メッシ選手はワールドカップという大舞台で臨機応変に変えられる「修正能力」や「メンタル」を備えていたのだ。選手として、その差はまだまだとても大きいと感じている。

メッシ選手のドリブルもとても勉強になった。使うのはほとんど利き足の左足。ただしボールタッチはしないが時折、右足も上手く使っており、相手の重心を移動させるためのフェイントをかけている。普通はボール自体を動かすことで相手の重心をずらそうとするものだが、メッシ選手はボールを同じ場所に置いたまま、自分の体を動かして相手の逆を突いている。そして、細かいタッチと1歩目の驚異的なスピードで相手を抜き去っていた。僕も体を先に動かしドリブルしている時は抜きやすい印象で、ボールを先に動かそうとした時は、やはり相手にも読まれ、止められることが多いと感じている。

メッシ選手の自信は、ドリブルで相手を背負った時や抜き去る場面で「いつも同じようなプレーをする」ことからもうかがえる。相手が分かっていても、「自分の形に持ち込めば抜ける」という自信があるのだと思う。僕も「再現性の高いドリブル」をしようとしているが、メッシ選手のようにどんな場面でも自信をもって自分の形にもっていけるようにしていきたいと思う。

一方、決勝でハットトリックを決めたフランス代表のエース、エムバペ選手もすごいドリブラーである。ただし、メッシ選手とはタイプが全然違う。あのエムバペ選手のドリブルは、まさに最高峰のテクニックとフィジカルの融合。メッシ選手と同じような細かいタッチと重心移動ができるうえ、蹴って走るだけでも勝ててしまうフィジカルを備えているのだ。世界の名だたるどんなディフェンダーが来ても、もはや「鬼に金棒」だ。

エムバペ選手も、再現性の高いドリブルをするが、多く見せるのは、「ボールをまたぐドリブル」やキックフェイント。僕は最近、体の使い方を勉強しているため、エムバペ選手の重心の高さや移動の仕方は、すごく参考になる。速い選手はなぜ速いのか。それは体の使い方に色々なヒントが隠されていると思う。

僕の体の特性もあるため、エムバペ選手のようなハイスピードを身につけることは難しいかもしれない。しかし、自分の武器であるドリブルにおいてまだまだバリエーションを増やし、高い目標を追い続けていきたいと思う。

2026年ワールドカップ・北中米大会に向け「4年間でやるべき課題」未来の日本代表を目指す選手たちに知ってほしい3つのこと

次回のワールドカップ・北中米大会はアメリカとカナダ、メキシコによる3か国共催で、2026年に行われる。先のことにも思えるが、開催までにすべき課題や取り組みは多い。日本代表がベスト16以上の結果を残すためのロードマップが、三笘の目には映っていた——。すでに第2次森保ジャパンが発足し、スタートしている。


次のワールドカップが開催される3年後の2026年、僕は29歳になる。国際親善試合・ウルグアイ代表戦、コロンビア代表戦では先発出場することができ、コロンビア代表戦ではヘディングシュートを決めることができた。ただ、自分の持ち味であるドリブルなどもっと出せたと思うし、自分の武器を常に自信を持って出せる選手でいなければいけないと思っている。

サッカーの選手寿命は決して長くはない。30歳になる前に引退する選手もいるし、大ケガで突然引退を余儀なくされる可能性もある。何が起こるか分からない本当に厳しい世界だからこそ、僕は常に「この試合が人生を変えるかもしれない」と思って試合に臨んでいる。そういう気持ちで挑むからこそ結果が出ると思って、戦っている。

だから当然、ワールドカップは次の北中米大会がラストチャンスだと思って挑む必要がある。僕自身、フィジカル的な能力がピークに達するのはその頃ではないかと思っている。

高強度のプレミアリーグで戦うようになって1年目でベスト16だったため、この世界最高峰のリーグで4年間しっかりと戦ってフィジカルの強さを身につければ、前回とは違う大会になる可能性があるはずだ。

それまでにどんな逆境にも耐えられる選手になりたいし、自分が最初から試合に出て、チームを全部勝たせる日本代表の中心選手になりたいと考えている。今度こそ、自らの力で歴史を塗り替えたい。「個」の成長がチーム力の向上にきっとつながるため、この4年周期のワールドカップ大会は、僕自身にとって成長への大きなモチベーションになってくれている。

前述した通り、カタール大会敗退が決まった後、自らのPK失敗によりベスト16で敗戦をしたこともあり、悔しい思いはなかなか晴れなかった。一方で、4大会もワールドカップに出場した長友選手が「もう一回出たい」とワールドカップ出場への熱い思いを口にする気持ちも、よく分かった。それぐらいワールドカップは大きな大会であり、全サッカー選手にとって憧れの場所なのだと感じた。

敗れはしたが、僕たち日本代表の戦いぶりを見てくれた子供たちも、将来自分もワールドカップに出場したいと夢見てくれたと思う。僕が今回ワールドカップ・カタール大会に出場する20年前、2002年日韓大会で初めてワールドカップを見て胸を躍らせ、将来日本代表選手になりたいと思った時もそうだった。

しかし、ワールドカップだけを目標にする必要はない。あの大きな夢舞台に立つには、毎日の愚直な努力と成長が必要である。ワールドカップこそまさに選手にとって、日々の積み重ねが実証される舞台だと、カタール大会で実感した。

ワールドカップ・カタール大会で僕が得た学びを胸に成長していく。

ワールドカップの特別感から学んだ「誰かのために戦う心」と「無意識を習慣化する」

「無意識の習慣化」——。繰り返し練習して、無意識に体が動くようになることだ。スペイン代表戦での決勝アシストは、その体現だった。多くの人に感動を届けたワンプレーが、その気づきになることを三笘は願っている。


ワールドカップでしか得られない学びや経験——。さらには、人と喜怒哀楽をこんなにも共有できるということも知った。これだけ人の心を動かせる4年に1度の特別な大会は他にない。ワールドカップはやはり、唯一無二の大会なのだ。

小さい頃から、誰もが「自分が上手になるため」にサッカーをやっていると思う。それも良いことではあるのだが、大きな力を出せるのは「誰かのために」という思いがある時。ファンであれ、チームメイトであれ、家族であれ、「誰かのために勝利に貢献したい」とか「誰かを感動させたい」という思いは、自分を動かす大きなエネルギーに変換されるはずだ。

チームを勝たせる——子供の頃から、そのために僕はサッカーの技術を磨いてきた。先にも述べたが、右サイドで仲間がボールを持てば、必ずゴール前に入るように意識しなくても体が動く「無意識の習慣化」が、あの場面でも出ていたのだと思う。

それができたのも、一試合一試合を大事にして意識して体を動かす経験を何度も何度も長い期間にわたり重ねたためだ。僕が「あのプレーを単なるワンプレー」だと考えるのは、こうしたそれまでに重ねてきた日々の見えない努力のほうがずっと大事だと思うからである。

オリンピック「メキシコ代表戦」とワールドカップ「クロアチア代表戦」の敗北
「悔しさ」からリカバリーするための「メンタルコントロール術」

常に頭でクレバーに考え続け、冷静に理論を重んじる三笘でも、感情がほとばしることがある。ワールドカップ・カタール大会敗退が決まった瞬間の号泣は、三笘の中のエネルギーを枯渇させた。だが、次へ進むためのメンタルの準備も、フィジカル強化と同じく「回復」という自分を強化するサイクルの重要な一部である。

東京オリンピックではメキシコ代表との3位決定戦が、ワールドカップ・カタール大会ではラウンド

16のクロアチア代表戦が、大会最後の試合になった。どちらも最後は悔しい思いをしたため、すぐには「さあ、またサッカーをやろう」という気持ちにはなれなかった。

そういう時には、しっかりと心と体を休めるようにしている。休息を積極的に取ることで、エネルギーが出て、心も体も回復してくれば自然とサッカーをしたいという気持ちが湧いてくる。

あれほどサッカー人生をかけた大舞台で負けた悔しさは、なかなか消えるものではない。しかし、ネガティブな思いを抱え続けているのはメンタル的にはよくない。

そのため、あえて「自分にまだ足りないことがある」「まだ自分には伸びしろがある」とポジティブに切り替え、次の飛躍に向けた新たなチャレンジに向かうステージへと進むようにした。

「終わり良ければすべて良し」と言うが、オリンピックやワールドカップが終わっても、それはひとつの大会が終了したにすぎない。

そこからまた新しいことにトライやチャレンジをして、毎日愚直な努力の末に成功に持っていける選手が偉大な選手になれると思う。

失敗は〝未来のゴール〟に至るまでの過程でしかない。失敗を活かし自分をコントロールできるかは、サッカーをやられている方だけでなく多くの方々にとってとても重要なことであると思う。

すべては自分次第なのだ。ワールドカップ・カタール大会での悔し涙は、すでに僕のエネルギーに変わっている――。

第5章「メソッド」のまとめ

◆〝三笘の1ミリ〟が生まれた3つの理由

・右サイドで仲間がボールを持てば、必ずゴール前に入るように練習から徹底していた。

・逆サイドの状況もしっかりと把握し、プレーを予測した。

・最後まで常にあきらめない気持ちを持っていた。

◆「個の力」と「ボールを握るサッカー」とは……世界の強豪と肩を並べるため、ベスト16の壁を突破するためには、ボール保持率を高め、日本にしかできない「ボールを握るサッカー」を作る必要がある。そのためには、個々のビルドアップ能力やボールの受け方、立ち位置などをレベルアップする必要がある。その一方で、高い技術を持った選手は突然現れない。育成年代の成否が重要となる。

◆「無意識を習慣化する」……練習している動きが、無意識でもできるようになるまで繰り返し練習すること。それは自分がボールを持っている時のプレーだけでなく、ピッチ上の状況に応じた、最適な動きができるようになることも含まれる。いつでも行うことができる再現性のあるプレーこそが、武器になるのだ。

第6章 ―― ベルギーリーグ ロイヤル・ユニオン・サン＝ジロワーズ

〜〝世界基準〟のサッカーに勝つ「エゴの活かし方」
「上昇志向メンタル」「背負うドリブル技術」〜

「ブライトン」移籍を決断した理由

プロ入りして約1年半後、三笘は川崎フロンターレを離れた。念願だった海外への挑戦権を勝ち取ったのだ。2021年8月、三笘はプレミアリーグの古豪・ブライトンへの完全移籍を決めるが、他の海外クラブからも誘いはあったという。移籍金は日本代表を経験していないJリーグ出身選手としては史上最高額とされる推定3億9000万円とも報じられた。複数あった選択肢から、どうして三笘はブライトンを選んだのか――。

僕はプロ契約を結ぶ前から川崎フロンターレのスカウトの方に、「できるだけ早く海外に行きたいです」と話していた。

そんな僕に、最初に声をかけてくれたのがイングランドのプレミアリーグに所属する「ブライトン・アンド・ホーヴ・アルビオンＦＣ」だった。

僕の希望は、プレミアリーグ（イングランド）やラ・リーガ（スペイン）、ブンデスリーガ（ドイツ）、セリエＡ（イタリア）、リーグ・アン（フランス）といった「欧州5大リーグ」に所属するレベルが高いクラブで挑戦することだった。

中でも、世界最高峰のプレミアリーグには強い関心があったため、他のクラブからもお話をいただいたが、最初に声をかけてくれたブライトンに完全移籍を決めた。

エージェントである関根さんと一緒にブライトンがどんなサッカーをするのか色々と調べてみて、「自分に合う」と感じたのも大きな理由だった。ブライトンはポゼッションの時間を長くするチームスタイルで、自分たちで主導権を握るサッカーを志向するチームだったので、自分の武器であるドリブルを活かしやすいと思ったのだ。もちろん、監督交代や新たに加入する選手の影響でチームスタイルが変わることはよくある話だ。このため、チームスタイルだけでブライトンを選んだわけではなかった。大学生の時にエージェントの関根さんを選んだ際と同じく、「相手の熱意」と最後は「自分の直感」を信じて決めたのを覚えている。

ホームタウンである「ブライトン・アンド・ホーヴ」がカモメが舞う海に面した美しい街だったことも、好印象だった。ロンドンの南約90㎞にある港町ブライトンは、冬の寒さが厳しいイギリスでは珍しく天候も良いこともリサーチした。

ただ、すぐにブライトンに合流できたわけではなかった。当時、僕はA代表の経験がなくイギリスの労働許可証がもらえなかったため、当時ベルギー1部リーグに昇格した「ロイヤル・ユニオン・サン＝ジロワーズ」へ期限付き移籍することになった。背番号は、川崎フロンターレ時代と同じ「18番」となった。

そうして、子供の頃からの夢だった海外挑戦がついに始まった――。こうして僕は自分の成長のため、自分に足りないものを求めにチャレンジしたいと思い海外移籍をしたのだ。この決断を尊重してくださった、U-12時代からお世話になった川崎フロンターレ、スタッフ、サポーター、そして共に戦ってきたチームメイトには本当に感謝をしている。

サン＝ジロワーズ「レンタル移籍」で感じた「日本との違い」
デビュー戦のヘンク戦で味わった「フィジカル」と「球際」の強度

三笘の海外移籍後の初出場はベルギー1部リーグとなった。言葉の壁、文化の違いに戸惑う中で、デビュー戦は当時、伊東純也選手が所属していたヘンク戦だった。そこで三笘は確かな手応えと同時に「世界の厳しさ」も体感する——。

ブライトンから期限付き移籍することになった際も、行き先の候補はいくつかあった。その中からベルギー1部リーグのロイヤル・ユニオン・サン＝ジロワーズに決めたのは、「1年後にブライトンに戻ってプレミアリーグで活躍する」という目標がはっきりしていたからだ。サン＝ジロワーズとブライトンは提携クラブなのでつながりが強く、期限付き移籍からブライトンに戻る際にスムーズだと思ったのだ。

サン＝ジロワーズに入団した僕の気持ちは1年後のプレミアリーグ復帰にあったが、ベルギーの国内リーグで活躍するのも容易ではないと分かっていた。チームは前年に2部リーグで優勝してフェリス・マッズ監督のもと、48年ぶりの1部リーグでの挑戦をスタートさせるところだったので士気も高まっていた。基本的なチームスタイルは堅守速攻のカウンター攻撃だった。

ベルギーでの生活をスタートさせてからは、色々な厳しさを感じた。まず感じたのは言葉の問題だ。チームには色々な国の選手がいて、英語やフランス語などさまざまな言語が使われていたが、日本語を話す選手は当然ながら僕だけだった。監督や他選手とのコミュニケーションに苦労して、「もっと早くから英語を勉強しておくべきだった」と痛感した。

また、日常の生活でもそうだが、サッカーに関しても「文化の違い」を感じた。日本人は何事にも真面目に細かく取り組むが、ヨーロッパでは練習でも試合でも選手たちの態度は日本とは随分違った。

日本では「和を重んじる」文化的背景からチームワークや協調性が重視されるが、海外にはそういう考え方はない。色々な国から選手が来て、それぞれの言語を話し、ピッチ上に立てば個々の戦いになる。時には練習中から、チームメイトであっても足を削ってボールを奪おうとすることもある。ただ、ピッチの内外、オンとオフをはっきり区別するので、トレーニングが終わった後に仲間への怒りを引きずることはない。こうした日本とヨーロッパのサッカーに関する文化の違いに直面して最初は戸惑いもあったが、僕は適応しようと努力した。目標はブライトンに復帰することだったので、「その準備や下地作りだと思ってすべてを受け入れる」という感覚でやっていた。

僕のサン＝ジロワーズでの初出場は、2021年9月12日のリーグ第7節、KRCヘンク戦だった。ヘンクには伊東純也選手が先発で出場しており、シュートを放つなどキレのある動きを見せていた。一方の僕はベンチスタート。試合は、味方のディフェンダーがペナルティエリア内でPKを取られて退場。PKを決められ先制されたうえ、一人少ない状況で戦うことになった。後半36分にピッチに立った僕は、持てる技術を出そうと全力を尽くした。

投入されてから3分後の後半39分には、フリーキックからの流れで、僕は左サイドでボールを受け、さっそく自分の武器であるドリブルでペナルティエリア内に侵入していった。川崎時代から出していた、キックフェイントと切り返しで相手を振り切り、縦にドリブルでボールを運び、タッチライン付近からゴール前の選手にマイナスのパスを出したが、残念ながらゴールとはならなかった。

試合はその後、後半アディショナルタイムに、現在はブライトンで同僚のデニズ・ウンダブ選手がコーナーキックからヘディングシュートを決め、同点で終わった。僕自身としては、短い時間ながらも、自分なりに手応えを感じることはできた。僕が入ってからチームのリズムを変えることもでき、チームは一人少ない状況ながら主導権を次第に握れるようになったからだ。そこから、試合終了直前のアディショナルタイムで同点に追いつくことができたので、試合の出来としては満足がいくものだった。

ただ、ベルギーリーグではマンツーマンが多く、攻撃でも守備でもスピードやタフさ、ダイナミックさなど、あらゆる「強さ」が日本とは違った。相手ディフェンダーは日本では考えられないほど、ガツガツと来たのを今でも覚えている。試合に出場して、個々の選手の「フィジカルの強さ」や「球際の強さ」を痛いほど肌で感じた。ブライトン復帰までの1年間で、フィジカルや球際の強度をもっと上げていかなければならないと自覚したヘンクとのデビュー戦でもあった。

「世界基準」のサッカーとは

三笘は子供の頃から海外サッカーを映像で見続けていたが、実際、ベルギーリーグに出場を果たすとヨーロッパと日本のサッカーの決定的な違いやJリーグの特殊性を目の当たりにする。「組織」よりも「個」で勝負する、その違いを受け入れなければ、世界最高峰のヨーロッパのリーグでは戦えない——。

ベルギーリーグでは、日本とヨーロッパの「サッカー自体の違い」も強く感じた。日本では選手が隙を作らないように正しい配置を取りながら、チームとしてブロックを敷いて守るといった組織的な戦い方を小さい頃から身につけさせられる。これはプロ選手になったJリーグでも同じだと思う。攻守にわたって相手より人数が多くなるよう、「数的優位」を作り続けるのが基本となっていると思う。

個人で守備をする場合でも、抜け出した相手を一人でなんとか止めるのではなく、まずは相手の進撃を遅らせる「ディレイ」の守備をして味方が援護に駆け付けてくれるのを待つことが多くある。攻撃はもちろん守備でも、個人が積極的な動きをするというよりは、「チームとしてどう戦うのか」という部分を大事にする傾向が強いと思っている。

一方、ヨーロッパのサッカーの考え方は日本とはまったく違った。選手のフィジカルの強さにも差はあるが、何よりも大きな違いは個人で「ボールを取りにいく」という意識だ。

もちろん、フォワードや中盤の選手など前線から高い位置でプレッシャーをかけにいくという守備は、日本のチームでも行っている。ただ、ヨーロッパではその「圧力」が比べ物にならないぐらい全然違うのだ。日本では組織的なプレーという観点から考えると、前線の選手がプレッシャーをかけにいったら、後方の選手も連動して、チームとして動かなければならない。しかし、そんな日本的な動きとは対照的に、ヨーロッパのサッカーでは、ディフェンダーなど後方の選手が1対1で相手選手をケアするマンツーマンのディフェンスにして、リスクが増しても個人で前線から「攻める守備」を選ぶ。この「1対1で勝てるか」の「個」と「個」の対決の重要性がヨーロッパのサッカーでは日本よりも強いのだ。

ただし、このヨーロッパのマンツーマンディフェンスでは勢いよくディフェンダーが相手のボールを奪いに出ると、その裏へボールを蹴られてピンチになることもある。そういう時には、急いで後ろに戻ってプレスバックで取り返すというリスク管理をしているが、日本のブロックを敷いて守るという組織的な戦い方ほど安全性は高くない。それでも、「やられてはいけない」「失点してはいけない」という考え方ではなく、ヨーロッパのサッカーでは「点を取ろう」「勝ちにいく」という1対1で競り勝って攻撃しようという意識のほうが強いのだ。そういうアグレッシブな考え方でダイナミックなサッカーを展開するのが、ヨーロッパのサッカー文化だと移籍してみて実感した。

日本で幼少期から組織的な戦い方で育った選手からすれば驚くこともあるかもしれないが「これが世界のサッカーでは当たり前なんだ」「世界基準のサッカーなんだ」ということをまずは理解する必要がある。そういう世界基準のサッカーでは、どうしても「1対1」で勝負する場面が多くなる。このデュエルは選手個人にかかる負担は増えるが、そこを打開すれば目の前のピッチ上には広大なスペースとビッグチャンスが待ち受けている。

リスクの裏には大きなチャンスがある――。1対1の勝負で勝利し、それをつかみ取りにいくのが世界のサッカーだ、と僕はこの時、違いを理解した。

「言葉の壁」を打ち破る「傾聴する力」と「主張する力」

サッカーという同じ競技なら言葉は要らない――と思うかもしれない。だが、実際ピッチ上ではそんなことはない。確かにプロの選手同士、プレーを通じて意図を伝えることも不可能ではない

が、英語などの共通語で練習中から相手に自分の考えを知ってもらっていたほうが、良いプレーにつながる。日本人は自分の意見を言うのが苦手とされるが、それではタフな欧州リーグでは生き残っていけないという――。

「コミュニケーション能力」はサッカー選手にとって大事な要素の一つで、海外に出るとその重要性はさらに増すと思う。自分がどういう考えを持っていて、どんなプレーをするのか他の選手たちに理解してもらえないと、試合でボールは回ってこない。

実際のプレーで示すこともできるが、上手くいかない時には、やはり実際に英語などの言葉を交わして理解し合う必要があると思う。いわばコミュニケーションは、「良いプレーをするための種をまく」作業なのだ。

しかし、僕は運が良いことにサン=ジロワーズでは初日の練習からインパクトを残すことができたので、言葉のコミュニケーションを取るよりもピッチ内でのプレーや表現、「アピール」に集中することができた。結果、ピッチ上での評価を得ることで他の選手たちとのコミュニケーションにつながった。

それでも、上手くいかないことは必ずあり、簡単な言葉でいいので仲間に「もっとこうして欲しい」とか「今のプレーは良かったよ」と伝えるようにしていた。海外クラブでは他選手の意見に耳を傾け、プレーを褒めてあげると、後々、自分がやりやすい形でボールが来るようになることがあると知った。プレミアリーグのレスター・シティにも所属していたことのある、岡崎慎司選手（現シント=トロイデン=ベルギー）はよく選手たちの話を聞きに、食事に出かけていたという。

また、周囲の意見を聞きつつも、一番大事なことは自分の思いもきちんと主張することだ。チームメイトや監督の言うことを聞くのは大切なことだが、従順すぎるのは日本とは逆で自分の評価を下げることにもつながる。

日本人を含めたアジア人は、何でもニコニコしながら受け入れることが多い印象がある。しかし、ヨーロッパ各国の厳しいサッカーリーグではあまりにそういう態度が続くと、「こいつは何も考えていないんじゃないか」と思われかねない。ヨーロッパや南米の選手たちは自分の考えをしっかりと主張するため、僕たち日本人のように逆に何も言わないと意見を持っていないとみなされて、次第に居場所がなくなっていくのだ。

信頼を勝ち取りレギュラーの座を奪い取るには、時にはピッチ内でケンカも辞さない覚悟が必要だ。僕自身、ベルギーに移籍してから、ベンチ要員でいる間は特に感情を出すようにしていたし、「ここには戦いに来ているんだ」ということを態度で示すようにしていた。そうしないと、周りのチームメイトから相手にされなくなってしまう。

たとえ監督が相手でも意見を伝えることは必要だ。もちろん自分のプレーが悪い時に批判されたら、改善するための糧にしなければならない。ただし自分のプレーが正しい時には、「上手くできなかったが、こういう意図を持ってプレーしていた」と伝えるだけで、監督も単なる失敗としては片付けられなくなると思っている。川崎フロンターレの下部組織時代から行ってきた自分の意見をしっかりと言う「プレーの言語化」の習慣が、役に立ったことの一つかもしれない。

監督や選手の意見に耳を傾けたり、従順になりすぎないように自分の意見をしっかりと監督や選手に伝えたり、さまざまな形でコミュニケーションを取りながら、自分のチーム内での居場所を作っていく。それがヨーロッパ各国の厳しいサッカーリーグで生き残っていくためには不可欠だと思う。

海外クラブで求められる「上昇志向」と「見つけてもらう力」

長らく〝終身雇用〟を基本とする日本企業では、若手社員が「ステップアップ」をする意識は希薄であるとされる。しかし、欧州のサッカーリーグでは「上昇志向」がないと通用しないという――。

ゴールやアシストを決めた選手にスポットライトが当てられるのは、日本のJリーグでも世界のサッカーリーグでも同じだと思う。ただ、ヨーロッパのサッカーリーグでは特にその傾向が強く、起点となるプレーももちろん評価されるが、それ以上に、ゴールやアシストなどの数字を残した選手のほうが高い評価を得る。

だから、ヨーロッパの選手たちは10代の選手であっても皆、結果を出すことに貪欲なのだ。それは「ステップアップ」志向の違いからきているのだと思う。

日本の選手がヨーロッパでプレーする場合、「海外に行く」と表現するように、海を越える大きな一歩を踏み出すイメージが強くある。一方、ヨーロッパではまだビッグクラブに在籍していない選手たちは、次から次へと各国リーグを移籍し続けてステップアップを繰り返していく。

イングランド、ドイツ、フランス、スペイン、イタリアのトップリーグがヨーロッパの「5大リーグ」と呼ばれるが、こうした国のリーグが頂点にあるのは、ヒエラルキーを支える下位リーグの国々があるからだ。

下位リーグの選手であっても、良い選手であればどんどん上位リーグから誘いの声がかかる。攻撃の選手であればゴールやアシストを重ねることで、いきなり人生を変えることができるのだ。僕がヨーロッパでの第一歩を踏み出したベルギーリーグは、典型的なステップアップの場だった。世界中から集まった選手たちはとにかく上昇志向が強く、どうにかして得点やアシストをすることで目立って上のリーグへ登っていこうとする貪欲さやメンタルにあふれていた。

日本で活躍して海外に行きたいと思っているJリーグなどの日本人選手はたくさんいるが、どうしても日本という国の中で、あるいは所属チーム内というドメスティックな視点で自分の立ち位置を考えがちだと思う。これは文化的な面や環境的な面もあると思う。

一方、こうした世界中から集まった上昇志向のある貪欲な選手たちが、最高峰の舞台で戦うために力を競い合うのがヨーロッパのサッカーだ。そういう選手たちと勝負するのだから、日本からヨーロッパに来る日本人選手たちは、得点やアシストなどの結果を出すことにもっとフォーカスしないと成功は手にできないと思っている。

要はこちらから「自分を見つけてもらう」努力が必要なのだ。日本で僕の海外クラブでのプレーを見てくださる方々も、必ずしも毎試合追い続けることは簡単ではないと思う。メディアで取り上げられるのは、やはりゴールやアシストという結果を残した時になる。世界中のクラブのスカウトも、あらゆる試合を90分間見ることはできない。

僕のような攻撃の選手にとって、見つけてもらうための手段はゴールやアシストなどの「数字」や「インパクト」であり、それを実現するために必要なのはやはり、どんな時もブレずに自分を貫き通すことだと思う。

ミスをしても簡単に「謝らない力」と初スタメンを勝ち取った「エゴ」の活かし方

日本では「エゴ=自負心」という言葉は否定的に捉えられがちだが、ヨーロッパではそうではない。ヨーロッパのサッカーリーグに来て「エゴ」の真の意味を肌で理解した三笘はさらなる飛躍を遂げる。

ヨーロッパに来てみて、「日本にいる頃は、日本人らしくプレーしていたな」とつくづく思う。川崎フロンターレでは、レアンドロ・ダミアン選手（現川崎フロンターレ）やジェジエウ選手らが「助っ人」としてプレーしていた。日本人ではない彼らがどうやってピッチ上で振る舞っていたのか、ヨーロッパに来てから思い返してみた。

彼らはどうやって結果を出していたのか、そこに至るためにどうしていたのか。結論として、彼らは「自分を出す」ことで成功を収めていた。日本人はチーム内でミスが出た時に、「ごめん」と言って、自分のせいにしてしまうところがある。しかし、ヨーロッパでは簡単に謝ってしまうと自分で負けを認めたことになってしまうのだ。

だから僕はヨーロッパに来てから、安易に謝ることを避けるようにしてきた。練習からいかに自信を示して、周囲の信頼を勝ち取るかが大事だったからだ。

ヨーロッパでは、とにかく「自分を出す」必要性がある。僕の場合は、ドリブルなど自分の武器が最大限発揮できるようにチーム内で「エゴ」を出していく必要があるわけだ。このため、自分自身もエゴの強いヨーロッパの選手たちに勝つために、常に自分の武器であるドリブルで仕掛けるなど、エゴを強く持ってプレーしなければいけないとアップデートした。ただ、エゴには注意も必要だ。

サン＝ジロワーズに加入した直後、当時、チームを率いていたマッズ監督と面談する機会があった。監督室に呼ばれて、希望するポジションを尋ねられたのだ。チームは3‐5‐2のフォーメーションで組織的なボール奪取と失点数の少ない堅守速攻を強みとしていた。そのシステムの中で、「左サイドのウイングバックか、あるいはフォワードとして2トップの一角、どちらでプレーしたいか」と選択肢を提示されたのだ。

海外クラブで活躍する日本人選手や、日本のサッカー界の色々な人から「早めに得点を取るなど、結果を出さないとヨーロッパでは生き残っていけない」と聞いていたので、僕はフォワードを希望した。「早めに得点を決めれば、チーム内で認められるまでの時間を短縮できるだろう」と考えたからだ。マッズ監督には、すぐに「ＯＫ」と言ってもらえた。

僕の希望通り、練習試合ではフォワードで起用された。当初は交代出場だったが、公式戦でも2トップの一角としてプレーを続けた。僕はプロ入りするまではフォワードとしてプレーすることもあったので戸惑いはなかったが、やはりブランクは感じていた。しかも、まだ慣れていないヨーロッパのフィジカル強度の高いベルギーリーグだ。

僕はフォワードのポジションでがむしゃらに結果だけを求め続けるうちに、自分のプレーが出せなくなっていった。自分らしさを失い、自分の武器であるドリブルやサイドでの駆け引きなど、僕が本来得意とするプレーを思うように発揮できなくなっていったのだ。

これは、得点という目先の結果に焦点を当てすぎたためだろう。しばらくしてそう気づいた。これでは本末転倒だ。

その後、左ウイングバックに入った練習試合では自分の武器であるドリブルで仕掛けるなど、良いプレーができた。そしてそれをきっかけとして、左ウイングバックに定着して、自分らしさが出せるようになっていった。海外移籍する際、スタメンで出場して90分間ピッチに立ち続けることに何よりもこだわっていた僕にとって、良い転機になったと思う。

そうやってベルギーリーグのレンタル移籍先であるサン＝ジロワーズで最初につまずいたことで、「状況を考えながら、自分にやれる範囲でエゴを出していかないといけない」ということを学んだ。

2021年9月21日のベルギー・カップ5回戦のレブベーケ戦で初スタメンに選ばれた。初先発だったため、何としても結果を出したいと思っていた。相手は5部相当のチームだったので、試合前のアップの時点から、「この試合では逆に結果を残さないとマズイな」という心境で試合に入ったのを覚えている。

この試合も最初はフォワードだったが、途中から左ウイングバックにポジションチェンジになった。そして前半17分、ペナルティエリアの左寄りで味方とパス交換して左足を振りぬいた。自分にとって、海外移籍後初となる大きなゴールを決めることができた。

途中からの左ウイングバックとしてのプレーでも、どんどん自分のエゴを出してドリブルで仕掛けて攻撃に参加することができ、こうした結果もあってか、次第にマッズ監督からの信頼も得られるようになった。

新ポジション「左ウイングバック」がもたらした変化
「守備もこなす高い運動量」を実現したトレーニング法

ワールドカップ・カタール大会で、日本代表が躍進する鍵の一つとなったのが、三笘の左ウイングバック起用だった。三笘が日本代表戦で左ウイングバックとしてその原動力となる大活躍をできた裏には、サン=ジロワーズでの秘話があった。

試行錯誤の結果、サン=ジロワーズでは「左ウイングバック」で起用されるようになったが、ウイングバックという新しいポジションを経験したことは日本代表でも成長につながったと思う。

3-5-2のフォーメーションで左ウイングバックに入るようになった僕は、守備をする時には下がって3人のディフェンダーと並び5バックになることもあれば、左ウイングの位置まで上がることもあった。もちろん日本にいる時も守備はしていたが、あれほど自陣ゴール前へ戻るというのは、大学時代まで振り返ってみてもなかなか経験がないことだった。

監督からは「守備をしつつ、ゴールにも絡むように」と言われていたので、相当な高い運動量を求められることとなった。守備をこなしながら攻撃面で存在感を発揮するのは容易なことではなく、最初は運動量にフォーカスしないと試合に出られない状況だった。試合中のフィジカルの強度も足りないと感じていたので、とにかく練習からフィジカルの強度を上げることを考えた。

球際での競り合いなど強度が求められるプレーでも、練習からチームメイトに全勝するくらいじゃないといけないと思っていた。練習で無双するくらいじゃないと、試合でも活躍できないと考え、トレーニングで自分に負荷をかけ続けた。

先にも述べているが、日本にいる頃は「三笘は守備ができない」と思われていたようだ。こうしたイメージを覆したいという思いもあったので、サン＝ジロワーズ時代には特に守備にも意欲的に挑戦していった。守備に戻る回数は一段と増えたし、その分、攻撃のために前に出る回数も増えていった。また、低い位置まで戻った後、そこから自分の武器であるドリブルを仕掛ける場面も増えていった。こうした経験を通じて、レギュラーの座獲得に向けて自分に足りなかったプレーが少しずつ出せるようになっていったのだと思う。

「守備の強度」を高めたことで活かされる武器

三笘は日本では少なかった守備に取り組んだ。この新たな守備への挑戦は、彼の武器であるドリブルをさらに進化させた。当時の同僚だったクリスチャン・バージェス選手（現サン＝ジロワーズ）はメディアの取材で「彼は衝撃的だった。ファーストステップが速すぎた」と振り返っているが、三笘は練習でもチームメイトを楽々とドリブルで抜き去っていたという——。

左ウイングバックという新しいポジションを経験したこと、サン＝ジロワーズで1シーズンを通して試合を経験したこと、そして何より、日本とは違うサッカー観や環境の中で戦ったことで、成長できたのだと思う。

日本ではウイングしかやっていなかったので、腰を落とした低い体勢で守備をする機会はあまりなかった。しかし、ウイングバックでは守備の負担が増すし、特にベルギーに来て守備に関することも多く求められるようになった。強度のある守備を習得すると、1対1のトレーニングで「意図的に止まる」、さらに「そこから走り出す」という動作の重要性が改めて認識できた。

守備の練習は、「ゼロから100に加速する」ための「1歩目の踏み出し」や、反対に「急に止まる」動きなど、僕の武器であるドリブルにも大きくプラスに働いたと思う。止まってから動くストップダッシュが増え、1回で踏み出す時の力強さが増したのだ。ウイングバックだとそうした動きが必要となるシーンに遭遇することが増えるので、自然と強度が上がっていった面もあると思う。こうして僕の武器であるドリブルは、少しずつアップデートされていった。

「選択肢」を示して相手を翻弄する2つの「駆け引き」

元日本代表の本田圭佑氏は、「ボールをキープする際に相手を背負ってプレーできることが、ヨーロッパで生き残る鍵になる」と説いた。ベルギーに渡り、現在はイングランド・プレミアリーグでプレーする三笘も同じことを感じていた——。

日本でプレーしている頃から、相手との「駆け引き」を自分の強みにしてきた。ヨーロッパで戦うようになって、ますます駆け引きは重要な自分の武器になった。

ボールを持っている時に、相手に「自分の選択肢は複数ある」ことを示すのが、「駆け引き」の第一歩になる。ボールを持っていても顔が下がっていると、相手は「攻め手がないうちに潰してしまおう」と考えてすぐに寄せてくる。しかし、顔を上げていると、相手は「まずはパスコースを消さなければ」と考えて、むやみに僕に近寄ってくることはできない。顔の上げ下げだけで相手に選択肢の有無を示すことができるわけだ。「こちらには選択肢がいくつもあるぞ」と示すことができれば相手は迷うので、自分のプレーに時間と余裕を生むことができる。

逆に考えれば、相手を背負った時、相手に「選択肢がない」と思わせることができれば、(自分は選択肢があるが)有利にプレーを展開することも可能なわけだ。僕に選択肢がないと考えた相手が激しく詰め寄ってくると、この勢いを利用して、ワンタッチで相手をはがす、またはワンツーで抜け出すなど違った突破の方法はある。

自分に選択肢があることを示す、あるいはないように思い込ませるというこの2つのパターンを使い分けることで、駆け引きに勝つことができるのだ。相手に食いついてこさせたほうがいいのか、簡単に飛び込んでこられないように相手の足を止めるほうがいいのかは、駆け引きでの成功体験を重ねることで、判断できるようになると思う。

ヨーロッパでも日本でも僕の駆け引きの原則は変わらないが、駆け引きをしても相手を背負ってキープしなければいけないシーンも出てくる。その際に相手を背負っても耐えられる体の強度を作る必要性は、こちらに来てより感じるようになった。

現地での評価を変えたRFCスラン戦の「ハットトリック」

三笘は日本代表戦と同様に、ベルギーでもチャンスを逃さなかった。リーグ戦で初得点した試合で、いきなり「ハットトリック」を達成したのだ。チームのピンチで出番を得ると、後半10分、31分、45分と3得点。大逆転勝利を手繰り寄せ、スタメンの地位もつかみ取った。

ベルギーでは満足できる結果を出すまで、2か月はかかった。チームは既にシーズンを戦っており、途中合流だったため、時間はかかった。それまではずっとベンチスタートだった。チームの状態が良かったので、監督はスタメンを変えにくかったのだと思う。こうした状況だったため、僕は自分が試合に出た時のことだけを意識するように切り替えた。交代出場した時に活躍できるようにしっかり準備することだけを心がけるようにしていた。

前述したように、初ゴールは9月に記録したが、これは日本の天皇杯にあたるベルギー・カップでのこと。相手は下位リーグのアマチュアチームだったので、結果として1ゴールはあげたが、手応えはなかった。

それから3週間後、ようやくリーグ戦でゴールを奪うことができた。首位に立った自分たちに対し、相手チームのRFCスランは13位と下位だったが、前半のうちに2点のリードを許してしまい、さらに退場者も出してチームとしてはかなり苦しくなっていた。そういう状況だったので、「自分にもチャンスが来るだろう」と思っていたが、予想よりも早く出番がやってきた。ハーフタイムにマッズ監督から

「後半頭から行くぞ」と告げられたのだ。

僕のモチベーションをさらに高めたのは、日本代表のコーチが試合会場へ視察に来ていたことだった。ここで結果を出さないと、次回の招集では日本代表から声がかからないだろうと感じていた。「とにかく全部を出し切ろう」と思えるシチュエーションだったので、全力で飛ばしていった。

試合は０‐２のビハインドのうえ、チームはラザレ・アマニ選手が退場処分を受けて一人少ないという状況だった。後半10分、テディ・テウマ選手からペナルティエリア前で横パスを受けた僕は、ペナルティエリア内に切り込みながら、相手の寄せが甘いのを見逃さずに、抜き切らずに右足を振りぬき、リーグ戦初ゴールを記録した。

ゴールを決めたことで、数的優位な相手は複数人で僕を止めにきたが、まだ負けている状況だっため、果敢に攻めのギアを上げていった。後半21分にダンテ・ヴァンゼイル選手（ニューヨーク・レッドブルズ＝アメリカ）のゴールで同点に追いつくと、後半31分、チームメイトが相手を囲い込み、敵陣深くでボールを奪うと、ディフェンダーの裏を抜け出した僕にラストパスが送られた。ファーストタッチで相手の届かない位置にボールを置き、そのまま右足で2点目のゴール。３‐２の逆転に成功した。

最後は後半45分、センターライン近くの左サイドでボールを受け、そのままドリブルを開始、斜めに走りながら、相手ディフェンダーを振り切ることができた。そのまま右サイドまで相手との距離を測りながら進み、ゴール左隅にボールを流し込んで、この日3得点目。チームの大逆転勝利に貢献することができた。加えて、自身初のハットトリックだったし、この試合が僕に自信をもたらしてくれた。

少しずつベルギーリーグやチームに適応していた時期のリーグ戦。ベルギーに来て練習を積む中で、フィジカル的にも技術的にも伸びていて、選択肢が増えていた中だったので、自分の武器であるドリブルなど自分の良いところが全部出せたうえでの3得点。自分としてはできすぎなくらいの結果だったと思っている。

ただ、先に述べたように、それまではチームが好調で、スタメンが大きく変わることもなかったので、自分がスタメンになるために必要なのはいいプレーというよりも「出場した時の結果、それもゴールだ」という思いがあった。こうした厳しいヨーロッパのリーグで勝ち残っていくためには、結果しか評価されない。

結果として、この試合を機に次節のオイペン戦からリーグ戦初となるスタメンを勝ち取ることができたし、多くの収穫があった。「その時」のためにじっと待ち続け準備をするのは大変なことだが、我慢強くやってきた甲斐があったと感じた。

僕のサッカー人生は、筑波大学でも川崎フロンターレでも最初はベンチ要員からのスタートだった。これは海外移籍したサン＝ジロワーズでも同じだったが、逆境をバネにしてレギュラーの座を獲得するのが、僕の真骨頂だと思っている。

チームはリーグ2位に躍進し三笘は通算8得点
「プレミアで戦う力」を備えたベルギーでの1年

移籍してきた三笘の活躍もあり、サン＝ジロワーズは1部に昇格したばかりにもかかわらず、シーズンを2位で終えることができた。ヨーロッパリーグ出場権を置き土産にベルギーを離れること

――になった三笘もまた、しっかり成果を持ち帰っていた――。

ベルギーのサン＝ジロワーズでの1年間を振り返ると、通算29試合に出場し8得点。アシスト数も4を記録することができ、計10得点以上に関与することができた。これはある程度の評価はできる。ただ、それよりも、次のシーズンから、ブライトンに復帰してその一員としてプレミアリーグで戦えることになった喜びが勝っていた。

サン＝ジロワーズでは、得点やアシストという結果よりもできるだけ出場時間を長くすることを考えていた。ゴールを決めたかったのは、結果を残してマッズ監督やチームメイトから力があることを認められ、出場機会を増やすためだった。プレミアリーグのプレーを可能にするのは、出場時間が直接影響するからである。そうした点で言えば、おおむね狙い通りにシーズンを進めていくことができたと思う。

ベルギーでプレーしたことで、「ヨーロッパで通用する体」を作るフィジカル強化もできたと思う。基本的なトレーニングは日本にいた頃と変わらないが、体の状態を常に良くするために栄養士と個人トレーナーと新たに契約した。

他に意識したのは、練習でのプレーの強度を上げていくということだった。左ウイングバックになってから増えた守備での対応では、新たな体の使い方や力の出し方が必要になったので、それが刺激となり新しい感覚も身についたと思う。目に見えない部分では、日本とは違う選手や監督のメンタリティを知ることもできたし、チームは1部リーグ昇格1年目ながら上位チームしか進めないプレーオフにも進出できた。

ただ、せっかくリーグ優勝できるチャンスがあったのにプレーオフで2位になってしまったことは、残念だった。

サッカー文化が違うヨーロッパに来て、サン＝ジロワーズでの1年は最適なものだったかもしれない。本場のサポーターの熱を知ることもできたし、確実にプレーの幅も広がった。また改めて、一試合一試合積み重ねる大事さを認識させられたとも思っている。ベルギーに行った当初は苦しくて、「海外はきついな」と感じていた。でも、それは海外で活躍する他の日本人選手も同じだし、そこで負けているようでは上には行けないと強い気持ちを持ち続けるようにしていた。

これから「海外移籍」を目指す選手たちへ「一人での孤独な戦い」が未来を創る

実際にヨーロッパに来て、体感しなければ分からないことがある。これから海外を目指す日本人選手たちに、三笘はどんなアドバイスを送るのか――。


日本のJリーグで評価される選手がヨーロッパで活躍できるかというと、必ずしもそうだとは言えないと思う。それは日本とヨーロッパでは「評価の基準」が違うからだ。それは、サッカー自体の違いに由来しているのだと思う。

日本は、テクニックに優れているなどの「上手い選手」が高く評価されることが多いように感じる。一方、ヨーロッパでは選手の価値は「球際の強さ」や、1対1の勝負を意味する「デュエル」での勝率が重視される。もちろん、上手いに越したことはないが、上へと這い上がっていくのは結局、「戦える選手」だと思う。

サッカー以外にも戦わなければならないことがある。それは「たった一人での孤独な勝負」だ。おかしな言い方に聞こえるかもしれないが、外国に行ったら僕たちが「外国人選手」だ。その国の選手とは違った見方をされ、結果を求められる「助っ人選手」になるのだ。僕もJリーグ時代に日本という異国で戦う海外出身選手たちの努力や振る舞いを見てきた。当時のチームメイトを思い起こして、異文化の中で戦うというのは大変なことだと改めて感じた。

一人で外国に飛び込み苦労するのは、良い人生経験かもしれない。ただ、異国にいることのストレスに対処するエネルギーを他のことに向けたほうが効率的なはずだ。僕はサッカー以外でのストレスを極力減らそうと考え、トレーナーや栄養士と契約して、日常生活やピッチ外での不安を取り除くようにしてきた。

サッカーのストレスでいえば、一番は試合に出られないことだった。試合に出られない間は、もちろん自分に足りていないフィジカルの部分などの強化に努めてチャンスを待っていたが、精神的にはきつかった。

そんな時は、同じく海外を舞台に戦う仲間と連絡を取り合うこともあった。僕が一番連絡を取っていたのは幼少期から一緒だった田中碧選手だ。お互いにチームの愚痴なんかを言い合っていたのも、今となってはストレスの解消になっていたと思う。

いずれにせよ、最終的に活躍できるかどうかは自分次第だ。海外に出て色々な経験を積もうと考えている選手も、本来の目的はサッカーでなければならないはずだ。最終的には、「上に行きたい」という強いメンタルが勝敗を分けると思うし、最初から孤独に負けているようでは、ヨーロッパで戦うのは難しいと思う。

プロ入り1年半で海外に行くという僕の決断にも、川崎フロンターレのユースからプロに上がらずに筑波大学に行くなど人生を左右するような大きな決断をしてきた際にも、不安や迷いがあった。今後、大きな決断を迫られていたり、海外に挑戦したいと思っている選手たちに伝えたいのは、どんな決断を下しても不安や迷いは必ずあるということだ。

僕自身も、大学に行った当初など、決断を下して行動した後に、これでいいのかと悩むこともあった。ただ、そこで立ち返って自信を持てたのは、「なぜその決断をしたのか」「なぜそうしたいのか」の根拠を持って自分で自分を説得して決断できたからだと思う。

決断の前には多くの人に意見を聞いたり情報を集めたりすると思うが、最後に決めるのは自分だし、そこで責任を持てなければ、決断を下すことはできないと思う。

決断のタイミングで、自分を100%納得させることができれば、その後に悩みが来ても、もう一度自信を持つことができると思っている。

第6章「メソッド」のまとめ

◆**「言葉の壁」を打ち破る「傾聴する力」と「主張する力」**……海外クラブで活躍するためには、監督や他選手の意見に耳を傾けプレーに反映させるだけでなく、時にはケンカも辞さないぐらいの覚悟で自分の意見を主張することが求められる。

◆**海外で成長するための「謝らない力」**……ミスをした時、簡単に謝ってしまうと自分の負けを認めたことになる。海外クラブで周囲の信頼を勝ち取るためには、安易に謝らず自信を示すことが大事。

◆**相手を背負った時の2つの「世界基準の駆け引き」**……顔を上げて、パスなどの攻め手が複数あることを相手に示す。または、顔を下げて相手に攻め手がないと思わせ、違う攻め方をする。この顔の上げ下げを利用した2つのパターンを使い分けることで、世界でも駆け引きに勝つことができる。

第7章——プレミアリーグ　ブライトン

～「ゴールの軸と新しい型」「ドリブル」「自由自在のプレー比率」～

プレミアリーグ・ブライトンに復帰
肌で感じた「世界一のインテンシティ」

期限付き移籍していたベルギーのロイヤル・ユニオン・サン＝ジロワーズで1年間プレーした後、三笘はプレミアリーグのブライトン・アンド・ホーヴ・アルビオンFCに復帰する。２０２２年の夏のことだ。子供の頃からの夢だったプレミアリーグでのキャリアがついに始まったが、三笘が身を置いた戦場は世界屈指の過酷なリーグだった――。

目標としていたプレミアリーグでの挑戦が始まり、色々なことを感じた。まず第一に、すべての選手が上手く体も大きくて速さがあった。正直、今までサッカーを長年してきて、まったく別次元といったものだった。世界中から優れた選手が集まる世界最高峰のリーグであるため当然なのだが、あらゆる面で「世界一のインテンシティ（プレーの強度）」を実感したのだ。背番号は「22番」になった。

ただ、練習での手応えとして、サイドでの1対1は勝てるなと思ったし、中に入っていった際の連係や、ワンタッチ、ツータッチで相手をはがしていくプレーにも自信があった。とはいえ、試合に出られなければ自分の武器であるドリブルも見せることはできない。まず、「試合に出られるようになる」ことに集中する必要があった。

僕の在籍チームであるブライトンにも、個々のフィジカルの能力が高い選手が集まっていた。ブライトンは、前シーズンまでプレーしたベルギー1部リーグのサン＝ジロワーズのような提携チームがあるなど、クラブ規模も大きいため、優れた選手を集められるのだと思う。戦術的には、ブライトンはパスをつなぐポゼッションサッカーを得意とするチームである。ただ、ボール支配率は高いのだが、当初決定力が不足していると感じた。守備の強度が高い一方で、ゴール数は少ない印象だったため、ゴールを決めることが自分に期待されている部分だと思った。

一方で、チーム内に変化もあった。僕がブライトンに来た時には、グレアム・ポッター監督が指揮を執っていたが、ポッター監督のチェルシーFCへの移籍を受け、開幕から2か月後に新監督に就任したのが、前シーズンにウクライナのFCシャフタール・ドネツクを率いていたロベルト・デ・ゼルビ監督だった。

とはいえ、しっかり準備をしていても、ブライトンに復帰してすぐはピッチに立てないこともあった。これは筑波大学、川崎フロンターレ、サン＝ジロワーズの時も同じだったが、それでも腐らずに、次の試合に向けてまた100％の準備を愚直に繰り返していくしかない。それが夢の舞台であるプレミアリーグでの戦いなのだと思った。

プレミアリーグは、試合の雰囲気や一つひとつのプレーに対するファンの反応も日本とは違う。「ファンはサッカーをよく知っているな」と感じるし、日本以上に熱狂的なファンも多いなという印象がある。その熱のこもった声援が僕に力をくれることも多い。

ありがたいことに、僕の背番号「22」の入ったユニフォームの売れ行きがチーム1位で完売状態にあるようだし、試合にも僕のユニフォームを着ている子供やファンの方が多く応援に来てくれている。僕の声援のために、日本からも多くの方がイギリスのブライトンにまで来ているとも聞く。そんなファンの皆さんの熱い声援に応えられるよう、今後も励んでいきたいと思う。

プレミアリーグ「デビュー戦」で実感「フィジカル強度」アップデート・トレーニング法

三笘はブライトン復帰後、シーズン第2節のニューカッスル戦でプレミアリーグデビューを果たした。その後、4試合連続で交代出場でピッチに立ったが、それは〝新たな試練〟の始まりだった——。

僕のプレミアリーグでの公式戦デビューは、2022年8月13日、ホームでのリーグ第2節のニューカッスル戦だった。

途中出場となった後半30分、僕は夢だったプレミアのピッチに初めて立った。試合では、途中出場ということもあり、どんどんドリブルで仕掛けることができた。

後半40分には、切り返して縦に突破しながら、ペナルティエリアの深い位置に侵入し、ゴールラインギリギリから中央にボールをパスすることができたが、パスを受けた同僚のパスカル・グロス選手のシュートは惜しくもゴール左に外れてしまった。日本時代からずっと磨いてきた1対1のドリブルから、いい形でチャンスを作ることができた。

試合は両者得点を奪えず0-0の引き分けに終わった。しかし、個人的には「途中出場なら、プレミアでも攻撃のリズムにアクセントをつけられる」という自信が持てた。とはいえ、スタメンで試合開始からピッチに立ち、90分間プレーした時にどうなのかは、その段階では分からなかった。

ベルギーリーグ・サン=ジロワーズでの1年で、1試合を通して戦える強度が身についたと感じていたが、実際にプレミアリーグの試合を体験して、「Jリーグやベルギーリーグとはまったく強度が違う」と感じたのだ。短い時間だが、プレミアのピッチに立って、それだけは確信した。

このため、レギュラーの座を獲得するためにフィジカル強化をしていった。練習から強度を上げていくことにしたのだ。

筋力トレーニングを意識的に強化した。最初の時点では、ベンチスタートだと、僕が出場するのは少なくとも後半開始後10分を過ぎてからぐらいになると感じていた。同じサイドの選手の調子が良かったからである。

そのため、試合の2日前に負荷を上げたトレーニングで多少疲労が残ったとしても、試合にはそれほど影響しない。フレッシュさよりも、出た時に出力をしっかり出せることと、当たり負けしない体作りを意識していた。

室内バイクをこいだり、筋力トレーニングをすることでピッチ内での強度を上げていこうとした。こうしたトレーニングを続けていると、フィジカルの強度が上がっていることがデータにも表れてきた。プレミアデビュー戦となったニューカッスル戦は、プレミアに来て、フィジカルをさらにアップデートする必要性を痛感させられた試合だった。

チェルシー戦で「初のスタメン」「初アシスト」ケガをしていても「チャンスを呼び寄せる」ことの重要性

巡ってきたチャンスは絶対に逃さない――。日本やベルギー同様にイングランドのプレミアリーグでも、三笘の流儀は変わらなかった。２０２２年10月29日のプレミアリーグ第14節、強豪チェルシー相手のリーグ戦「初先発」で、三笘はキレキレのドリブルからラストパスを出し、初アシストを記録したのだ。

プレミアリーグ第11節のブレントフォード戦で、初めて後半のスタートから45分間プレーさせてもらう機会があった。後半丸々のプレー時間をもらえたため、「これはチャンスだ」と思い、ここでやってやると意気込んでいた。

後半開始早々、ペナルティエリアに入っていけそうな場面が訪れた。そしてその時、接触プレーで右足首を捻挫してしまった。痛みが走った直後、今までの経験から「結構な重傷」だと分かったが、途中出場の選手が5分少々出場しただけで「もう無理」と言うのは僕にとっては許せないことだった。そして、このチャンスを逃したくないという気持ちで我慢しながら戦った。

試合後に確かめてみると、右足首がかなり腫れていた。ワールドカップ・カタール大会開幕を1か月後に控え、代表メンバー発表まで2週間という時期だったため、試合後は「もしかしたら無理かもしれない」と思い、焦っていた。そしてその後、検査をした。

幸いにも全治2週間程度のケガで、リーグ戦欠場も2試合だけで済んだ。早期復帰は叶ったものの、まだケガから明けたばかり。そのため、復帰直後のチェルシー戦で自分がすぐにスタメンに入るとは思いもしなかった。ところが、「まさか」の事態が起きた。レギュラーだった選手2人が、ケガと風邪で欠場することになったのだ。玉突きでベルギー代表のレアンドロ・トロサール選手（現アーセナル＝イングランド）が1トップに入り、彼が普段任されている左サイドハーフのポジションに僕が入った。これが僕にとって、プレミアリーグ初の「先発出場」だった。

チームは5試合連続で勝ち星がなく、調子を上向かせたいところだった。偶然巡ってきたチャンスを「絶対に逃してはいけない」と思い、ケガのことはできるだけ考えないように心にとめて出場を決めた。

トレーナーさんの献身的なケアや栄養士さんによる食事の管理で、きちんと回復しているという安心感もあったし、何より、「ここで結果を出せばサッカー人生が変わる」と思っていたため、相当に気合いが入っていた。

試合は開始5分に、こぼれ球を拾ってそのままドリブルでゴール前に運び、トロサール選手の先制点をアシストすることができた。僕としては、武器であるドリブルで運んでそのままシュートに持っていきたい部分もあったが、中にトロサール選手が見えたため、横パスを選択した。チーム3点目の場面は、サイドバックのペルビス・エストゥピニャン選手が上げたクロスが、自分の位置にピタリとやってきたのだが、相手ディフェンダーが伸ばした足に当たりそのままオウンゴール。ゴール前にしっかりと侵入して生まれたゴールだった。チームも4-1で快勝——。僕にとって、プレミアリーグでの初アシストも記録し、ターニングポイントになった試合だったと思う。次の試合から、僕はスタメンに定着することができたため、ケガ明けだったがチャンスを逃さずに挑戦したことがプラスに働いたのだ。

プレミアリーグ「初得点」ゴールを量産するための「軸」と「新しい型」

チャンスの波は続いていた。初アシストを決めたチェルシー戦の1週間後、三笘はウォルバーハンプトン戦でプレミアリーグ「初得点」をマークしたのだ。世界最高峰のプレミアリーグでゴールを決めるためには、どんな意識が必要なのか――。

プレミアリーグ初の先発出場を果たしたチェルシー戦では、プレミアリーグ初アシストを記録したが、得点できなかったことは残念だった。ただ、初得点のチャンスはすぐに訪れた。初アシストを決めた次戦の2022年11月5日のウォルバーハンプトン戦で初ゴールを決められたのだ。この試合も、前節同様、左サイドのスタメンで出場し、試合開始直後から積極的に仕掛けていくことを意識していた。

前半10分には、相手ディフェンダーを引きつけながら、中央へ右足アウトサイドでパス、中に待っていたトロサール選手が落としたところを中盤のアダム・ララーナ選手がシュートを決め、ゴール。貴重な先制点の起点になることができた。ただ、この試合はその後、相手チームに2得点を決められ逆転を許し、追いかける展開になった。

そんな状況の中の前半44分、ついにその時がやってきた。ボックス右からペナルティエリアに入ったララーナ選手が上げたクロスが、ファーで待つ僕のもとに飛んできたのだ。相手ディフェンダーとの競り合いになったが、ベルギー時代から取り組み、プレミアリーグに来てから続けてきた筋力トレーニングの成果もあり、ヘディングゴールを決めることができた。僕のプレミア初ゴールで2-2の同点に追いついたのだ。

意外にも、自分の武器であるドリブルからのシュートではなくヘディングシュートだったが、シュートはどんな形であれゴールに結びつくことが重要である。その後も、ボールが入れば積極的に仕掛けた。前半アディショナルタイムには、最終ラインからのゴール前へのロングパスを受けるために僕が抜け出したところを相手に倒され、相手にはレッドカードが提示された。後半は数的優位に立ったことで攻撃時にはかなり優位に進めることができたと思う。

その後、後半38分頃にパスを受けた僕は左サイドから相手ゴール前に切り込むと、中に張っていたウンダブ選手にパス。そのままウンダブ選手からグロス選手にボールが渡り、グロス選手のゴールで逆転。もちろん、簡単な試合ではなかったが、決勝点の起点にもなることができ、最終的に3-2で勝利を収めることができたのだ。

試合後には、プレミア初得点に対する満足感はあったが、それよりもゴールを決められたことで、チーム内で少し自分が認められたことが実感できて嬉しかった。プレミアでもゴールを決められたという安堵感もあり、メンタル的に少し余裕が生まれた。その日の試合は先発出場だったため、終了間際に交代するまで90分間近く出場できたことにも手応えを感じた。この試合をきっかけに、「プレミアで得点、アシストを常にするための軸」ができたと思う。

波に乗れた僕は、その後もコンスタントにゴールを記録することができた。川崎フロンターレ時代からシュート決定率は高いほうだったが、決定率＝得点の多さに直結するわけではない。これからさらにプレミアリーグをはじめ、世界で戦う「得点力がある選手」になるための大前提は、「シュートを多く放つ」

ことである。そういう意味では、シュート数はまだまだ全然足りないと考えている。シュート本数を増やすには、自分でドリブルで中央に侵入していって、決め切るというのはもっとやらないといけない。「自分の形を作る」、つまり自分の得点パターンを作ることが重要だと思う。

プレミアリーグ「日本人最多得点」を更新できた理由

三笘はワールドカップ・カタール大会開催による中断期間が明けると、リーグ戦12試合で6得点の大活躍。第29節ブレントフォード戦ではシーズン7点目を約20mの〝芸術ループ弾〟で挙げ、香川真司（当時マンチェスター・ユナイテッド）、岡崎慎司（当時レスター・シティ）の6点を超える、プレミアリーグ1シーズンでの日本人最多得点を記録した。三笘の２０２２／23シーズンの通算成績は10得点7アシスト（リーグ戦＝7得点5アシスト）。歴史を塗り替えてみせたのだ――。

ワールドカップ・カタール大会が終わって以降、フィジカル的にも調子が上がっていると感じていた。それを維持したまま良い感じでシーズンに戻れたことは、プレミアリーグで得点を重ねられた要因の一つだと思う。また、シーズン途中で就任したデ・ゼルビ監督が理想とするポゼッションサッカーがチーム全員に伝わり、チームの状態が上がっていったことで、僕がよりゴールに近い高い位置でプレーできるようになったこともプラスに働いた。

日本人の最多得点を更新する7ゴールに到達するまでには、自分でも驚くようなゴールが多数あった。

リーグ戦2点目を記録した第18節アーセナル戦では、0-3で負けている状況の中、ペナルティエリア内でグロス選手のパスを受け、冷静にゴール右脇にシュート。日本代表の仲間である冨安健洋選手とのマッチアップとなった試合だったが、一矢報いることができた。

続く第19節のエバートン戦でも、前半14分にモイセス・カイセド選手からのサイドチェンジを受けると、左足でペナルティエリア内に大きくトラップしてカットイン。ゴール右脇にゴールを決め、貴重な先制点を得ることができた。

そして、第21節のレスター戦では、ペナルティエリアの外側からゴールの右隅トップコーナーに突き刺さるゴールも決めることができた。マイナス気味にカットインして右足を振り抜いたシュートだったが、ゴールとの距離があったため逆にリラックスできた。個人的に精度を上げたいと思っていたプレーだったため、決めることができて良かったと思う。

続く第22節ボーンマス戦でもヘディングゴールを決め、第26節のウェストハム戦ではグロス選手のクロスにファーで反応しスライディングシュート。このゴールで、香川選手、岡崎選手に並ぶプレミア6得点目を決めることができた。

そして、第29節のブレントフォード戦。1-0でリードを許している中の前半21分、相手ディフェンスライン裏に抜け出し、ゴールキーパーのジェイソン・スティール選手からロングフィードを受けた。相手ディフェンダーも迫ってきていたし、ゴールキーパーがやや前方に出ていたのを見て、右足ダイレクトでループシュートを頭上に打とうと瞬時に判断し、ゴール。練習してきた形だったたし、打ってくださいという素晴らしいボールだった。

この得点で日本人最多記録を塗り替える7得点目をマークすることができた。ただ、デ・ゼルビ監督からは20点取るように言われていたし、自分的にも満足していない。記録を上回れたのは良かったが、まだまだ伸ばしていけるなと思っている。

一方で、正直に言って「ゴール以外は何もしなかったな」と感じる試合もあったし、プレー全般は満足ができるものだったにもかかわらず、ゴールだけが足りないという試合もあった。ただ、プレー内容が悪くても、1度か2度のチャンスを逃さず決めて結果を出すのがプロの世界だ。

ゴールを決めることができた試合では、焦らずにプレーすることができ、メンタル的に余裕を持てたように思う。

ゴール近くでプレーする機会が増えるにつれ、自分の中で得点に対する積極性や意欲がさらに上がっていくようになった。その結果、プレミア1年目のシーズンでは10得点7アシストを記録することができた。フィジカルや技術はもちろんだが、こうした意欲や自信が出てくると、ゴール前での思い切りの良さも生まれる。得点し続けるためには、ゴールに向かうメンタルに、自分を変えていくことも重要だと思う。今後は、長い距離からボールを落とすシュートや、カーブさせるシュートなども増やしていきたい。

リヴァプール戦「ダブルタッチ・シュート」の技術と裏側

——世界で最も歴史があるイングランドのカップ戦・FAカップ4回戦、三笘によるる名門リヴァプール相手の決勝点は、世界のサッカーファンの度肝を抜いた。1-1の同点で迎えた試合終了間際、

三笘は浮いたボールを右足で「ダブルタッチ」し、最後はアウトサイドで決めたのだ。高い技術に加え冷静さやアイディアなど、多くの要素が詰まったゴールだった——。

あのリヴァプール戦のゴールについては、日本国内のニュースでかなり大きく取り上げられたと聞いた。

セットプレーの流れからボールが来ると、ファーサイドにいた僕はボレーシュートを打とうと考えたが、相手ディフェンダーが寄せてきそうだったため、瞬時にプレーを変えた。狭いエリアだったこともあり、シュートコースを作るために少ないタッチでキックフェイントを入れて、なんとかしようと思ったのだ。試合終了目前だったため、「シュートで終わろう」という意識も強かったと思う。

そうした瞬時の判断が、あの右足アウトサイドでのダブルタッチ・シュートにつながったのだと思う。試合後に映像を見返してみるとスムーズに動けていたが、自分ではシュートの瞬間、ぎこちなく動いていた感覚があった。相手ディフェンダーがコースを潰そうとジャンプしてくれたため、派手なシュートに見えたのではないだろうか。強豪リヴァプール相手だったこともあり、より注目を集めた側面もあったと思う。

僕自身は、あのゴールよりも、先発出場して終了間際の時間帯にクオリティの高いプレーを出せたこと、そして何よりチームに貢献でき、勝利できたことが自信につながった。実は、あの試合ではゴール以外のプレーでは色々なミスがあった。意外に思われるかもしれないが、僕はすべてのプレーを完璧にやり遂げたい思いが強いため、色々な課題に目を向けている。

プレミア仕様に進化させたドリブルの〝新極意〟は「細かいタッチ」と「スピードに乗りすぎない」

三笘は一歩が大きいストライド走法を得意とするが、ドリブルのタッチは細かい——。プレミアリーグで戦うようになり、さらにそのドリブルを進化させたという。

日本でも細かいタッチのドリブルを意識していたが、日本と同じようにドリブルをしても、世界最高峰のプレミアリーグでは通用しないことがある。例えば、日本では一歩で相手を振り切って抜け出せていた場面でも、プレミアでは抜け出せなくなってしまったのだ。

それには、相手の守り方の違いやフィジカルなどの身体能力の高さなど、さまざまな要因があると思う。このため、その壁に対して、プレミアリーグではドリブルをする際に「相手をより引きつける」などのアップデートがまずは必要になった。

ヨーロッパのサッカーでは、タイミングを計ってアタックしてくるディフェンダーが多く、この時にボールを奪われないようにするためには、今まで以上に「細かくボールタッチ」して飛び出してきた相手をより引きつけてかわすようにしなければならない。

今振り返ってみると、日本にいた時はボールを受けてから次の仕掛けを考えていることが多かったように思う。しかし、海外に来てからはまったく通用しなかった。相手はすぐにプレスをかけてくるし、隙を見せたらスライディングで強引にボールを取りにくることだってある。そのため、２つ目のアップデートとして、「スピードに乗りすぎない」ように意識するようになったのだ。

ボールを受ける前に周りの状況を即座に見極めて、自分の次のプレーを考えておく。スペースがあればドリブルのスピードを上げ、相手に近づいて1対1を仕掛けるならドリブルのスピードを落とす。スピードに乗るとボール・コントロールが乱れるし、相手からすれば足を出すタイミングが取りやすくなる。自分が常にボールをコントロールできるスピードでドリブルし、相手が来ればかわせるように「スピードに乗りすぎないこと」を意識づけしておかなければならないと思う。

プレミアリーグではフィジカルだけでは勝てない相手が多いため、こちらで戦うにはドリブルの引き出しをこのようにアップデートして増やしていかなければならない。最近では相手も色々と僕に対して対策をしてきており、ドリブルのコースの取り方なども変えていく必要がある。

「効率的な体」の作り方と「映像分析」も駆使した世界基準「走り」の新技術

三笘にとってスピードは大きな武器であるため、それを生み出す「走り」をアップデートすることが重要となる。プレミアリーグでは、どんな「走り」を理想としているのか——。

基本動作である「走り」に関しても、プレミアリーグに対応するためのアップデートが必要だった。「走り」に関しては、筑波大学時代や川崎フロンターレ時代から取り組んでいるが、走りは「体」や「歩き方」、「姿勢」にも表れるものだ。つまり、「日常の動作」に直結しているのである。

だからこそ、「走り」を変えるためには普段の歩き方や練習前のルーティンから変えていく必要がある。自分の動きを見てくれるパーソナルトレーナーの方や専門家の方の意見も取り入れて、アップデートに努めなければならないのだ。

さらに、映像分析やデータも活用するようにしている。僕は大学で学んだこともあり、科学的知見を活かしたアプローチも重視している。数ある選択肢から最適なトレーニングを選ぶうえで、科学的なエビデンスがあるのは大きな強みである。単なる根性論でトレーニングをしたり、エビデンスが希薄な方法を試したりするのはリスクが伴うと思う。

川崎フロンターレ時代は足の裏すべてを地面につけて、ハムストリングスで走っていた。それを今では、プレミアのフィジカル強度の高い選手たちにスピードで勝つために、筑波大学時代に学んだ体の中心部……お尻のあたりなどをさらに上手く使って走れるように変えている。

加えて、上半身を連動させるトレーニングも行っている。目指すゴールは、「使いたい部分」を使って、「使いたくない部分」は使わない「効率的な体」にすることだ。自分の体を「効率的な体」に改造することができれば、走れる距離が増え、さまざまな局面でのプレーの強度の出力が増すはずである。

〝三笘対策〟もサイドのプレーヤーとして強くなるだけ 自由自在に変えられる「プレー比率」の考え

三笘のドリブルの破壊力はプレミアリーグでも脅威となっている。そのため、相手チームは「縦への突破」を封じる〝三笘シフト〟を敷き始めたが、三笘は意に介していない。ドリブルにこだわらず、他の選択肢でプレーできるからだ。「ドリブラー」が辿り着いた「プレー比率」という概念の正体とは――。

プレミアリーグでも、自分の武器であるドリブルなどのプレーでの強度が出せるようになるにつれ、相手チームに対策を講じられるようになった。ヨーロッパのディフェンダーは全般的にボールを奪おうとデュエルを挑んでくる傾向にあるが、次第に僕に対してそういうボールを取りに向かってくる動きをする相手が減ってきたのだ。

実際、そうしたドリブル対策を相手がとってきて、上手く縦突破ができなかった試合後には、デ・ゼルビ監督もインタビューなどで、僕について「もっとインサイドに入って高いクオリティでプレーしてほしい」と話されていたこともあった。

僕のドリブル対策として、相手は縦のコースをブロックし、僕を内側へ誘導しようとする。ここで僕にはパスという選択肢もあるのだが、自分の最大の武器である縦へのドリブル突破を捨てるという選択肢はまったくない。

サイドのプレーヤーとしてもっと強くなれば良いだけの話だからだ。これは一種の自信とエゴのようなものかもしれないが、選手として自分の武器を捨てることは絶対にしてはいけないと思う。実際、コースを切られても縦に突破することは可能である。

なぜなら相手が縦のラインを切ってきても、自分の「立ち位置」や「体の向き」、あるいは「ボールの運び方」を活用してコースを作り出すことができるためである。それでも相手が執拗に縦を完璧に切ってくるようなら、中に入って抜き切ればいいだけの話だ。相手が対策してきたら、こちらも負けじと対策を講じればよいわけだ。

こうした駆け引きを相手と続けていると、自分のプレーの「引き出し」も増えていき、大きな成長にもつながる。こうしてサイドでブレずにプレーをすることで、今度は逆に味方とのパスワークや中央でのプレーが活きてくるわけだ。誤解されている方もいるかもしれないが、僕にとってドリブルは最大の武器ではあるが、僕は「ドリブルだけの選手」ではない。外でのドリブルも中での連係プレーも両方大事だと思っている。

また、最近はプレミアリーグでもピッチに入って5分か10分ほどすれば、相手チームのレベルが分かるようになってきた。このため、相手のレベルと守備陣形などから、自分がどんどんドリブルで縦に仕掛けたほうがいいチームなのか、それともパスを回して時間を作ってチームとして押し込んだほうがベターなのか——なるべく早く戦略を定めるようにしている。

戦略も試合の経過とスコアとともに変化する。パスをつなぎチームで押し込んでもなかなかチャンスが作れない時には、誰かがドリブルで仕掛けなければならない。その場合、僕も仕掛けなければならない選手である。こういう時は低リスクのプレーは捨て、高いリスクがあったとしてもドリブルで仕掛けていくようにしている。

相手のほうがポゼッションが優れており押し込まれている時には、あえて単独で仕掛けて、シュートやクロスを放つといった「やり切るシーン」を作って流れを変えることも意識している。要するに、試合状況に応じて「プレーの方向性や比率」を、自由自在に一番効果的なものに変えていく必要があるというわけだ。

この概念は自分の中でまだ完全には言語化できていないが、一例を挙げるなら、左サイドで僕とボランチ、左サイドバックが距離を詰めて三角形を作り数的優位に立っている時には、自分で仕掛けるよりも三角形を使って何度もパスを通して時間を作ることを意識している。

Jリーグでプレーしている頃もそうだったが、相手は単独で突破されるよりも、数的優位を作られて崩されるほうが状況は苦しくなる。

もしも僕が守る側だったら、2対3の数的不利な状況に置かれるよりも、単独で仕掛けてこられるほうが楽だ。逆に言えば、攻撃する側なら状況に応じてプレーの方向性や比率を自由自在に変えて、相手が嫌がることを常に考えるべきだろう。

もうひとつプレミアリーグに来てアップデートしたことがある。近年、オフ・ザ・ボール（自分でボールを持っていない状態）でのフリーランニングの重要性がよく指摘される。かつての自分自身を振り返ると、「無駄に走りたくない」という気持ちがあった。

でも、僕が走ることで相手が警戒して精神的にも疲弊するなら、フリーランニングは意味のあるプレーだと、こちらに来てより思えるようになった。僕がサイドライン際を走ることで中盤のスペースも空いてくるはずだ。

サッカーでは自分がやりたいプレーよりも、相手の立場に立った時に嫌だと感じるプレーをすることが重要だなと、最近つくづく感じている。そういう意識やメンタルを作っていくためにも、最近はフリーランニングを重要視している。

プレミアリーグで驚異の「タックル成功率」を残せた「負荷をかけない守備論」

2022／23シーズンが折り返す前のデータだが、三笘に関して驚きの数値が発表されて注目を集めた。三笘は攻撃的な選手であるが、「タックルの成功率」で93・3％を記録し、プレミアリーグでナンバーワンに立ったのだ。また、タックルによるファウルは1度もなく、最もクリーンな「タックラー」と称賛されている。

シーズン途中の9試合分のデータであり、加えて途中出場が多かった時期のデータであるため、参考程度にしか考えていないが、15回タックルして14回成功しているそうだ。1回もファウルを取られなかったのも良かったと思う。タックルができるようになってきたことは、僕にとって大きな収穫である。ベルギーリーグのサン＝ジロワーズ時代に左ウイングバックを経験し、守備的なプレーが磨かれていった成果だと思う。

「守備のコツ」も、少しずつ分かってきた。守備に関しては、プレミアリーグでもベルギー時代と同じ方法を用いている。相手とのシチュエーションに即して、「この場面ではこうすればいい」と、自然と体が動くようになっている。

プレミアリーグでのプレーは強度が高いため、体には相当な負荷がかかり、試合後にはいつもどこかに痛みを感じる。特にタックルは大きな負荷がかかるプレーであり、ケガを招くこともある。僕はお尻の筋肉やハムストリングスなど、下半身が今までそれほど強くなかった。それは日本にいた時からの課題だったため、現在に至るまで、継続して強化に取り組んでいることの一つだ。下半身を強化することで、自分の武器であるドリブルのスピードアップが狙える。そして、より少ない負荷で動ける距離が増えていくと思う。そうなれば、攻撃だけでなくもっとタックルや守備でも貢献できると考えている。

日本人選手や指導者がヨーロッパから学ぶべきこと 勝利をもたらす「監督の戦術オプション数」

日本でも熱心なサッカーファンは「戦術論」を好む傾向があるが、本場のヨーロッパではそれが文化にまで発展している。プレミアリーグには、マンチェスター・シティのグアルディオラ監督、リヴァプールのユルゲン・クロップ監督をはじめとする多くの知将がいる。戦術の妙、監督による選手への細かな指示――三笘はそれを日本では経験してこなかったヨーロッパ独自のものだという。

ヨーロッパに来てみて分かったのは、ミーティングが日本とは全然違うということである。ミーティングはチームごとに違うし、クラブチームと代表チームでも違うはずだ。だから単純に比較するのは難しいのだが、ヨーロッパのほうが「ミーティングで確認した戦術のおかげで勝てた試合」が多いと感じる。

Jリーグでも戦術を重要視するチームはあるが、あくまで、選手個々の持ち味を優先してチーム作りをしている印象があり、戦術は「選手ありき」の部分が強いかもしれない。ヨーロッパのほうが監督やコーチが自分の考えを選手に求めてくる部分が強く、戦術の選択肢やオプション数もヨーロッパのほうが多いのではないだろうか。

大人から子供まで多くの人たちにサッカーが文化として根付いていることも大きいと思う。サッカーのことを考える人や時間が多い分、長い歴史を通じて色々なアイディアを落とし込んで生まれた各チームの戦術も豊富なはずだ。それら戦術をピッチに表現するのは監督であるため、ヨーロッパでは「監督の手腕で勝てた」試合が多いのも当然だろう。

ヨーロッパに来てから、サン＝ジロワーズでのマッズ監督、ブライトンの一員になってからはポッター監督、そして現在のデ・ゼルビ監督と、３人の指揮官の下でプレーしてきた。彼らは試合前や練習中の指導、チームへの戦術の浸透のさせ方など三者三様で、異なる個性を持っていた。

試合中の立ち位置も、日本では経験がないほど細かく指示される印象がある。１ｍや２ｍ程度の違いにこだわる監督が多く、自分の戦術に信念を持っている指導者が日本より多いのではないかと感じている。

現在指導を受けているデ・ゼルビ監督も、戦術大国と言われるイタリアの指導者らしく、細かな決まり事をたくさん設けている。ボールの動かし方にしてもいくつかのパターンがあり、相手のどんな守り方にも対応できるようになっている。

あまりに戦術が先に立つと、選手の個性を消してしまう恐れもあるのだが、選手の個性と監督の戦術が融合した時には、ものすごい破壊力のあるチームができ上がる。僕はそういう環境でプレーしていて面白いし、最近は練習の意図を深く考えることも増えた。よく考えられた練習が多いため、楽しく感じる。ヨーロッパのサッカーに触れると、選手としてだけではなく、監督やコーチになった際の引き出しも増えるのではないかと思う。

モンスター級選手に勝つための「高強度のフィジカル」や「筋肉の使い方」

世界最高峰のプレミアリーグには、世界中からモンスタークラスの才能を持つ選手が集う。新しい世代の筆頭はマンチェスター・シティの怪物、アーリング・ハーランドだろう。2000年生まれの若者だが、得点力など桁違いの能力で世界を驚かせ続けている。

強豪マンチェスター・シティには、プレミアリーグ史上最速で20得点に到達し、同リーグ歴代最多となる36得点で得点王に輝いたアーリング・ハーランド選手がいる。彼はノルウェー代表のフォワードで、身長も194cmと恵まれ僕の3歳年下なのだが、彼には圧倒的な現実を突きつけられている気がしている。世界には、彼のように怪物クラスの選手がいると痛感するのだ。

僕が戦っているのは、そういう世界最高峰のモンスター級の選手たちが集う場所である。「上には上がいる」ということが、本当によく分かる。プレミアリーグでは日本では見えなかった世界が見えてくるが、僕はこれを自身のアップデートに利用するようポジティブに捉えている。

ハーランド選手のようなトップの中のトップの選手というのは、第一にすごい体をしている。技術レベルも高いが、ベースとなるフィジカルレベルが極めて高いため、僕自身もフィジカルの部分で追いつくようにより愚直に努力をしていかないと、同じ土俵には立てないと感じる。日本の選手がそういうレベルに到達するためには、まずは世界基準で戦えるフィジカルを強化すべきではないだろうか。

こうしたモンスター級の選手たちがいる中では、もちろん技術は大事だが、本当にものを言うのは、高強度のフィジカルや筋肉の使い方だと思う。ハーランド選手のような世界最高峰の選手たちに追いつくために何をすればいいのか？　どんなものを食べて、どういうトレーニングをしていけばいいのか？

まだ試行錯誤中で、正直に言って僕自身にも答えは出ていない。

だからこそ、その手がかりやヒントをつかめれば、僕自身ももっと上に行けると思う。

ブライトンで歴史を塗り替えたい「チャンピオンズリーグ」という大きな目標

プレミアリーグは1992年に創設され、現在はスペインのラ・リーガ、イタリアのセリエA、ドイツのブンデスリーガ、フランスのリーグ・アンとともに、欧州5大リーグに数えられる。三笘の所属するブライトンが、そんな世界最高峰のリーグで戦うようになったのは2017／18シーズンが初めてだった。強豪が集う欧州サッカー界で、三笘はブライトンというチームとともに、UEFAヨーロッパリーグ出場権を獲得する6位という成績を収め、歴史を塗り替えた——。


僕がヨーロッパ1年目でベルギーにいた2021／22シーズン、ブライトンは過去最高の9位でプレミアリーグの戦いを終えた。そのチームに加わった僕は、まずは前年度の記録を塗り替えたいと思った。

2022／23シーズンの結果は、6位とチーム過去最高のものだった。ただ、これで満足はできない。

プレミアリーグでは4位以内に入ると、各国リーグで優秀な成績を収めたヨーロッパのクラブチームが集う「UEFAチャンピオンズリーグ」の出場権を得ることができる。僕もチャンピオンズリーグという大舞台で、何としても日本人選手として戦ってみたい。日本人選手として初めてチャンピオンズリーグ決勝戦の舞台に立ち、歴史を塗り替えられたらと思っている。

そのためには、やはり「個」の力を上げないといけないと思う。僕が力をつけてドリブルを武器に得点に多くからむことで、チームは強くなるはずだ。プレミアリーグで毎試合結果を出せる選手になるということは、どんなヨーロッパの強豪チームにも通用するということ。それがブライトンの勝利や、チャンピオンズリーグ出場につながっていくと思う。

すべての試合で得点やアシストを決めることは不可能ではないと思うし、そのくらいできなければならないという高い志と強い気持ちを持ち続ける必要があると思う。プレミアリーグにおいて自分で試合を決められる力をつける——その先に、「チャンピオンズリーグ」という新しい舞台が待っていると信じている。

「自分の武器」「ワンチャンスを逃さない力」「一試合一試合の積み重ね」

「武器」があれば自信を持つことができるようになり、自分に自信を持つことができれば「メンタル」が安定して良いパフォーマンスを生む。絶え間ないアップデートを自らに課す三笘が、選手として上の舞台に行くために必要な3つのメソッドを明かす——。

高校のサッカー部ならば大学のサッカー部やJリーグへ、Jリーグならば海外のチームへ、海外のチームに所属しているならさらなる欧州5大リーグの強豪チームへ――自分が今いる舞台より上に行くことができる選手は、「自分の武器を持つ」選手だと思う。

自分の武器を心の支えにしてプレーすることで、「この部分では絶対に負けない」という自信が生まれる。つまり、武器を持っているという自信が「メンタル」を強化してくれるわけだ。

武器はシュートやドリブルでなくても構わない。球際の強さだったり、誰にも負けないフィジカルだったり、パスの精度、フリーキック、豊富な運動量など何でもよいのだ。とにかく、自分の中で何かひとつかふたつ誇れるものがあれば、それが他者からの評価につながると同時に自分の自信にもつながり、プレッシャーを楽しむこともできるのだ。

もうひとつ、「ワンチャンスを逃さない」ことも重要である。耳目を集め、自分の客観的評価を高めてくれる機会は多くはない。サッカーの世界では結果がすべてだ。ワールドカップの決勝も練習試合も、同じ一試合。その90分間の勝負に向けてコンディションやメンタルを１００％の状態に持っていけるのも重要な資質だと思う。サッカーをしている以上、どんな試合であれ結果を出すことができなければ見限られてしまう。だから、与えられた1度のチャンスは常に全力でつかみにいかなければいけないのである。

結果を出せば、状況は変わってくる。普段のリーグ戦で結果を出すことが、自国の代表チーム入りにつながっていくだろう。さらに、海外の強豪クラブのスカウトの注目を集めるのも普段の一試合である。僕は「一試合一試合の積み重ねが、選手としての人生につながっていく」――という意識を常に持つようになって、試合に臨む準備やコンディションの調整に、こだわるようになっていった。

口で言うだけならば簡単なのだが、試合に臨む準備やコンディション調整など、実際にやってみると日常の細かな点まで気を遣うため、精神的な疲れも相当出てくる。しかし、そうした部分を上手くコントロールできなければ次の上のステージに進むことはできないと思う。要は内なる自分との戦いに、まずは勝てるかどうかのような気がする。

大学出身選手の「欧州トップリーグ」挑戦のロールモデルに

これまでプレミアリーグに渡った日本人は、高校を卒業してプロになった選手や、Jリーグを経ることなく海外のクラブに入団するなど、若い才能を早くに評価される例が多かった。大卒選手である三笘のプレーは、多くの日本人選手たちに夢を与え、新たな「ロールモデル」を示している——。

欧州ではクラブチームのアカデミーを経て高校卒業後にプロ入りする選手が大半だが、日本のJリーグでは大学を経てプロ入りする選手が約半数いる。

僕も大卒選手だが、大学で4年間を過ごしたことは、長期的ビジョンに立ってプロで通用するフィジカルを作れたという意味で大きなプラスになった。

一方で大学を経てプロ入りする場合、高校卒業からプロに入る選手より、4歳年を経てからプロに入るため、すぐに結果を出さなければならないプレッシャーがあると思う。

ましてや、Jリーグで結果を残し、そこからヨーロッパなど海外のチームへの移籍を考えている場合は、選手寿命から逆算しても時間が限られている。

ただ、僕は大学で4年間を経ても、プレミアリーグなどのヨーロッパの強豪リーグに行けることを証明したいと思っている。

そうした新たな大学経由ヨーロッパのリーグ行きの「ロールモデル」を示すことが、僕が果たすべき役割のひとつであると自覚している。

僕が世界最高峰のプレミアリーグで活躍できれば、筑波大学の後輩たちには励みになると思うし、他校でサッカーに励んでいる大学生にも心強いはずだ。僕がプロでやっていけているのは、大学に行ってフィジカルや走り方、筋肉の使い方などの弱点を補い、その一方で自分の武器であるドリブルという長所を伸ばせたからだと思う。

高校を出てすぐプロになれなかったことをマイナスに捉えるのではなく、「厳しいプロではない世界にいるからこそ、自分は自らの武器を磨くことに時間をかけて取り組めているんだ。だからこそ、大学卒業後、プロに行った時には必ず逆転できる」という思いを持って日々の努力に励んでほしい。大学進学はむしろ、「成功への近道」だと思ってもらえたら良いのではないだろうか。

また、大学以前の小中学生や高校生にも、僕の海外でのキャリアやプレーが少しでも参考になればよいと思っている。サッカーはチームスポーツであるため、日本代表でワールドカップベスト8以上に進出したり、ブライトンで好成績を残した場合も、それはチーム全体の評価になる。

そうしたチームとしての評価があったうえで、「この世界的な大会や名門チームでの三笘の個人としての活躍はすごかった」と思ってもらえるようになりたい。プレーを見てくれている今の子供たちにどれだけ影響を与えられるかは、非常に大切なことだと思う。子供たちが僕のプレーを見て、僕のドリブルを真似して、将来はプレミアをはじめとするヨーロッパリーグの海外クラブチームで活躍したいと、夢を膨らますような影響を与えられたら嬉しい限りだ。

僕も、海外で活躍する先輩日本人選手たちの背中を見て、サッカーに日々励んできた。将来、海外を目指す子供たちが増え、日本のサッカーの競技人口が増えてくれれば最高だと思う。そうやって海外に行く日本人選手たちが増えれば、日本サッカーのボトムアップにつながるし、代表チームも強くなるはずである。

これまでプレミアリーグでは、香川真司選手や岡崎慎司選手などさまざまな選手が活躍したが、僕のように自ら仕掛けていきドリブルで戦う選手は多くなかった。そこにも自分の価値を感じている。ドリブルなどの個の力でも海外で活躍できることを僕が示せれば、自分の特徴を信じて海外を目指す選手が増えるはずだ。

そして、僕が体の大きいヨーロッパの選手たちを相手にドリブルで仕掛ける姿を見て、日本人でもヨーロッパの体の大きい選手を相手に〝仕掛け〟て、ドリブルで勝てることを知っていただきたいと思う。日本人の多くの方々に、世界でも自ら前に出て〝仕掛ける力〟の大事さを知ってもらい、勇気を与えることが少しでもできたら本望である。

第7章 「メソッド」のまとめ

◆「フィジカル強度」アップデート・トレーニング法……室内バイクをこぐなど、試合に出た時に出力を出すことができ、当たり負けしないようにフィジカルを意識的に強化。試合日から逆算して、〝上半身の日〟や〝下半身の日〟というように分けながら、ウェイトトレーニングに取り組む。

◆「日本人最多得点」を更新できた理由……ゴールを決めた試合は焦らずにプレーでき、メンタル的に余裕を持てていた。フィジカルや技術だけでなく、ゴールに対する積極性や意欲、自信を持てたことが得点につながった。

◆新ドリブル2つの極意 「細かいタッチ」「スピードに乗りすぎない」……相手を引きつけてかわすための「細かいボールタッチ」。常にボールをコントロールできるように「スピードに乗りすぎない」意識づけ。タイミングを計ってアタックしてくるディフェンダーが多いヨーロッパでは、この2つが重要。

第8章――僕を作るメソッド

～「逆算思考法」「フィジカル・トレーニング法」「食事メニュー」「メンタル」「睡眠」「走り」～

海外移籍でコーチ&管理栄養士と「チーム三笘」を結成
「血液検査データによる献立」「試合前のルーティン化した食事メニュー」

ヨーロッパに渡ってから、三笘は自分のピッチ外の環境を「変えた」。パフォーマンスコーチ、トレーナー、そして管理栄養士を迎えて、「チーム三笘」を結成したのだ。完璧なサポート体制が、三笘のプレミアリーグでの躍進を支えている——。

ブライトンに完全移籍してヨーロッパに来てから、新たにパフォーマンスコーチと栄養士の方にサポートしていただくことにした。より専門的なアドバイスをもとに、自分のフィジカルや技術を高めるためだ。彼らには、僕を支えてくれる「チーム三笘」とでも言うべき役割を担っていただいている。

彼らは、栄養面、トレーニング面から僕の体を客観的に見て、僕の身体能力やパフォーマンスを向上させるアドバイスをくれる。もし、彼らがいなければ今の僕は確実にいないはずで大変に感謝しているし、「チーム三笘」の効果が体のいち早い回復を生み、プレミアリーグでのプレーにつながっているのだと思う。

栄養士の方には、ベルギーに行った海外1年目から食事を管理していただいている。僕が目指す理想の体を伝えて、そのために必要な食事や栄養を教わったり、食事の面からサッカーに活かせることがあるか、などを相談しながら毎日生活をしている。特に、試合の前日や当日の「食事メニュー」は毎回同じものを出してもらうなど、食事は僕の「ルーティン」のひとつになっている。

体を作っていくにあたり、まず大切なのは「自分の体を知る」ことだと思う。食事をとるにしても体に合ったものが必要だし、良いコンディションを維持するための食材も欠かせない。そうした情報を得るために、最初に行うのが「血液検査」である。他にもさまざまな検査があるが、特に大事なものだと思う。血液検査のデータから、自分の体のいい機能、いい状態が作られるように食事の内容を変えていくため、3か月くらいのスパンで検査を行っている。

血液のデータの中で何を重視するかは、人それぞれである。データの数値には年齢や性別に応じた基準値があり、よりよい数値に近づけていくことができればフィジカルのパフォーマンスが向上する。良い数値を得るための方法のひとつが食事であるため、「食事によって体が動いている」わけだ。

食事や栄養についての知識がないと、トレーニングだけで体を変えていこうと考えてしまうかもしれない。もちろん、トレーニングも重要だが、食事と合わせることでより効果を発揮する。食事にしろ、トレーニングにしろ、知識を増やし引き出しを増やしていくことで、新しい視点から自分の体を見つめ直すことができるし、自分の体がどんどん変化していくはずだ。

何を食べればパフォーマンスの強度が上がるか

三笘は、食事や栄養に強いこだわりを持つ。栄養士と相談し、食材や分量を徹底して管理しているというが、「特別なメニュー」を食卓に並べるわけではない。むしろ、「普通の食事」「バランスの良い食事」が最適解であることを理解している——。

前述したように、人それぞれに体の特徴があって、その時の状態によっても必要な栄養は違うため、僕が気をつけていることが誰にでも当てはまるわけではない。ただ、基本的には「バランスの良い食事」をとるのが一番だと思う。

あえて偏りのある食事で意識的に特定の効果を得ることもあるが、偏った食事には反作用として悪い影響も出てしまう。そのため、どの栄養士の方に聞いても最終的にはバランスの良い食事に落ち着くのだ。日本人が長年好んできた偏りのない食事である、ごはんや野菜、味噌汁に納豆といったごく普通のメニューを僕もよく食べている。

白米はエネルギーに変わるし、日本が誇るスーパーフードの納豆の原料は大豆であるため、肉類に匹敵する良質なたんぱく質や体に必要なアミノ酸も豊富に含まれている。

野菜からはさまざまなビタミンやミネラルを摂取できるし、筋肉の疲労を取ったり代謝を促したりと、それぞれの野菜に異なった効果もある。食物繊維で腸内環境を改善し、老廃物排出にも好影響が見込める。僕はセロリなどの香味野菜が苦手だが、必要なものならばきちんと食べるようにしている。野菜が苦手な方は、スムージーにすると食べやすいと思うため、ぜひオススメしたい。

僕は試合でのパフォーマンスを上げるために、川崎フロンターレ時代には「肉を食べない」こともあったし、自分の体の変化をチェックしながら試行錯誤した結果、自分に最適な「最高の食材」とでも言うべき食べ物も見つけることができた。

これも、人それぞれであるため、まずは自分に合った食材を見つけることから始めてほしい。また、僕は食材同様、量にもこだわっている。ごはんをどれだけ食べるべきか、グラム単位で栄養士の方と相談するようにしている。

「トレーニング」×「食事」が相乗効果を生む「血液循環」「代謝の促進」「筋疲労の除去」

強いフィジカルを作るのはトレーニングだが、三笘はトレーニングに「食事」を加えることが必要だと強調する。「血液循環」「代謝の促進」「筋疲労の除去」など、三笘は食を通じた科学的なアプローチで強い体を手に入れている――。

コーチや栄養士の方に話を聞くだけではなく、本やインターネットでトレーニングや栄養に関する知識を増やすようにしている。実際に気になる食材を見つけたら、すぐに栄養士さんに相談して、食事に取り入れてもらうようにお願いしているのだ。

こうした取り組みは、「実験」に近いかもしれない。新しい食材を取り入れるとどう体が変化していくか、自分の体で試してみるわけだ。もちろん、すべてがうまくいくわけではなく、自分に合わないな、と思ってすぐにやめることだってある。こうした「トライ・アンド・エラー」を通じて、コンディションを最適な状態に持っていけるようにしている。

トレーニングでフィジカルは鍛えられていくのだが、それだけでは不十分だということは、皆さんもお分かりだと思う。実際に食事で体が変わっていく体験をすればよく分かるのだが、筋肉のリカバリーなど食事の効果は本当にすごい。「食事管理」を実践していない人のほうが多いと思うが、もったいないことだと思う。

僕は栄養に関する知識を得るために、食事に対してトレーニングと同じくらいの労力をかけてきた。「トレーニング」×「食事」の相乗効果により、僕自身はより成長できたと感じている。こうしたトレーニングを活かすためにも、栄養について知るのと知らないのとでは、すごく大きな差が出ると感じている。

僕はフィジカルのトレーニングだけでなく、栄養士の方と相談して、血液循環や毛細血管の活性化、筋疲労の除去、代謝の促進、免疫力のアップなどを食事によって実現しようと考えている。いずれにせよ、百聞は一見に如かず――知識を得た後は、自分でトライしてみて実体験を通して落とし込んでいくことが必要だと思う。

子供たちに読んでほしい「栄養学の本」

三笘は効率性を好む。書物の知識を自らに落とし込む際には、「科学的エビデンス」の有無にも注意したい。

子供のうちから「栄養」や「食事」に関しての知識を取り入れ、意識を高く保つことは良いことだと思う。僕自身を振り返ってみても、「子供の時に、こうしておけばよかった」と後悔することがあるためだ。それに先述した通り、サッカーに限らず、バランスのとれた食事をすることは何においても重要である。

そうした中で、子供たちが栄養の知識を得るのに一番良いのは本を読むことではないだろうか。小学生なら、学校で習う「家庭科の本」の栄養について解説した部分を読むのでもいいだろう。今、僕はビジネスシーンや普段の生活での効率性を高めるアイディアなどを紹介する、「ライフハック系」の栄養について書かれた本をよく読んでいる。

注意としては、必ず「科学的なエビデンス」があるものを選ぶこと。インターネットで情報を集めるのであれば、そのサイトが信頼できるかどうかがポイントになる。自分で判断できない場合は、お父さんやお母さんに確かめてもらうとよいと思う。

「チーム三笘」効果でさらなる高みに「1ミリ伸ばす」「10m多く走る」ための新技術

「チーム三笘」は前述の通り、管理栄養士、パフォーマンスコーチ、トレーナーと結成されている。各分野の専門家のアドバイスにより、三笘はサッカーにすべて集中することができるという。三笘は日々の地道な作業の積み重ねこそが、「伸びしろ」であると語る——。

前述した「チーム三笘」では、栄養士の方の目線からの意見がサッカーのプレーに活かせるアドバイスになったり、パフォーマンス向上のヒントになったりすることもある。試合を見たパフォーマンスコーチにも感想をフィードバックしてもらい、トレーニングを変化させることもある。僕自身で情報を集めることもあるが、基本的には「この問題はこの人に聞いたほうがいい」、あるいは「この問題は協力して取り組んでもらうのが良さそうだ」というマネジメントこそが「チーム三笘」での僕の役割になる。

さまざまな専門分野の方から、僕のことを客観的にデータを交えて観察か分析してもらうことは大きなメリットがある。なぜなら、自分一人では気がつかないことも多いためだ。

「チーム三笘」がなければ、現在の自分のパフォーマンスにたどり着いていなかったと断言できる。専門家に的確なアドバイスがもらえるため、僕自身はサッカーにすべて集中することができる。これは「メンタルの安定」につながるため、サッカー選手として本当に重要なことである。

僕が専門家の意見を重視し、細かな点を積み上げようとしている理由は、それだけではない。ワールドカップ・カタール大会で話題にしていただいた「三笘の1ミリ」ではないが、自分が「1ミリ」でも前進でき、パフォーマンスが向上してピッチで10ｍでも多く走れるようになれば、チャンスの場面に顔を出せるようになり、ゴールできる可能性も上がるはずだ。

僕自身、ドリブルなどのテクニック的なことだけでなく、チーム三笘のアドバイスによる筋肉のリカバリーなどフィジカル的な積み重ねがなければ、世界でこれからさらに上に行くことはできないと思う。ここまで来ると、どんな選手でも一般的には、技術などは伸びにくくなってくる。

そうした状況の中で自分を「世界水準」に持っていくためには、栄養面であったり、体のちょっとした使い方であったりという細かい部分を強化していくしかないと考えている。

「筋力増加」「体重増加」で「シュート」や「走り」に効果を生む方法

三笘は子供の頃は小柄だった。身長は伸びたが、筑波大学入学時にはまだまだ細かった少年が、今では世界最高のプレー強度を誇るプレミアリーグで戦っている。フィジカルを強化することで、大学時代は60kg台後半だった体重も70kg台に乗せた。

「世界水準」のフィジカルを得るために、体を大きくすることを意識している。具体的には体重を75kgに持っていくことを目指していて、プレミア開幕時には73kgのところまできたが、現状は少し足りていない。単に体重を増やすということではなく、「筋力を増やすことが重要」だと思っている。筋肉は脂肪などと比べ密度が高く重いため、そうなれば自然と体重が増えることになる。

そのためには、日々のデータを把握することが不可欠である。そのデータとは、睡眠時間や疲労度、練習強度などだ。データを見ることで、今自分がすべきことが明確に分かり、トレーニングに活かすことができる。練習量が多い日は食べる量を増やすなどの工夫を行ったりしている。僕自身、数字やデータを見てやるべきことを考えたり、成果を実感するのが好きということもある。

筋力がなければ出力は増えない。出力が増えなければプレミアリーグの強度の高い選手たちとは戦えない。だからこそ、良い食事や筋力トレーニングにこだわっていきたいのである。僕自身、筋力増加に取り組んだことで、昔に比べシュート力やキック力、走りに至るまですべての強度が上がったと思うし、海外の選手と競った時に、当たり負けすることが減ってきていると思っている。筋肉を増やす、肉体改造することはすべて、ピッチ内の結果につながっていくと信じている。

一方で、すべてはピッチ内のパフォーマンスに直結する——こうした考えを持っていない選手は、まだ食事やトレーニングの重要性を理解できていないのかもしれない。自ら実践して、その効果を体感することができなければ、その良し悪しを評価することもできないためだ。そうなれば、もしかしたら一生、食事やトレーニングに気を遣わないまま終わってしまうかもしれない。しかし、これはサッカー選手として本当にもったいないことだと思う。

三笘が実践する「基礎フィジカル・トレーニング法」

適切な食事で体の基盤を作り、筋力トレーニングで鍛え上げる——。世界最高峰のインテンシティを誇るプレミアリーグでプレーするためには、フィジカルの強化が重要となる。

プレミアリーグで戦うにあたり、スクワットや懸垂などのような基本的なメニューをこなしている。下半身は週1回、上半身は週に1～2回くらいの頻度で筋力トレーニングを行ってきた。大学時代には4年間で6kg増量しようと努めていたほど、基礎となるフィジカル・トレーニングを重要視している。長くやるのではなく、少ない回数で高負荷をかけながら集中して行う。負荷をかけた状態でも出力を出せれば、試合中にも同様に力を出せることにつながっていくと思う。特に、お尻の筋肉やハムストリングスの強化が下半身強化やスピードアップにつながると考え、入念に取り組んでいる。

こうした筋力トレーニングを続けることで、自分がピッチ上のプレーで伸びている実感がある。筋肉を増量することで体のキレが落ちるという声も聞くが、それはやり方の問題で、僕は絶対にトレーニングをやったほうがいいと思う。サッカーをプレーすることと同時に、「フィジカルを上げていく」ということは、選手として絶対に不可欠だからだ。

もちろん、ピッチ内でもフィジカルを強くしていくことはできるが、ピッチ外での持続的で効率的な筋力アップが、ピッチ内でのパフォーマンス向上につながると感じている。翌日の筋力トレーニングがあるから、その準備として最適な栄養がとれる食事をする——そういう逆算思考で考えながら、日々体作りに取り組んでいるのだ。

「スプリント距離」や「強度が高いプレーの割合」「データ分析」をルーティン化している理由

——サッカーに限らず、アスリートの世界では「データ分析」が重要視されている。自らを被験者として「サッカーを科学」する"三笘のデータ活用術"とは——。

ブライトンでは練習と試合で選手のデータを取って、チーム内のコーチ陣で共有しているのだが、僕はクラブにお願いをして自分のデータを見せてもらい、個人的にパフォーマンス向上に活用している。自分では読み取り切れない部分もあるため、パフォーマンスコーチに「走行距離」などのデータを要約してもらいながら、シーズンを通しての自分のデータの変化を確認している。

スプリントした際の走行距離や高強度ランニングの割合がどの程度なのか――こうした数値がデータでは一目瞭然で分かる。最後はシーズンが終わった後にまとめとしての評価を下して、次のシーズンに「どの数字を何％くらい上げる」などの指標にしていく予定だ。データを眺めているだけでも、成長を実感できて楽しくなることがある。そういう喜びがあるからこそ、筋力トレーニングなども頑張れるという一面もあるのだ。

僕たちがボールを持って押し込める時間が長かった試合や、あるいはその反対など、試合の展開によってはデータが大きく変わってくるため、簡単に答えは出せない。だが、目指す数値を出せるようになっていくと、それだけでも成長を実感できる。データは客観的な数値であるため、決して嘘はつかない。データを利用することは自身のアップデートの効率化につながるうえ、次の試合に向けてのモチベーションも上がると思う。

子供たちに教えたい簡単にできる「走力」の伸ばし方

「走り」は体の使い方の一部を変えるだけで大きく変わるという。三笘自身、筑波大学時代から自分の「走り方」を徹底的に研究したように、まずは自分の体の「癖」や「特徴」を知ることから始めたい。

「走力」を伸ばすには、「体の機能を最大限に出すこと」と、それをベースとしたうえで「筋力をつける」ことが必要だと思う。

人それぞれ子供の頃からの体の動かし方の癖があり、そうした癖は走り方にも出てくるものである。自分の歩き方を細かく意識してみてほしい。「つま先重心」なのか、「かかと重心」なのか、猫背気味なのか、胸を張って歩いているのか——など、必ず気がつくことがあると思う。また、張ってくる部位があったり、逆に張りが出てこない部位があることにも気づくと思う。そういう体の使い方の癖が、走り方にも表れてくる。

普段何気なく動かしている体だが、その動きが1㎝でも変われば走った際のスピードも変わってくる。「走る」というのは「全身運動」であるため、体の一部を変えても変わってくるのだ。なぜなら、全身はつながっているためである。もしも、自分の走りを変えたいと思うならば、機会があれば専門家に見てもらったほうが良いかもしれない。ただ、自分でも、日々の練習でもっと前傾を強めて走ってみようとか、腕の振りを意識してみようとか、試行錯誤してみるのも良いと思う。繰り返すが、ほんの少し体の使い方が変われば走りも変わるのだ。

また、歩幅が小さくて足の回転が速い「ピッチ走法タイプ」なのか、歩幅が大きくて足の回転はそれほど速くない「ストライド走法タイプ」なのかは、比較的簡単に見分けることができると思う。いずれにせよ、まずは自分の体をよく知ることが重要である。自分の体を知っていればケガの予防にもつながるため、まずは自分の歩き方や走り方を観察してみることから始めてみてはいかがだろうか。

ワールドカップの大舞台でも変わらない試合で「平常心」を保つための「メンタル法」

「ルーティン」にこだわるアスリートは多いが、三笘も同様だ。ルーティンは「メンタル」のコントロールにもつながり、冷静にプレーするのに不可欠だという。三笘の場合はルーティンにも変化をつけて〝アップデート〟を試みているという――。

僕には色々な「ルーティン」がある。というより、もはや「ルーティン人間」ではないかと思うほど、日常生活にもたくさんの決め事があるのだ。もちろん、試合に向けて自分を良い状態で持っていくためのルーティンもある。常に同じことを繰り返すことで気負わず慌てずにいられ、メンタルをコントロールすることに役立つ。

サッカーはメンタルで動くスポーツだと思うし、勝負事では「平常心」を保つことが非常に重要である。僕はワールドカップ・カタール大会の初戦だったドイツ代表戦でも、いつも通りのルーティンを欠かさなかった。緊張や興奮で気持ちや体がふわふわしていると、選手にとって一番大事なピッチ上でのパフォーマンスに影響する。僕は傍目にはクールに映っているのかもしれないが、強い気持ちで臨んでいても平静さを欠くと空回りしてしまうこともある。だからこそ、ルーティンが重要なのだ。

ただ僕の場合は、ルーティンを試合中に少しずつ変えることがある。理由はルーティンに変化を加えた際の試合で、自分にはどういう影響が出たかを考察・評価して、次につながるよりよい〝ルーティン〟

を発見したいためだ。試合の結果を振り返ってみて、「変えて良かったのか」、あるいは「次回は変えなかった部分を変えるべきなのか」などと考える。それに対する評価を自分の中で消化できると、変化が起きた理由が分かるようになる。

ただ、木にたとえるなら幹の部分のルーティンは変えてはいけない。僕が変えるのは枝葉の部分のみだ。状態が悪い時やピンチの時は基本に立ち返ることもあるし、ルーティンに変化をつけて改善することもある。どちらも大切なことだと思う。

「関節の可動域」が広がればプレーの幅も広がる 「足の指」と「かかと」で「地面をつかむように走る技法」

三笘は体の機能を最大限発揮するには、柔らかな「関節」が必要だという。「理想の走り」を実現するために三笘が実践した「地面をつかむ」方法を解説する。

走る際などには「体の機能を最大限に使うことが大事」だとお伝えしたが、以前は僕も上手くできていなかった。Jリーグ時代はまず、自分の体を見つめ直すことから始めたのだが、海外移籍を前に高強度の選手たちと対峙するために、関節などの「可動域を広げる」必要があることに気がついた。理由は、関節の動く範囲が広がれば自分の体の可動域も広がり、プレーの選択肢も増えるためだ。

また、足の速さやプレーの幅だけでなく、関節の動く範囲が柔軟に広がったことで、相手と接触しても大きなケガをしなくなった。この考えに至ったのは、大学時代に谷川先生から教わった、全身を連動させ、使うべき筋肉を効率的に使うトレーニングも一つのきっかけだった。「体はすべてつながっている」ということを、普段の生活など小さいところからコツコツと意識し、実体験や知識をもとに体に染み込ませていったのだ。

海外移籍をするにあたり、走る際の足の着き方も変えた。単に足の裏全体を地面につけるだけではなく、「足の指」と「かかと」を使って「地面をつかむ」イメージを持つようにした。これは走る際のハムストリングスへの負担を分散させる、という効果も期待してのことだった。先に述べたように、川崎フロンターレの2年先輩だった守田英正選手に、僕の走り方は「あまり速そうに見えないのに速い」と評されたことがある。

おそらく、僕が「100」の出力を出しているのに、「60」か「70」くらいにしか見えない、ということだと思う。歩幅が大きいストライド走法に加え、体の柔らかさといった僕の特性も影響しているのではないだろうか。どこからスピードを上げているのか分からないというのも、僕の体の特性によるものだ。その特徴を後押ししているのが、この地面をつかむ走り方だと思う。

子供にもできる毎日の「簡単ストレッチ法」

――竹はよくしなるほど強いというが、人間の体にも同じことが言えるかもしれない。「強度の高いプレー」に耐えるには、「しなやかな関節」が不可欠なのだ――。

「関節の可動域」を広げるために効果的なのは「ストレッチ」である。僕は毎日のストレッチを欠かさないし、オフの日には体の矯正や柔軟性アップに寄与するヨガに取り組むこともある。ヨガは心を落ち着かせ、集中力アップにもつながるためだ。このように日々、自分の体の状態をチェックし、可動域を広げる努力を続けている。

関節の可動域が広がると体全体の動きに影響する。それが勝負の行方を左右するギリギリの際どいプレーにもつながっていくのだと思う。勝負の厳しい世界で生き抜くためには、筋力を上げることと同じくらい、関節の可動域を広げるなど、自分の体を最大限に使えるようにすることも大事だと思う。さまざまなことを同時にやっていくことが必要なのだ。

小学生であってもストレッチは重要である。ストレッチを行う際は、「上半身と下半身はつながっている」、さらには「体は全部つながっている」という意識を常に持ってもらえたらと思う。体がつながっているという意識は、簡単に体感できる。

例えば、立ったり歩いたりする際に頭の位置を少し前にすると、体全体の重心が前方に移動する。また、前傾気味だった骨盤が後傾すると、太ももの裏側の筋肉であるハムストリングスが少し弛緩して柔らかくなる。実際に試してみればすぐに理解できるはずだ。

体が連動して動いていることが理解できてくると、体の色々な部分に意識が向くようになると思う。テレビの健康番組などでも、「股関節が大事」「肩甲骨が大事」などといった断片的な情報はよく耳にするが、どうして大事なのか分かっている人はそれほど多くないと思う。理由が分かれば理解でき、実行に移せば実感でき、さらに継続へとつながるはずだ。同じトレーニングをするのでも、ただやらされるのと理解してやるのとでは、日々を重ねるごとに知らぬ間に非常に大きな差がついてくる。

まずは一般的な柔軟体操で構わない。幼少期からストレッチの習慣を身につけ、徐々に自分に合ったストレッチ法を見つけていっていただくのが良いのではないだろうか。

体を回復させるルーティンも必要「睡眠」「日光浴」「昼寝」「ヨガ」

「動」と「静」は、表裏一体だ。体作りでも同様である。三笘は「厳しいトレーニング」と同じくらい、「体を休ませる」ことも重要視している――。

サッカー選手として長い間プレーを続ける中で、体を鍛えることと同時に、自分自身、回復させることにも目を向けるようになった。

サッカー選手にとって睡眠は本当に大切であるため、睡眠時間は9時間くらい取るように努めているが、なかなか難しい。それでも体を休めるために、毎日8時間は睡眠を取りたいと思っている。

「チーム三笘」でも睡眠時間の推移を共有しているが、質の高い睡眠を得るためには規則正しい生活が必要である。

朝に日光を浴びて体内時計をリセットしておけば、夜になれば自然と眠りに入りやすくなる。さらに夜はストレッチで体をリラックスさせ、時には瞑想にトライすることもある。

前述したように、オフの日にはヨガをすることもある。15分程度行うだけで体の可動域が広がり、有酸素運動にもなる。筋力も多少はつくが、ヨガは疲労回復の面でもちょうどいい強度になる。また、ヨガをすることで体の状態が把握できるので重宝している。

日本にいる頃から、午後の昼寝も習慣化させている。大学時代にも講義の合間に筋トレをしたりしていたが、プロに入って自由な時間が増えたことで、日常のルーティンとなっている。

大学時代での4年間が大いに役に立った自分自身を科学する「サイエンス力」

三笘は高校卒業後、すぐにプロ入りせずに筑波大学に進学したが、大学で学んだ「専門的知識」が現在に活きているという。自身をアップデートするための「科学的アプローチ」とは――。

昔から、スポーツ選手に大切なのは3つのバランスだという意味の「心技体」という言葉がある。現代風に言い換えれば「メンタル・技術・フィジカル」ということになるだろうか。ただ僕の場合は、「心技体」というよりは、「体技心」が正しいかもしれない。

なぜなら、すでにお話ししている通り、僕はまず「フィジカル作り」に力を入れて取り組んできたためだ。僕は、強いフィジカルを得たうえで技術が向上すると考えている。

フィジカルと技術を得ることができれば、自然とプレーにも余裕が出てくるため、「メンタル」が強化できると考えるのだ。

また、何かをアップデートしようとした際には効率も重要になる。僕はまず、「オンザピッチ（試合）での活躍」を念頭に置き、置かれている環境も鑑みて、「今一番早くアップデートできることは何か？」、逆に「今はまだ取り組めないことは何か？」を整理し、着手できるものから始める。アップデートできることについても、さらに「短期で変えられるもの」と「長期的に見てゆっくりと変えていくべきもの」に区分けしている。自分の中でそうした区分けを行うことで、「今何をすべきか」が明確になるのだ。

そしていざ、アップデートを実践する時には手順も重要である。僕はいわゆる「ＰＤＣＡサイクル」を用いている。ＰＤＣＡサイクルは商品の品質管理や企業が目標達成のために使用するメソッドで、「Ｐ＝プラン（計画）」、「Ｄ＝ドゥ（実行）」、「Ｃ＝チェック（評価）」、「Ａ＝アクション（改善）」という流れでアップデートを行う。

ＰＤＣＡサイクルは経営の世界などで長らく使用されているため、エビデンスがあるメソッドだといえる。また、前述したように個別の取り組みに関しては、「科学的なエビデンス」の有無が重要になる。僕がこうした「科学的なアプローチ」を重視するようになったのは、大学で学んだことが非常に大きいと思う。

筑波大学では栄養学や人間の体の仕組みなどの解剖学的な講義も受講したし、各分野で専門的な知識を持つ方々に直接指導を受ける経験もした。僕が所属していた体育専門学群だけでなく医学群や情報学群など、色々な学部で勉強する学生との交流も刺激になった。

まずは自分自身を徹底的に分析し、自らを効率的かつ〝科学的〟なアプローチでアップデートしていく「サイエンスする力」――これが理想の「心技体」を手に入れる最短ルートだと思う。

夢を叶える「逆算思考」

三笘の考える「思考法」には、子供時代から常にひとつの「基礎」となる考えがあった。それは川崎フロンターレのアカデミー時代にコーチから義務づけられていた「サッカーノート」がきっかけだった。

情報化社会と呼ばれる現代はインターネット上に情報があふれているが、中には本当か分からないエビデンスの乏しい情報も目立つ。ただ、情報が多いということは選択肢が多いということであるため、僕はポジティブに考えている。

大切にしたいのは情報の取捨選択である。何が有益な情報で、何がそうでない情報か――これを自分で考えて選ぶ力、言わば「インテリジェンス力」が成功と失敗を分けるはずだ。

僕には前述したように、超一流選手のプレーや栄養のことなど、有益な情報を得て活かしたいという気持ちが強くある。誰でも自分一人の知識や体験はちっぽけなものだ。しかし、その一方で世界中の人々の知見が集約した情報は宝の山だと思う。このため、僕自身もさまざまな指導者たちから貴重な情報をいただいたりもしたし、他者からの情報を活かす「学び取る力」はとても重要だと思っている。また、自分自身、物事を調べるのが好きであるため、新しい知識、新たな知見への貪欲さや執着心は大事にしている。

僕自身のプレーのことでも時に突き刺さる意見もあるが、「なるほど、そういう見方もあるな」と学び取ることができれば、次からはその視点も僕の引き出しのひとつにすることができると考えている。

　そして、最後に僕自身の根底に常にあるのは、子供時代の「サッカーノート」から習慣づけられた「逆算思考法」である。

　先にも述べたが、川崎フロンターレのU‐12時代には、「サッカーノート」を日々書いていた。自分なりに「目標」＝「ゴール」を設定し、その「目標」を達成するために何をすればよいのか、普段から意識づけるようにしていたことが、今につながっているのだと思う。

　その後、筑波大学に進学した際にも、僕は夢を実現するための「長期」「中期」「短期」での目標を設定した「目標シート」を書いた。

　皆さんの参考になるかは分からないが、当時の僕が何を目標として書いていたのか、少し紹介させていただく。まず、当時の僕は「長期目標」に「22歳で日本代表初招集される」「23歳で日本代表の中心プレーヤーになる」「２０２０年の東京オリンピック出場し、活躍する　その流れから23歳でドイツ一部移籍する　活躍してビッグクラブに行く。W杯でベスト4に導く」「35歳で引退」「指導者などになる」と書いていた。ただ、このような大きな目標をいきなり達成できるわけではない。これらを実現するためには段階を踏む必要があるのだ。

　そのため、「中期目標」として「年代別の日本代表に招集される」「大学選抜には一年の途中からずっと選ばれる」「（２０１７）２０１９年のユニバーシアードに出場、優勝」「大学3年生（21歳）で川崎フロンターレの特別指定選手になり試合に出場して即レギュラー」という目標を掲げることにした。

　さらには、より「短期的」な目標として「開幕までにチームメイト、コーチからの信頼を得る」「シーズンを通して大きなケガをせずに公式戦全試合出場」「10ゴール5アシストが目標（最低5ゴール3

アシスト)」を自分に課した。段階的にひとつずつ最終的な「目標」に近づいていこうと考えたのだ。

このように、僕は大きな夢を叶えるために逆算で「長期」「中期」「短期」での「目標」を立て、アクションを起こしてきた。もちろん、すべての目標を忠実に達成できたわけではない。しかし、「ゴール」=「目標」を立て組み立てるという、この思考法により、僕は今こうして夢の舞台であるプレミアリーグでプレーできるようにまでなったのだと思っている。

まさに、僕のすべてを作った夢を叶える「逆算思考」と言えるかもしれない。

サッカーより大切なものもある……「家族への思い」「子供たちに伝えたいこと」

「サッカーだけの人間になるな」——三笘は大学時代の恩師からそう指導されたという。三笘は自身の経験を子供たちに伝える社会貢献を通じて、サッカー選手としてだけでなく、一人の人間として成長することを自らに課している。


ヨーロッパに来て、「サッカーが人生で最上位に来てはいけない」ということを知った。例えば、僕にとって家族のほうがサッカーよりも大切だし、サッカーよりもっと大切なものがあるという考えにはまったく同感である。

プロのサッカー選手であるため、生活の中でサッカーの優先順位が高いのは当然だが、もっと大切なものを犠牲にしてまでサッカーに没頭するというのは誤りではないだろうか。その最も大切なものが、僕にとっては家族だと思っている。

「サッカーが上手ならあとはどうでもいい」という考えは成り立たないと思う。プロのサッカー選手といえど、一人の人間である。そこは、人として自分の周りの人たちにどれだけ優しくできるのか、いわゆる「人間力」がその人の価値や器を作るのだと思っている。

大学でも、「サッカーを抜きにした時に、どれだけ価値がある人間なのかが大事なのだぞ」と、よく言われていた。その通りだと思う。

サッカー選手には大きな影響力がある。向上心を持ち、プレーで子供たちのお手本にならなければならないのと同時に、サッカー以外の人間性も見られている。だからこそ、自分を取り繕う必要はないが、色々な人に注目されているのだという意識は、少なからず持っていなければいけないと思う。

前述した通り、僕自身、日本代表でも長らく活躍された本田圭佑さんを追ったドキュメント番組を見て、非常に刺激を受けた。本田さんがピッチ内だけではなく、ピッチ外でどんなことを考えて行動したり発言したりしているのかを知り、子供の頃に「僕もこうならないと」と感じた。

これからは逆に、僕が、子供たちやプロを目指している選手たちに自分の経験や考えを伝えていかなければならない。

僕はあまりピッチ外のオフの姿を見せるタイプではない。しかし、インタビューなどメディアで発信する機会をいただいた時は、僕のことを応援してくれている子供たちはもちろん、多くの方々の目に触れることを意識していきたい。サッカー選手としてだけではなく、それ以外の部分でも少しでも尊敬される人間にならなければいけない――こう肝に銘じたいと思う。

「選手寿命の延ばし方」と「人生プラン」

三笘は〝長期的ビジョン〟を持ち、「選手キャリア」を延ばせるようアップデートを繰り返しているが、すでに10年後、20年後の自分の姿を捉えている。これからさらに高みを目指す現役選手が、すでに引退後のプランや生活を考えているというのだ。その〝ビジョン〟は驚くほど、具体的なものだった——。

これから先のことを考えた時、40歳を過ぎてもプロとしてやっていけたら嬉しいのだが、誰も自分自身の未来は分からない。ただ、僕は自分の選手寿命は35歳から40歳くらいまでではないかと予測している。また、その年齢まで第一線でプレーし続けるには、今のウイングのポジションを変える必要が出てくるのではないかと思う。現在はウイングなどサイドでプレーしているが、将来的には体への負荷を減らすために中央にシフトしないといけないと感じている。

いずれその時期が来るとは思うが、〝今だ〟とそれを見つけるのは難しく、もちろん現在は一切考えていない。ただ、ポジションチェンジをしたとしても、第一線でプレーし続けることは可能ではないかと思っている。それは、これからもできるだけフィジカル強度を伸ばしておけば、体力が落ち始めたとしても一定の水準を維持できると思うためである。選手寿命を延ばすカギも、フィジカルの強化にあるはずだ。

もし将来、ポジションチェンジをするならば、適性があるのはボランチかインサイドハーフだと思う。

サイドに残るにしても攻撃のほうが好きであるため、個人的にはサイドバックではなくサイドハーフが理想である。

僕には後世に語り継がれる選手になるという〝ビジョン〟や目標がある。人生は一度きりというのが心に大きくあり、だからこそ、やるからには上に行きたい。このため、自分の選手としてのキャリアをできるだけ長く延ばせるように日々愚直に努力し、サッカー人生も、残りの人生も、悔いなく終えたいと思っている。

引退後のことも、ぼんやりとだが考えている。僕はこれまでサッカーだけやってきたため、引退後もサッカーに関わる仕事をするのではないかと思う。

選手としての経験はもちろん、これまで素晴らしい監督や指導者のもとで戦術を学んできたため、こうした自分の知見のすべてを日本のサッカー界に役立てることができれば嬉しい。子供たちへの指導を通じた社会貢献にも興味がある。

もちろん、監督業にも興味がないわけではないが、監督をやるのは、選手として見ていてもあらゆる面で非常に大変だと思う。僕には第2コーチくらいが、ちょうど良いかもしれない。

また、指導者ではなく、僕の今までの知識と経験を活かしてアスリートをアシストする会社など、スポーツやアスリートに関係する企業で働いても少しは役に立てることがあるかもしれない。

引退後に何をするにせよ、僕の人生を語るうえでサッカーはなくてはならないものであるし、今まで選手として培ってきたものを将来ある子供たちに還元することが、日本のサッカー界への恩返しになると心から考えている。

第8章「メソッド」のまとめ

◆パフォーマンスの強度が上がる「食事メニュー」……基本的には「バランスの良い食事」。エネルギーに変わる白米、たんぱく質やアミノ酸が豊富に含まれる納豆などの大豆食品、ビタミンやミネラルを摂取できる野菜などをよく食べる。自分に合った食材を見つけることが大事。

◆「シュート」や「走り」に効果を生む方法……睡眠時間や疲労度、練習強度などのデータを日々把握することで自分のすべきことを明確にし、筋力トレーニングに励む。良い食事と筋力増加に取り組むことで、プレーの強度が上がる。

◆試合で「平常心」を保つための「メンタル法」……「ルーティン」を作る。常に同じことを繰り返すことで気負わず慌てずにいられ、メンタルをコントロールできる。時には、ルーティンに変化をつけることもある。

エピローグ

ミスを恐れず仕掛ける——2026年ワールドカップに向けて

「ワールドカップは特別だ」という話は、昔からよく聞いていた。ただ、頭では分かったつもりではいたものの、実際にピッチに立ってみるまでは、それがどういうことなのか理解できていなかった。

ワールドカップ・カタール大会——。

親善試合であっても、日本を代表して戦うというプレッシャーの大きさは常に感じていた。しかし、ワールドカップ本大会は、それとは比べ物にならないプレッシャーや疲労がのしかかってきた。試合の緊迫感や、経験したことがない感情の高まりもあった。

また、ワールドカップの「影響力」の大きさも強く感じた。

ワールドカップに出場した反響はものすごいものがあった。言わずもがな、世界196か国約80億人の人たちが注目する4年に1度の国際大会だ。

試合後には、色々な方からメッセージが送られてきたし、メディアの報道もこれまでの試合とは比較にならないほど過熱していた。僕に対する評価も、ワールドカップを機に大きく変わったように思う。大会が終わりプレミアリーグのブライトンに合流すると、スタジアムだけでなく街中の色々なところで声をかけられるようになった。

ただ、大きなプレッシャーを感じた大会だったが、同時に自分の「考え」も表現できたのではないかと思う。僕がワールドカップのピッチの上から伝えたかったのは、先にも述べたが「ミスを恐れずに仕掛ける大切さ」だった。

日本のサッカーでは、もちろん僕も、ミスをすると怖いな……という思いにとらわれることがある。それでも、サッカーは決意を持って自ら仕掛けないと何も始まらない。

ワールドカップ・カタール大会で、僕は日本代表の全4試合に交代出場した。出番は常にチームが苦しい状況で、後半から切り札としての起用だった。

「あと1点取られたらおしまいだ……」と思いながらプレーした試合もあった。もちろんリスク管理はしていたが、日本代表が勇気を持って攻撃を仕掛けたことで、ドイツ代表やスペイン代表といった世界の強豪国を倒すことができたのだと思う。

ワールドカップ出場を争うアジア最終予選を思い出してみてほしい。アウェーでのオーストラリア戦は0‐0のまま終盤に入り、引き分けでも上々と思えた。しかし僕は、ピッチに投入されたら積極的に仕掛けていこうと考えていた。失敗してカウンターを受けることを覚悟しつつ、勝負した。幸運にも、それがワールドカップ出場を手繰り寄せる値千金のゴールにつながった。僕が戦っているのは、〝そういう厳しい世界〟なのだ。

ワールドカップ・カタール大会では、悔しさも残った。クロアチア代表との一戦はPK戦にもつれこんだが、僕はPKを外している。悔しくて、しばらくはあの瞬間のことが頭から離れなかった。ただ、試合での悔しさは、試合でしか晴らせない。ワールドカップでの忘れ物は、ワールドカップでしか見つからないからだ。

ワールドカップは4年に一度しか開かれない。だからこそ、価値がある大会なのだと思う。数年かけて厳しい予選を勝ち抜き、ようやく本大会に出場しても、グループステージで敗退したら評価されることはない。相当な時間と努力を費やしても、負けてしまえば意味がなくなってしまう。逆に結果を出せば大きな評価を得られるのが、ワールドカップなのだ。

リスクを恐れずドリブルで仕掛けて失敗し、もしそれが原因で試合に負けたら、その選手は非難を浴びるかもしれない。それでも僕は仕掛けることを恐れず、子供たちに夢を与えヒーローになることを目指したいと思う。

僕は子供の頃、ポルトガル代表のクリスティアーノ・ロナウド選手やブラジル代表のネイマール選手など、果敢にドリブルで仕掛け続ける海外の選手に憧れていた。そういう臆することなく果敢に仕掛ける選手がいたからこそサッカーをやりたいと思ったし、プロになって海外で勝負したいと思った。

今度は僕が、子供たちの目標になる番だ。日本代表チームを勝たせる絶対的な存在になりたい。最初に述べた自分の武器を磨き、常に自己分析を重ね、日々の努力を怠らず、選手としてさらに高みを目指したいと思っている。

2026年――次のワールドカップに向けて走り続けたい。

〈年表〉

1997年5月20日　大分県生まれ。その後、神奈川県川崎市宮前区で育つ
2000年　3歳の時、兄の影響でサッカーを始める
2002年　ワールドカップ・日韓大会を観戦し、サッカーの楽しさを知る
2003年　神奈川県川崎市立鷺沼小学校に入学。翌年にさぎぬまSCに加入
2006年　小学3年生の時、川崎フロンターレU-12に合格し、加入
2008年　小学生年代の世界一を決める国際大会「ダノンネーションズカップ」に日本代表として出場。
翌年、2年連続での出場を果たす（2008年10位、2009年4位）
2010年　神奈川県川崎市立有馬中学校に入学。川崎フロンターレU-15に昇格
2013年　神奈川県川崎市立橘高等学校に入学。川崎フロンターレU-18に昇格
2016年　筑波大学体育専門学群へ進学
2017年6月21日　天皇杯2回戦・ベガルタ仙台戦で2得点を挙げ勝利に貢献
2017年8月　ユニバーシアード日本代表に選出。金メダルを獲得
2017年9月　川崎フロンターレの特別指定選手に承認され、選手登録
2018年7月　2020年シーズンから川崎フロンターレへの加入内定が発表
2019年9月8日　ルヴァンカップ・準々決勝名古屋グランパス戦、特別指定選手としてプロの舞台に立つ
2020年　川崎フロンターレに入団
2020年2月22日　開幕戦のサガン鳥栖戦で途中交代し、J1プロデビュー
2020年7月26日　第7節・湘南ベルマーレ戦でプロ入り初ゴール
2020年8月5日　ルヴァンカップ・鹿島アントラーズ戦でプロ初スタメン。1ゴールを決める（同試合から公式戦5試合連続ゴールを決める）
2020年10月14日　第22節・サンフレッチェ広島戦で、新人史上5人目となる2桁得点を記録
2020年11月25日　2位のガンバ大阪との直接対決を制し、史上最速のJリーグ優勝
2020年12月16日　第33節・浦和レッズ戦、新人最多記録タイとなる13得点を記録。
アシスト数も2桁にのせ、新人初のリーグ戦2桁得点2桁アシスト（13ゴール12アシスト）を達成
2021年1月1日　ガンバ大阪との天皇杯決勝戦。決勝点を挙げ、天皇杯優勝に貢献。2冠達成
（2020年シーズン＝公式戦37試合出場18ゴール12アシスト）
2021年3月3日　第11節・セレッソ大阪戦で、2021年シーズンJ1リーグ初ゴール

2021年5月8日　第13節・ガンバ大阪戦でゴールを決めると、この試合から4試合連続で得点を記録
2021年5月30日　第17節・鹿島アントラーズ戦、三笘にとってのJリーグラストゲームとなる
（2021シーズン＝公式戦24試合出場12ゴール4アシスト）（J1リーグ通算50試合出場21ゴール15アシスト）
2021年6月22日　東京オリンピックのU－24サッカー日本代表に選出
2021年8月6日　東京オリンピック3位決定戦のU－24メキシコ代表戦では後半33分に1点を返すゴールを決めるも、チームは1－3で敗れ4位に終わる
2021年8月10日　イングランド・プレミアリーグのブライトン・アンド・ホーヴ・アルビオンFCに完全移籍
（ベルギーリーグのロイヤル・ユニオン・サン＝ジロワーズへ期限付き移籍）
2021年9月12日　ベルギーリーグ、第7節のヘンク戦で海外移籍後初出場
2021年9月21日　ベルギー・カップの5回戦で初先発し、移籍後公式戦初得点
2021年10月16日　第11節・RFCスラン戦でハットトリックを達成
2021年11月4日　ワールドカップ・カタール大会・アジア3次予選に向けた日本代表メンバーに初選出
2021年11月16日　同予選のオマーン代表戦で後半から途中出場し、決勝点となる伊東純也のゴールをアシスト
2022年3月24日　同予選のオーストラリア代表戦で、途中出場から決勝ゴールを含む2得点。
日本のワールドカップ出場の立役者となる
2022年4月3日　第33節・リエージュ戦でアシストを決め、チームのレギュラーシーズン首位に貢献。
その後、リーグ戦上位4チームで争われるプレーオフに出場し、惜しくも2位に終わる
（ベルギーリーグ＝公式戦通算29試合出場8ゴール4アシスト）
2022年7月7日　所属元のブライトン・アンド・ホーヴ・アルビオンFCに復帰することが発表される
2022年8月13日　第2節・ニューカッスル・ユナイテッド戦でプレミアリーグデビュー
2022年10月29日　第14節・チェルシー戦でプレミアリーグ初先発初アシスト
ワールドカップ・カタール大会に臨む日本代表メンバーに選出
2022年11月1日　第15節・ウォルバーハンプトン戦で前半44分にプレミアリーグ初ゴール
2022年11月5日　EFLカップ3回戦のアーセナル戦で、公式戦2得点目を記録
2022年11月10日　ワールドカップ・カタール大会グループステージ3試合（ドイツ代表戦、コスタリカ代表戦、スペイン代表戦）と
2022年11月～12月　決勝トーナメント・クロアチア代表戦に出場。スペイン代表戦での決勝点アシストとなる「三笘の1ミリ」も話題に
2022年12月31日　第18節・アーセナル戦で後半20分に、相手のディフェンスラインから抜け出しラストパスを受け、冷静にゴール右隅に決め、公式戦3得点目
となるゴール（クラブ月間最優秀ゴール賞受賞）
2023年1月3日　第19節・エバートン戦で公式戦4得点目を記録
2023年1月14日　第20節・リヴァプール戦、ドリブル突破やチームメイトとの連係で左サイドで躍動し、3－0での勝利に貢献。「週間ベストイレブン」に選出

2023年1月21日　第21節・レスター戦、左サイドでボールを受けると、自ら中に持ち込み、ペナルティエリア外から右足一閃。ゴール隅に公式戦5得点目となるミドルシュートを決める。試合は2-2のドローに終わったが、単独試合で初のマン・オブ・ザ・マッチに輝く
2023年1月29日　FAカップ4回戦のリヴァプール戦、アディショナルタイムに劇的な〝決勝弾〟を決め、世界を驚かす（公式戦6得点目）
2023年2月4日　第22節・ボーンマス戦、勝ち越しヘディング弾を決め、公式戦7得点目を記録
2023年3月4日　第26節・ウェストハム戦、岡崎慎司と香川真司に並ぶ日本人最多タイとなるリーグ戦6得点目（公式戦8得点目）を記録
2023年3月19日　FAカップ準々決勝のグリムズビー戦、得点を決め公式戦9得点目を記録
2023年3月22日　2020年度以来となる自身2度目の「フットボーラー・オブ・ザ・イヤー」を受賞
2023年4月1日　第29節・ブレントフォード戦、味方ゴールキーパーからのロングフィードに抜け出し、華麗なループシュートを決める。これで、プレミアリーグ日本人最多となるリーグ戦7得点目（公式戦10得点目）を記録
（2022／23シーズン＝公式戦10ゴール7アシスト）

〈所属クラブ〉

東京ヴェルディサッカースクール（川崎市立鷺沼小学校）
さぎぬまSC（川崎市立鷺沼小学校）
2006年―2010年　川崎フロンターレU-12（川崎市立鷺沼小学校）
2010年―2013年　川崎フロンターレU-15（川崎市立有馬中学校）
2013年―2016年　川崎フロンターレU-18（川崎市立橘高等学校）
2016年―2020年　筑波大学蹴球部
2017年9月―同年12月　川崎フロンターレ（特別指定選手）
2018年8月―同年12月　川崎フロンターレ（特別指定選手）
2019年4月―同年12月　川崎フロンターレ（特別指定選手）
2020年―2021年8月　川崎フロンターレ
2021年8月―2022年7月　ロイヤル・ユニオン・サン＝ジロワーズ（期限付き移籍）
2022年8月―　ブライトン・アンド・ホーヴ・アルビオンFC

staff

企画総合プロデュース・構成 —— 渡辺拓滋

撮影(表紙・カラーページ) —— 渡辺航滋

ブックデザイン —— bookwall(カバー・表紙・カラーページ)
THROB 鈴木徹(本文)

編集スタッフ —— 杉山孝　新垣陸　小宮山瑛生　栗原大

衣装協力 —— BOSS

編集協力 —— (株)Athlete Solution

※各選手の所属チームなどを、一部省略させていただきました。
※所属チームなどのデータは、2023年5月末現在のものです。

三笘薫（みとま・かおる）
1997年5月20日、大分県生まれ。神奈川県川崎市出身。7歳の時、さぎぬまSCで本格的にサッカーを始める。小学3年生で川崎フロンターレU-12のセレクションに合格し、加入。以降、高校3年生まで川崎フロンターレの下部組織に所属する。日本代表や海外クラブでの活躍を実現するため、トップ昇格の誘いを受けるも、筑波大学に進学。大学2年時の天皇杯では、J1チームであるベガルタ仙台相手に2得点を挙げ、サッカー界に衝撃を与えた。その後、2020年に川崎フロンターレ入りを果たしJ1デビューすると、新人最多記録となる13ゴール12アシストを記録し、チームのJリーグ優勝と天皇杯制覇の2冠達成に貢献。2021年8月、プレミアリーグのブライトン・アンド・ホーヴ・アルビオンFCへの移籍が決まり、ベルギーリーグのロイヤル・ユニオン・サン=ジロワーズへの期限付き移籍を経て、2022年にプレミアデビュー。同年11月から12月にかけて行われたワールドカップ・カタール大会では、日本の“切り札”として大活躍し、決勝トーナメント進出を決定づけたスペイン代表戦“三笘の1ミリ”の「決勝点アシスト」は世界的に大きな話題を呼んだ。2023年4月1日のブレントフォード戦で華麗なループシュートを決め、プレミアリーグ日本人最多得点となるリーグ戦7得点目を記録した。

VISION《ヴィジョン》 夢《ゆめ》を叶《かな》える逆算思考《ぎゃくさんしこう》

2023年6月25日　第1刷発行
2023年7月6日　第2刷発行

著　者 ―――――― 三笘薫
発行者 ―――――― 島野浩二
発行所 ―――――― 株式会社双葉社
〒162-8540　東京都新宿区東五軒町3番28号
［電話］03-5261-4818（営業）　03-5261-4827（編集）
http://www.futabasha.co.jp/
（双葉社の書籍・コミック・ムックが買えます）

印刷所・製本所 ―――――― 中央精版印刷株式会社
企画総合プロデュース・構成 ― 渡辺拓滋
撮影（表紙・カラーページ）―― 渡辺航滋
ブックデザイン―――――― bookwall（カバー・表紙・カラーページ）
THROB 鈴木徹（本文）
衣装協力 ―――――― BOSS
編集協力 ―――――― （株）Athlete Solution

落丁、乱丁の場合は送料弊社負担でお取り替えいたします。「製作部」宛てにお送りください。ただし、古書店で購入したものについてはお取り替えできません。電話 03-5261-4822（製作部）。定価はカバーに表示してあります。本書のコピー、スキャン、デジタル化等の無断複製・転載は、著作権法上での例外を除き禁じられています。本書を代行業者等の第三者に依頼してスキャンやデジタル化することは、たとえ個人や家庭内での利用でも著作権法違反です。

©MitomaKaoru2023
978-4-575-31806-7 C0095